Uu

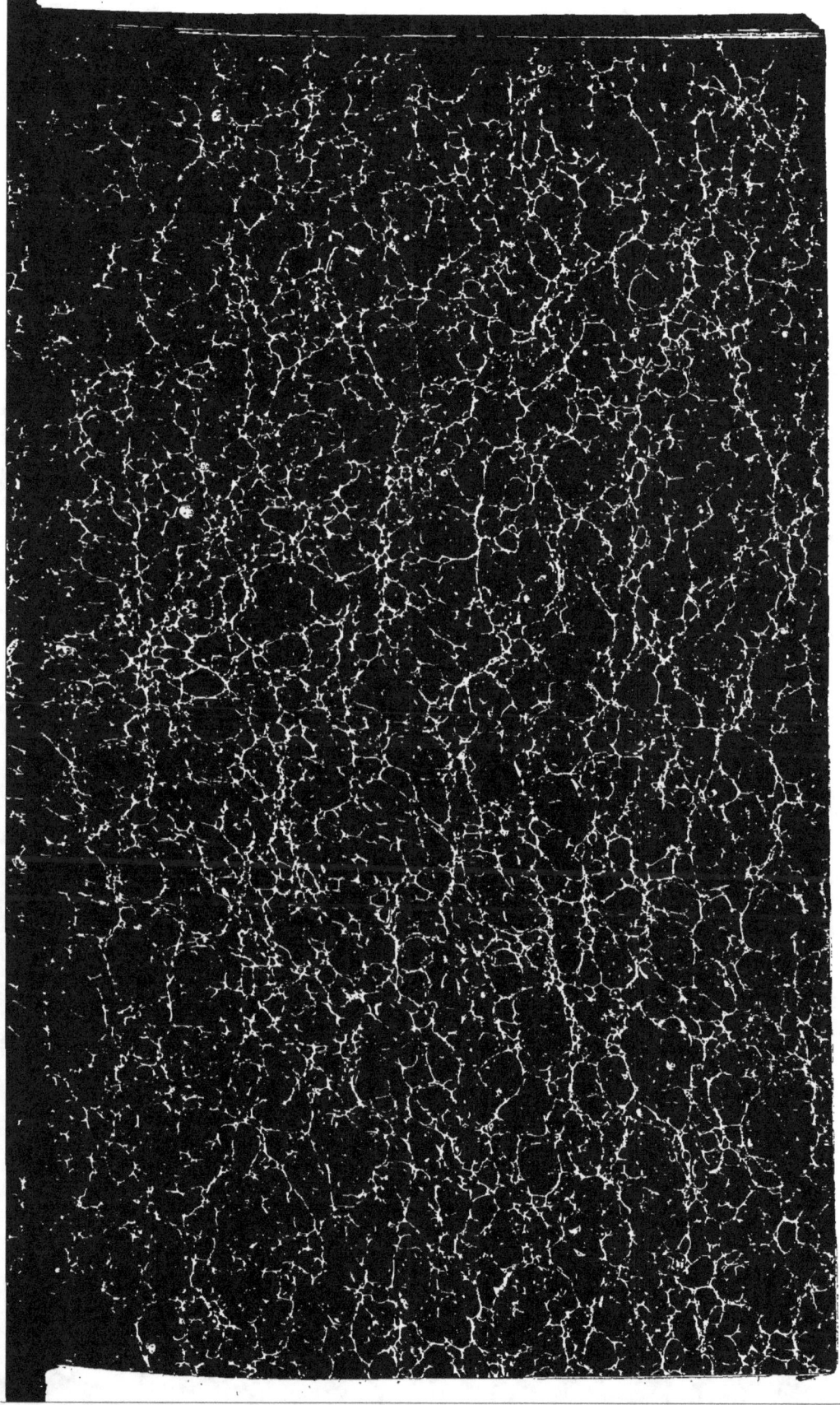

HISTOIRE

CHRONOLOGIQUE

DES PEUPLES DU MONDE.

TOME II.

DE L'IMPRIMERIE DE FEUGUERAY,
rue du Cloître Saint-Benoît, n° 4.

HISTOIRE

CHRONOLOGIQUE

DES PEUPLES DU MONDE,

DEPUIS LE DÉLUGE UNIVERSEL JUSQU'A CE JOUR;

DÉDIÉ AU ROI.

Par BAILLOT-St.-MARTIN.

TOME DEUXIÈME.

A PARIS,

Chez
- M. GUILLOT, Editeur, rue de Grenelle-Saint-Honoré, n° 37;
- LENORMANT, Imprimeur - Libraire, rue de Seine, n° 8;
- PICHARD, Libraire, quai Conti, n° 5;
- ROUENNET, Libraire, rue Verdelet, n° 6.

1820.

HISTOIRE

CHRONOLOGIQUE

DES DIVERS PEUPLES DU MONDE.

Ve SIÈCLE.

Nous venons de voir les princes donner des établissemens aux étrangers dans l'empire, les irriter par leurs perfidies et révolter leurs sujets par leurs cruautés. Quelle impolitique! n'étoit-ce pas les engager à se réunir contre eux, décourager leurs sujets? n'étoit-ce pas chercher la ruine de l'État? Ere chrétienne.

L'Église, dans ce siècle, fut cruellement troublée par les sectaires, les Donatistes, les Pélagiens, les Nestoriens et les Eutychiens.

Les premiers disoient qu'on étoit martyr en se procurant la mort, et en cherchant à se faire assommer.

Les autres nioient la nécessité de la grâce pour le salut, et disoient que les forces seules

Ère chrétienne.

du libre arbitre étoient suffisantes pour persévérer dans la foi. Ils combattoient également le péché originel, et assuroient que Dieu ne connoîtroit qu'au jugement dernier les réprouvés et les élus.

Les Nestoriens prétendoient que Jésus-Christ n'étoit qu'un homme associé à la divinité par ses mérites, et que l'Eucharistie ne contenoit que la chair d'un homme divinisé. Eutichès, au contraire, disoit qu'il n'y avoit qu'une seule nature en Jésus-Christ, et qu'il n'avoit souffert qu'en sa nature divine.

Il se fit aussi, dans ce siècle, un grand changement dans le gouvernement ecclésiastique.

L'évêque de Constantinople fut reconnu, en 451, par le concile de Chalcédoine, patriarche de l'Asie, du Pont et de la Thrace; on lui accorda le second rang après le pontife de Rome. Le pape s'y opposa, et, bientôt, l'église d'Orient se sépara de la latine : en voici l'occasion.

Lorsque Talaïa fut nommé évêque d'Alexandrie, il en demanda la confirmation à Acace, patriarche de Constantinople, qui, n'ayant pas reçu la lettre, fit chasser Talaïa de son siége par l'empereur Zénon. Cet évêque s'en plaignit au pape Félix III, et ce pontife assembla un concile, qui excommunia Acace. Ce patriarche s'en vengea, en obtenant de Zénon un ordre à tous les évêques d'Orient de communiquer avec Acace. Ce schisme ne cessa que sous le règne de Justin, en 519.

L'empire, dans ce siècle, éprouva un grand échec ; les Francs, les Bourguignons, les Goths s'établirent dans la Gaule ; les Alains, les Suèves s'emparèrent d'une partie de l'Espagne, et les Vandales de l'Afrique. Vers la fin du siècle, les Ostrogoths prirent le reste de l'Occident, car les peuples de la Grande-Bretagne se donnèrent aux Anglais.

Il s'agit maintenant de rapporter comment toutes ces révolutions se sont opérées.

Après la mort d'Eutrope, l'impératrice Eudoxie gouverna le foible Arcadius et l'empire d'Orient. Ils eurent un fils, qui fut nommé *Théodose* le jeune.

Le roi de Perse n'existoit plus ; Isdigerdès, son fils, lui avoit succédé.

Le pape Sirice étoit mort depuis deux ans ; saint Anastase, qui l'avoit remplacé, ne resta pas long-temps dans la chaire apostolique ; à sa mort, saint Innocent Ier y fut porté.

L'empire d'Occident se soutenoit par la va-

Ere chretienne.	leur et la fidélité de Stilicon ; car le foible Honorius ayant appris que les Goths avoient passé le Danube et s'avançoient sur l'Italie, abandonna Rome et se retira à Ravenne.
404.	
	Stilicon marcha contre Radagaise, chef des Goths, dont l'armée étoit forte de deux cent mille hommes, le défit, le prit, et le fit décapiter.
405.	
Les Francs pénètrent dans la Gaule.	L'Italie fut à peine délivrée, que les Francs, qui habitoient les frontières de la Frise, se mirent en possession de la Hollande, du Brabant, tandis que d'autres de la même nation s'emparèrent de Trèves.
Les Alains s'établissent depuis Bâle jusqu'à Mayence, et d'autres forment un État à Valence.	Les Alains, les Vandales, les Suèves, les Huns, peuples de la Scythie et de la Scandinavie, passèrent ensuite le Rhin près de Mayence. Goas, roi des Alains, resta à Mayence, et forma un État dont cette ville devint capitale. Respendial, autre roi des Alains, traversa toute la Gaule avec les Suèves et les Vandales, en y faisant de cruels ravages. Il laissa à Valence, pour se ménager une retraite, une partie de ses gens, qui s'étendirent dans la suite jusqu'à la Loire et s'emparèrent des Armoriques. Respendial, avec les Vandales et les Suèves, s'avança jusqu'aux Pyrénées.
407.	Les Bourguignons suivirent leurs traces, s'é-

tablirent dans l'Helvétie, et se rendirent bien- *Ere chrétienne.* tôt maîtres du pays des Éduens et des Séqua- niens, auquel ils ont donné leur nom. Ces *Les Bourguignons s'établissent dans la Gaule.* barbares pilloient, exterminoient les peuples : c'étoit une désolation.

Les troupes de la Grande-Bretagne, effrayées *La Grande-Bretagne se sépare de l'empire.* de ce déluge d'ennemis, et sans espoir de secours, élurent empereur un simple soldat, nommé *Constantin*, qui fut reconnu dans la 408. Gaule armorique (Bretagne). Son fils Constant se rendit maître d'une partie de l'Espagne, et Honorius fut forcé de le recevoir pour collègue.

C'est cette année que mourut Arcadius, après avoir déclaré empereur d'Orient son fils Théodose, âgé de huit ans, et l'avoir recommandé au roi de Perse.

Règne de Théodose II, empereur d'Orient.

Théodose II règne sous la tutelle de Pulchérie, sa sœur. Alaric, profitant de la foiblesse des deux empereurs, attaqua Rome, et l'on acheta sa retraite quatre mille livres pesant d'or. Peu après Stilicon, le seul soutien de l'empire, fut tué par Olympius, qui lui devoit sa fortune. Alaric, ne recevant pas la somme qu'on lui avoit promise, marcha de nouveau sur Rome, et ne se retira dans la Toscane qu'après avoir reçu pour otage du tribut qu'il demanda, les enfans des principaux citoyens.

Les Armoriques, habitans de la Gaule, entre la Seine et la Loire, se rendirent indépendans, et se gouvernèrent en république.

En Espagne, Géronce s'étant révolté contre Constant, les Alains, les Suèves, les Vandales franchirent les Pyrénées, et mirent cette région à feu et à sang. Ils se la partagèrent, et ne laissèrent aux Romains que la nouvelle Castille, les royaumes d'Arragon et de Valence.

Les Alains se portèrent à l'extrémité, et s'emparèrent de la Lusitanie, aujourd'hui le Portugal. Les Suèves se fixèrent dans la Navarre, dans les Asturies, dans la Galice, et les Vandales se mirent en possession de la Bétique, qui fut nommée *Vandalousie* de leur nom.

Honorius étoit aux abois; il étoit si peu clairvoyant, si peu politique, qu'il ne pensoit même pas à s'attacher Alaric, en lui payant le tribut promis. Croiroit-on, si ce fait n'étoit avéré, qu'il osa non-seulement lui manquer de parole, mais qu'il fit encore tuer, dans une surprise, un grand nombre de Goths? Peut-on pousser aussi loin la perfidie et l'imprudence? Il faut avouer que c'étoit au moins une conduite bien intempestive.

Alaric, furieux, assiégea Rome pour la troisième fois, la prit et la livra au pillage. Les rues et les maisons furent inondées de sang : cependant, les églises et les édifices publics furent épargnés. Alaric sauva lui-même un grand nombre de sénateurs et beaucoup de Romains. Il sortit ensuite de Rome, et conduisit son armée dans la Sicile, pour la faire subsister. Il mourut peu après, laissant pour successeur Ataulphe, ou Adolphe, son beau-frère, le compagnon de ses exploits.

Géronce, non content de l'Espagne, voulut encore s'emparer de la Gaule; il franchit les Pyrénées, traversa la Narbonnaise, se rendit maître de Vienne, et fit couper la tête à Constant, fils de l'usurpateur Constantin. Mais Constantius, général de l'empereur Honorius, bat, détruit l'armée de Géronce, qui se donne la mort, et marche ensuite contre Maxime, autre usurpateur, à qui il fait couper la tête. Il ne restoit plus que Constantin,

Ere chrétienne.

410.

411.

qui avoit choisi Arles pour sa capitale. Constantius traverse la Narbonnaise, arrive à Arles, défait l'usurpateur Constantin, et fait trancher la tête au père et au fils. Jovien, illustre Gaulois, qui s'avisa ensuite de prendre la pourpre à Mayence, fut décapité comme les autres, malgré Goar, roi des Alains.

412. L'empereur, pour récompenser Constantius, l'honora de la pourpre. Tout eût été pacifié, si Honorius eût accordé à Adolphe Placidie, sa sœur, qu'il tenoit captive : le roi

413. goth, irrité du mépris d'Honorius, ravagea la

Les Goths s'emparent de la Narbonnaise et de l'Espagne.

Gaule, se mit en possession de Narbonne et de Toulouse. La conduite que ce prince tint à l'égard de Placidie lui valut les bonnes grâces de cette princesse, qui consentit à l'épouser, malgré l'empereur. Il ajouta la Guyenne à son État, et Toulouse en devint la capitale.

416. Il franchit ensuite les Pyrénées, et fut tué dans Barcelone par un de ses écuyers. Sigéric, son frère, lui succéda; mais il fut tué

VALLIA, 1er roi d'Espagne.

sept jours après, et les Goths élurent Vallia pour roi.

Gondicaire, roi des Bourguignons, fit Autun la capitale de ses États, qu'il augmentoit chaque jour.

C'est dans ces entrefaites que se tint le second concile de Milève en Numidie, où saint Augustin, légat du pape, réfuta les erreurs de Pélasge et de Célestius.

<small>Ere chrétienne.</small>

Pulchérie, sœur de Théodose II, empereur d'Orient, n'étoit qu'une femme; mais elle savoit mieux gouverner qu'Honorius, malgré qu'elle ne pût jamais vaincre l'ascendant que prenoient les courtisans sur l'empereur, son frère. Elle prenoit un si grand soin des affaires qu'elle sut faire respecter ses États.

Elle fit rendre des lois sévères en faveur du christianisme, auquel Honorius ne pensoit pas.

Le pape saint Innocent mourut peu après, et eut pour successeur saint Zozime, qui ne vécut qu'un an, et saint Boniface fut élu pape.

417.
418.

Vallia, roi des Goths, meurt; Théodoric lui succède.

419.

Les Ripuaires, tribu de Francs, qui habitoient la Germanie, voyant les Bourguignons établis dans l'empire d'Occident, les imitèrent.

Pharamond, fils de Marcomir, chef des Francs Saliens, y entra aussi. On lui attribue la loi salique, qui exclut les femmes du trône, et y appelle l'aîné des mâles en ligne directe.

<small>Règne de PHARAMOND, roi des Francs.</small>

421.

L'année suivante, il se passa un fait assez singulier en Orient.

Ère chrétienne.

421.

Léonce, sophiste d'Athènes avoit déshérité, en faveur de ses autres enfans, la belle Athénaïs par un testament bizarre, dans lequel il disoit que son mérite, qui l'élevoit au-dessus de son sexe, étoit une assez grande ressource. Elle vint à Constantinople demander justice; ses grâces, son esprit, ses mœurs enchantèrent Théodose, et Pulchérie, sa sœur. Cette Grecque se fit Chrétienne, reçut le nom d'Eudoxie au baptême, et l'empereur l'épousa.

Placidie, sœur de l'empereur Honorius et veuve d'Ataulphe, donnoit sa main à Constantius, que Honorius avoit créé Auguste; mais il mourut peu après.

Varanès V, roi de Perse.

Isdigerdès, roi de Perse, s'éteignit la même année; Varanès V, son fils, lui succéda.

Huitième dynastie chinoise.

La Chine étoit divisée en deux empires : l'empire septentrional, voisin de la Tartarie, où les Tartares étoient établis; l'empire méridional, déchiré par des factions. Dans ce dernier, les grands assassinoient les empereurs, en faisoient d'autres, ou prenoient eux-mêmes ce titre. Ils mirent sur le trône un marchand de souliers, qui paroissoit avoir des talens militaires : c'est *Ou-Ti*, fondateur de la huitième dynastie ; celle des *Song*.

Ère chrétienne.
—

L'empereur Honorius mourut à Ravenne, et Valentinien III, enfant que Constantius avoit eu de Placidie, fut proclamé empereur ; mais Théodose, empereur d'Orient, refusa de le reconnoître, et voulut régner seul.

423.

Le pape saint Boniface, qui fit assembler le septième concile de Carthage, en 419, contre Pélasge, cesse de vivre ; saint Célestin lui succède : il fit assembler, en 431, à Éphèse, le second concile général, qui fut présidé par saint Cyrille d'Alexandrie. On y condamna l'hérésie de Nestorius et des Pélasgiens ; la Vierge Marie y fut déclarée mère de Dieu.

Deuxième concile général à Éphèse.

Le pape envoya dans la Grande-Bretagne saint Germain, évêque d'Auxerre, avec saint Loup, pour y combattre les erreurs de Pélasge, qui s'y étoient introduites.

L'impératrice Placidie se décida à passer en Orient avec son fils, pour se faire reconnoître de Théodose : ce prince demeuroit inflexible ; mais Jean, secrétaire d'État d'Honorius, renversa ses projets ; il prit la pourpre, et appela les Huns à son secours.

424.

425.

Théodose, ne pouvant faire face à tout, se vit forcé de conférer le titre de Nobilissime

Valentinien III est reconnu empereur.

(César) au jeune Valentinien, qui n'avoit que cinq ans, celui d'Augusta (impératrice) à Placidie, sa mère, et les fit partir avec une armée. Jean fut pris, décapité, et Valentinien III fut de nouveau proclamé empereur.

Règne de VALENTINIEN III en Occident.

L'impératrice Placidie gouverna cet empire pendant la minorité de son fils; mais ni l'Espagne ni la Gaule n'en faisoient presque plus partie.

Pharamond, roi des Francs, occupoit dans la Gaule la Flandre et les Pays-Bas; d'autres Francs s'étoient emparés de Trèves et des lieux environnans. Il est vrai qu'ils n'étoient pas reconnus; mais il n'étoit pas facile de les chasser sous un prince enfant.

Etablissement des Bourguignons dans la Gaule.

Les Bourguignons, autre peuple de la Germanie, y tenoient l'Helvétie et les pays arrosés par la Saone, la Vingeanne, l'Ouche, le Doubs, le Rhône, etc.

Les Goths y possédoient encore le Languedoc et la Guyenne.

<small>Ere chrétienne.</small>

Aëtius, fameux général de Placidie, auroit pu faire repasser le Rhin aux Francs ; mais l'impératrice montra des préférences à Boniface, comte et gouverneur d'Afrique, et Aëtius prit la résolution de le perdre. Il l'accusa près de Placidie du dessein d'indépendance, et il fut rappelé. Boniface, pour se soustraire à l'autorité, appela à son secours Genseric, roi des Vandales d'Espagne, qui, malgré Boniface, mirent tout à feu et à sang dans la Mauritanie.

<small>Les Goths dans le midi de la Gaule.</small>

<small>Les Vandales, maîtres de la Mauritanie.</small>

428.

C'est dans ce temps que Pharamond, roi des Francs, mourut ; Clodion fut élu en sa place par ceux de sa nation.

Ce prince avoit une grande chevelure, marque distinctive des rois francs, et portoit un grand collier d'or, entouré d'abeilles de même métal.

<small>Clodion, roi des Francs.</small>

L'impératrice Placidie étoit désolée ; elle écrivit au comte Boniface une lettre touchante pour le remettre dans son parti ; mais il n'étoit plus temps : les Romains ne possédoient déjà plus en Afrique que Cirte et Carthage.

430.

C'est cette année que saint Augustin, évêque d'Hippone, en Afrique, acheva sa belle carrière.

Boniface, de retour à Rome, chercha, de concert avec Placidie, à soumettre Aëtius, qui s'étoit révolté. Il le vainquit; mais il perdit la vie dans cette bataille.

Aëtius appela les Huns à son secours; Placidie en demanda en Orient, et n'en obtint point. Qu'avoit-elle à faire dans une conjoncture si difficile? Elle fit la paix avec Aëtius, lui conféra le titre de patrice, et elle prit le plus sage parti. Mais que les rênes de l'empire étoient difficiles à tenir alors! Les Vandales étoient établis en Afrique; les Suèves s'étoient emparés, en Espagne, des pays abandonnés par les Vandales.

Sangibanus ou *Sambida*, roi des Alains, maître d'un petit État aux environs de Valence, sa résidence, étoit reconnu des Romains et des Visigoths. Rome, trop affoiblie, va bientôt perdre tout, et comment les séditieux Romains n'auroient-ils pas été subjugués? ils faisoient venir eux-mêmes les étrangers dans leurs provinces.

Ce n'étoit par-tout que révolutions, au civil comme au moral.

Sixte III, successeur de saint Célestin, ne fut-il pas accusé d'adultère par le Romain *Anicius Bassus*? Ne fallut-il pas assembler un concile à Rome pour juger ce pape? Sixte III se justifia complètement : Bassus avoua son crime et mourut trois mois après. Mais ne faut-il pas avoir une âme infernale pour imaginer de telles calomnies? Le saint pape pardonna à Bassus, lui donna l'absolution, embauma son corps après sa mort, et l'ensevelit de ses propres mains.

Pendant que Théodose, empereur d'Orient, faisoit rédiger un code de lois, que l'on nomma *le code Théodosien*, les Huns, appelés par Aëtius, et sortis des gorges du Caucase, ravageoient la Gaule. Gondicaire, roi de Bourgogne, attaqué par eux, se défendoit; mais enfin il fut surpris, tué par leur roi Huptar, et Gonderic, Chilpéric, ses deux fils, lui succédèrent. Valentinien III, qui en avoit besoin, les reconnut rois, et leur donna la Savoie, ensuite de la promesse qu'il firent de fermer l'Italie aux étrangers. Les deux rois, dont l'un, Gonderic, régna à Autun et l'autre à Genève, se reconnurent vassaux de l'empire.

Dans la Grande-Bretagne, c'étoit pis encore que dans la Gaule; les Pictes ou Irlandais, les Écossais venoient fondre de temps à autre sur ces provinces, les pilloient, y jetoient la désolation. Les chefs des Bretons n'é-

Ere chrétienne.

toient plus assez puissans pour leur résister. Ils sollicitoient en vain du secours de l'empereur Valentinien III, qui ne savoit de quel côté donner de la tête. Dans cette fâcheuse conjoncture, ils en demandèrent aux Anglais-Saxons, peuples de l'Allemagne, et choisirent un chef de cette nation pour les défendre.

Les peuples de la Grande-Bretagne appellent les Anglais à leur secours.

439. Voilà donc encore l'île Britannique donnée par les Romains aux étrangers, par suite des révoltes de Boniface et d'Aëtius.

C'est cette année que se tint à Riez en Provence, un concile, où Armentaire, évêque d'Embrun, fut déclaré établi irrégulièrement, et où l'on ordonna de prier pour les morts.

440. L'année suivante, le pape Sixte III cessa de vivre, et laissa le pontificat à saint Léon.

441. Isdigerdès II succéda à Varanès V, son père, roi de Perse.

Isdigerdès II, roi de Perse.

Les Vandales se fortifient dans la Mauritanie et la Numidie.

Genseric, roi des Vandales, s'empara de Carthage, ville riche et puissante, que les Romains ne purent défendre plus long-temps. Ce conquérant, qui n'avoit pas un vaisseau lors de son expédition d'Afrique, s'étoit formé une marine formidable, avec laquelle il ravageoit la Sicile.

L'empereur Théodose maria sa fille avec

le jeune Valentinien III, et ils équipèrent de concert une flotte de onze cents voiles, dans le dessein d'enlever à Genseric ses conquêtes.

Ere chrétienne.

Le roi vandale, politique autant que brave, ne se sentant pas assez fort pour surmonter, dissiper l'orage, chercha à le conjurer sous le prétexte d'une négociation. Il la fit adroitement traîner en longueur, en trompant la bonne foi des deux empereurs.

N'est-il pas inconcevable que des princes, éclairés par l'expérience, aient de la confiance en des ambitieux, en des usurpateurs surtout, dans des gens qui n'ont ni foi ni loi, qui n'ont de l'honneur que le nom? L'honneur chez eux n'est que l'audace.

Pendant les négociations, le Vandale engagea les Huns blancs ou *avares* (1) à revenir en Orient. Bientôt ils y entrèrent sous la conduite d'*Attila* et de *Bléda*, deux frères égaux en autorité, en bravoure, leurs *béyans* ou *beys*.

Les Vandales attirent les Huns en Orient.

Ces barbares, depuis leur traité avec Théodose et le roi de Perse, avoient porté leurs armes dans la Tartarie, jusqu'au voisinage

---

(1) *Avar*, dans la langue turque, signifie un fugitif, vagabond.

de la Chine, chez les Mogols et dans le Thibet. Ils furent vaincus par les *Tourk* ou *Toukué*, tribu tartare qui s'étendoit depuis la mer Caspienne jusqu'au nord de la Chine. Ils revinrent alors désoler la Perse, sous le prétexte qu'on ne leur payoit pas le tribut convenu. Excités par les Vandales d'Afrique, ils rentrèrent dans l'empire de Constantinople.

442.
Geuseric est reconnu souverain de l'Afrique.

Théodose alors, craignant d'avoir deux ennemis puissans sur les bras, reconnut Genseric souverain de l'Afrique, où il propageoit l'arianisme.

Attila, roi des Huns, pille la Mésie.

Les Huns saccageoient la haute Mésie; ils pénétrèrent dans la Thrace, laissant par-tout la désolation et la mort.

443.
Théodose le nomme général des Romains.

Théodose fut forcé à faire un nouveau traité avec Attila; il le nomma général des Romains.

444.

C'est dans ces entrefaites que mourut saint Cyrille, patriarche d'Alexandrie, et que le pape saint Léon convoqua un concile à Rome contre les Manichéens.

447.
Les Francs s'agrandissent dans la Gaule.

Clodion, chef des Francs, voyant l'empereur romain aux abois, quitta son château *Disparg*, frontière de la Thuringe, passa le Rhin, s'empara de Tournay, de Cambrai, et s'étendit jusqu'à la Somme. Il envoya ensuite son fils devant Soissons pour en faire le siége; mais il y fut tué. A cette nouvelle, Clodion tomba malade de chagrin et en mourut.

Mérovée fut élu roi dans Amiens par les Francs, tandis que Attila, roi des Huns, s'emparoit de l'Illyrie, de la Thrace, de la Dacie, de la Mysie. Il prit soixante-dix villes, et détruisit deux armées romaines. Il marcha sur Constantinople, mettant tout à feu et à sang, pillant, ravageant tout ce que la terreur de son nom avoit fait abandonner par les peuples de ces contrées. Les habitans de l'empire se sauvoient à Constantinople, et Théodose, n'ayant aucun moyen de détruire ce fléau, fut forcé d'acheter la paix six mille livres pesant d'or, en se soumettant à un tribut annuel du tiers de cette somme.

L'année suivante, l'empereur Théodose, prince mou et peu fait pour gouverner, n'eut-il pas l'imprudence de vouloir faire tuer Attila? Le complot fut découvert; le conquérant, pour lui donner des preuves de sa magnanimité, lui pardonna.

Quelques mois après, l'empereur Théodose tomba de cheval, et périt de cette chute, après un règne de quarante-deux ans.

Ere chrétienne.

448.

Règne de MÉROVÉE, roi des Francs.

Attila, roi des Huns, ravage l'Orient.

449.

Mort de Théodose.

Il ne laissoit qu'une fille, impératrice d'Occident, épouse de Valentinien III. Pulchérie, sœur de Théodose, qui avoit eu déjà tant de part aux affaires de l'État, s'empara du gouvernement.

Ere chrétienne.

450.
Pulchérie gouverne l'Orient.

Elle donne sa main à Marcien.

A l'effet de s'y affermir, elle ne dédaigna pas d'offrir sa main à Marcien, soldat de fortune, mais grand homme de guerre, à condition qu'il respecteroit sa virginité. Marcien garda scrupuleusement cette promesse, et respecta toujours Pulchérie comme son impératrice et sa bienfaitrice.

Ce fut cette année que mourut Sozomène, prêtre rempli d'érudition, auteur d'une histoire ecclésiastique. Il la commença où Eusèbe, Théodoret et Socrate de Constantinople finirent la leur, et la continua jusqu'à l'an 426.

Les Anglais se partagent l'Ile Britannique.

La même année, les Anglais divisèrent la Grande-Bretagne en sept principautés.

Le pape saint Léon convoquoit un concile général à Chalcédoine, dans l'Asie mineure, sur le Bosphore de Thrace.

451. Ce concile s'assembla l'année suivante, et six cent trente évêques condamnèrent Eutichès de Constantinople, et Dioscore, évêque d'Alexandrie, qui enseignoient qu'il n'y avoit qu'une seule nature en Jésus-Christ.

Les quatre conciles généraux de Nicée, de Constantinople, d'Éphèse et de Chalcédoine ont toujours été respectés dans l'Église comme l'Évangile. Saint Grégoire-le-Grand, et saint Isidore les comparent aux quatre grands fleuves du paradis terrestre.

Ere chrétienne.

~~~~~~~~~~~

Règne de MARCIEN en Orient.

Genseric, ce roi des Vandales, qui avoit déjà fait tant de maux à l'empire, se brouilla avec Théodoric, roi des Visigoths, et, pour se venger, il engagea Attila à pénétrer dans la Gaule.

Le roi des Huns trouva facilement un prétexte. Honoria, fille de l'impératrice Placidie, et sœur de l'empereur Valentinien, étoit promise à Théodoric : Attila la demanda en mariage avec la moitié de l'empire. Valentinien, comme le roi des Huns s'y attendoit, répondit qu'Honoria étoit déjà mariée, et que d'ailleurs les femmes n'avoient aucun droit au trône.

Attila entre dans l'Italie avec une armée de cinq cent mille hommes; il y met le pillage et

Attila entre en Italie.

<small>Ere chrétienne.</small> la dévastation. Les peuples fuient, et se retirent dans les marais, les lacunes de la mer Adriatique, où ils bâtirent Venise dans la suite.

Attila marche sur Rome; mais le pape saint Léon va à sa rencontre, et le fait retirer par ses avis et ses conseils.

Mérovée, roi des Francs, profita de cette occasion favorable, et ajouta à ses États la Neustrie, aujourd'hui Normandie, avec l'Ile-de-France, où est située la ville de Paris.

452.
<small>Attila ravage la Gaule.</small>
Attila côtoya le Danube, passa le Rhin, mit tout à feu et à sang entre ce fleuve, la Seine, la Marne et la Moselle, et n'épargna que Troyes, à la sollicitation de saint Loup, son évêque.

<small>Mérovée est reconnu roi des Francs.</small>
Le patrice Aëtius, ne voyant plus dans Attila, qu'on appeloit le fleau de Dieu, qu'un destructeur, se rendit à Arles avec une petite armée, se joignit à Théodoric, roi des Goths, et reconnut Mérovée pour roi, à condition qu'il se joindroit aux rois de Bourgogne contre l'ennemi commun des peuples et des nations.

Aëtius et Théodoric marchent sur Orléans, où déjà le roi des Huns étoit entré par la trahison de Sambida, roi des Alains. Leurs troupes se joignent à celles de Mérovée et de Bourgogne ; ils chargent les Huns à l'improviste, en font un carnage épouvantable, et poursuivent le fier Attila jusque dans les plaines de Champagne, où ils le défont près de Chalons-sur-Marne.

Théodoric, roi des Goths, fut tué dans l'action ; Torismon, son fils, lui succéda.

Aëtius renvoya ses alliés dans leurs États, et poursuivit seul Attila jusqu'au Rhin. Les Romains crurent en être délivrés ; mais qu'ils se trompèrent ! Ce guerrier entreprenant se retira dans la Pannonie pour se disposer à la vengeance. A peine commençoit-on à respirer qu'il se remit en campagne, et pilla la capitale des Vendéliciens, aujourd'hui Augsbourg.

Aëtius appela de nouveau à son secours les Francs et les Visigoths ; mais ils refusèrent de marcher. Dans leur entrevue dans les plaines de Champagne, ils avoient formé des projets d'agrandissement, et n'étoient pas fâchés de voir les Romains aux prises avec les Huns, afin de les mettre à exécution.

Attila bientôt franchit les Alpes juliennes, assiége, prend d'assaut la florissante ville d'Aquilée dans le Frioul, la pille et la réduit en cendres.

L'empereur Valentinien quitte Ravenne, et se retire à Rome près du pape saint Léon.

Marcien, empereur d'Orient, envoie du secours à Valentinien; Aëtius réunit ses troupes aux siennes; mais Attila déjà mettoit tout à feu et à sang dans le Milanais.

Aëtius tailla en pièces les détachemens des Huns qu'il put surprendre; mais cela pouvoit-il arrêter le torrent de la dévastation?

Attila quitte Milan, se rend à Rome; saint Léon, pontife respectable par ses talens et par ses vertus, va à sa rencontre avec deux ministres de Valentinien. Le saint pontife parvient encore à adoucir cette âme cruelle, en convenant d'une trêve et d'un tribut.

Attila demande la main de la princesse Honoria.

Le fier et farouche conquérant se retire en menaçant de revenir si on ne lui envoie Honoria, et ce qui appartenoit à cette princesse. Elle part avec ses femmes, d'après le conseil de saint Léon, et se marie; mais le jour même de ses noces, *Mort d'Attila.* Attila meurt dans le lit nuptial, étouffé par une hémorragie. Il laissoit plusieurs fils, qui, par leurs discordes, ruinèrent leur vaste puissance. Le roi des Gépides, les Ostrogoths et autres vassaux se révoltèrent successivement.

Pendant ces troubles, les Visigoths et les

Francs avoient mis à exécution leurs projets d'agrandissement.

Mérovée, qui possédoit les Pays-Bas, le Brabant, la Flandre, la Neustrie, l'Ile-de-France, la Picardie, ajouta à ses États cette belle partie de la Gaule arrosée par les eaux de la Loire, l'Orléanais et la Touraine.

Ere chrétienne.

Mérovée s'agrandit dans la Gaule.

Le roi des Visigoths avoit passé les Pyrénées, s'étoit emparé des pays voisins. Il meurt ; mais Théodoric II, son frère, lui succéda et s'agrandit encore.

453.

Après la mort d'Attila, les Gépides et les Huns formèrent plusieurs établissemens dans l'Illyrie, la Mésie, la Dacie, la petite Scythie, aux embouchures du Danube, et devinrent alliés de l'empire. Aëtius envoya Éocharic, roi des Alains, pour châtier les Armoriques établis dans la Bretagne et aux environs. Vitricus ou Éocharic y mit tout à feu et à sang, et y établit une colonie de ses troupes.

Marcien, fut bientôt forcé d'accorder aux Ostrogoths la Pannonie entière, depuis la haute Mésie jusqu'au Norique, et depuis la Dalmatie jusqu'au Danube.

Quels changemens ! Où étoit donc alors l'empire romain ? Qu'étoient donc devenus ces fiers guerriers qui faisoient trembler l'univers ? Seroit-il donc vrai que les peuples sont des machines qui suivent l'impulsion de celui qui les gouverne ?

Valentinien III, homme pusillanime, avoit encore des vices qui furent plus funestes aux Romains que les armes des barbares. Naturellement méfiant, connoissant peu les hommes et les choses, il écoutoit facilement les rapports de ses courtisans sans les éclaircir, et commettoit des injustices qui lui attiroient une foule d'ennemis. Les princes doivent-ils donc ignorer que les grands comme les petits ont des passions, des vengeances à exercer, une ambition à satisfaire, des personnes à placer et souvent peu de discernement? Doivent-ils oublier que les fautes des grands rejaillissent sur eux ?

Valentinien, non-seulement ignoroit ces choses, mais il se reposoit encore sur les autres des soins du gouvernement, et, plongé dans la débauche, il ne savoit mettre aucun frein à ses passions. Il attira chez lui la femme de Maxime, personnage illustre et puissant, et la viola. Depuis ce moment ils ne respirèrent plus que vengeance.

Maxime gagna l'eunuque Héraclius, l'engagea à calomnier le patrice Aëtius, seul appui de Valentinien, son gendre futur, et ce prince, sans éclaircir le fait, poignarda Aëtius; les courtisans, jaloux de sa puissance, achevèrent ce brave soutien de l'empire.

Ère chrétienne.

Rien n'arrêta plus Maxime; il décria partout l'empereur, provoqua la révolte, et parvint à le faire tuer dans le champ de Mars. Maxime, proclamé empereur par ses complices, força Eudoxie, veuve de Valentinien, à l'épouser.

455.

Valentinien est assassiné.

Cette impératrice devoit abhorrer Maxime, sans doute; mais étoit-ce une raison pour elle d'appeler à son secours le plus cruel ennemi des Romains, ce roi des Vandales qui leur avoit fait tant de maux? Falloit-il que tout un peuple fût puni des crimes de l'empereur et de Maxime?

L'impératrice appelle les Vandales à son secours.

Genseric bientôt marche sur Rome; à son approche, Maxime veut prendre la fuite; mais il est massacré dans la rue par les ordres d'Eudoxie.

Les Vandales entrent dans Rome trois jours après sans résistance; Genseric la livra au pillage pendant quatorze jours. Il en sort ensuite chargé de butin, emmenant avec lui beaucoup d'illustres captifs, parmi lesquels étoient l'impératrice Eudoxie et ses deux filles. Marcien,

Les Vandales entrent dans Rome.

Ere chrétienne.

empereur d'Orient, les réclama, et Genseric, qui le craignoit peu, ne voulut pas les rendre.

456.

Après son départ, Avitus, Auvergnat très-estimé, prit la pourpre; mais, détrôné par Ricimer, prince suève, il mourut en se sauvant dans sa patrie, et, quelques mois après, Majorien fut proclamé empereur.

457.

L'année suivante, la mort enleva Marcien, veuf de l'impératrice Pulchérie depuis trois ans; Aspar, général des troupes d'Orient, fit proclamer Léon, qui fut couronné par le patriarche de Constantinople.

Règnes de LÉON en Orient, de MAJORIEN en Occident.

Richaire, roi des Suèves, méditant l'usurpation des États de Théodoric II, roi des Visigoths, en Espagne, pénètre sur ses terres; mais Théodoric marche contre lui, le défait, le tue, et s'empare du royaume de Portugal, où régnoit Richaire.

458.
Règne de CHILDÉRIC, roi des Francs.

L'année suivante, la mort enleva Mérovée aux Francs, et son fils Childéric lui succéda.

Le roi de Perse mourut ensuite, et Pérozès, son fils, monta sur le trône.

Les Vandales, qui avoient appris le chemin de Rome, qui y avoient fait un riche butin, crurent pouvoir y rentrer; ils attaquèrent les côtes de la Campanie avec les Maures, peuples d'Afrique; mais Majorien marcha contre eux, et les défit à Sinuesse.

Dans ces entrefaites, les Francs chassèrent Childéric, dont le libertinage étoit au comble, et élurent pour roi Égidius ou Gillon, général romain, qui étoit à Soissons.

A cette nouvelle, Théodoric II, roi des Visigoths, traversa le Languedoc, arriva à Lyon dans le dessein de pénétrer en Italie; mais l'empereur Majorien franchit les Alpes, détruisit les Alains, qui s'étendoient de Valence jusqu'à la Loire, battit les Visigoths, et ne leur accorda la paix que par la promesse que lui fit Théodoric de le secourir contre les Vandales de l'Afrique.

Majorien passa les Pyrénées avec Théodoric, dans l'intention de s'embarquer à Carthagène; mais Genseric, qui s'étoit ménagé des intelligences sur sa flotte, parvint à la dissiper, et força l'empereur à la paix. Ce prince étoit en état de rétablir les affaires de l'empire; sous

Ere chrétienne.

459.

Majorien défait les Vandales.

Les Francs chassent Childéric.

460.

Ere chrétienne.

ses ordres les Romains reprenoient leur caractère ; mais l'orgueilleux Ricimer, mécontent d'un souverain qui ne le laissoit pas dominer,

461. le fit assassiner, et proclama Sévère, homme obscur.

Saint Léon est appelé à jouir de la récompense de ses vertus, et le peuple porte saint Hilaire, né en Sardaigne, dans la chaire apostolique.

465. Childéric, roi de France, qui s'étoit retiré chez Basin, roi de Thuringe, sachant que les Francs étoient fatigués de la tyrannie d'Égidius, engagea le roi des Visigoths à lui ménager des intelligences parmi eux, et, avec son appui, il revient dans la Gaule, défit ses ennemis et remonta sur son trône. Basine, reine de Thuringe, qu'il avoit séduite par les charmes de sa figure et son aimable caractère, vint le trouver, se maria avec ce prince et lui donna Clovis.

466. L'ambition peu après mit le trouble également parmi les Visigoths, et Théodoric, leur roi, fut tué par Frédéric, son frère; les Goths le punirent de cet attentat, et, après sa mort,

Évaric, roi d'Espagne. ils donnèrent leur couronne à Évaric.

L'empire romain, déjà bien affaibli, d'après les décrets immuables du Créateur, se déchiroit encore davantage, et tendoit continuellement à sa ruine entière. Le prince suève fit emprisonner Sévère, qui ne lui laissoit pas plus d'autorité que Majorien, et les Romains, fatigués de l'oppression de Ricimer, demandèrent un souverain à Léon, empereur de Constantinople, qui leur envoya Anthémius, petit-fils de celui qui gouvernoit sous Théodose le jeune. Le comte Ricimer, patrice de Rome, épousa une de ses filles, et lui laissa le titre de souverain.

Le pape saint Hilaire venoit de mourir; Simplicius lui avoit succédé.

Genseric, roi des Vandales, pilloit, désoloit la Grèce, et Léon s'épuisoit en préparatifs contre ce cruel ennemi, qui brûla sa flotte, après avoir corrompu, par ses promesses et son argent, Basilisque, beau-frère de l'empereur, qui la commandoit. Après ce désastre, tout devint suspect à Léon, qui avoit associé à l'empire Léon, son petit-fils. N'osant plus se confier dans les siens, il donna une de ses filles en mariage à Zénon l'Isaurien, le fit général et consul, et se retira à Sardique. Le général Aspar, qui avoit élevé Zénon au trône, le força à donner le diadême à l'un de ses fils, à faire César le puîné, nommé

Ere chrétienne.

468.

467.

469.

Ere chrétienne.

471. Patricius; mais, quelques jours après, Aspar et son fils aîné furent tués, et Patricius, couvert de blessures, s'échappa pour éviter le même sort.

472. Le comte Ricimer craignit qu'il ne lui en arrivât autant de la part d'Anthémius, et le prévint; mais le rebelle mourut peu après d'une maladie violente que lui causa sa fureur, et Anicius, que Léon avoit fait Auguste, ne lui survécut que de quelques jours.

473. Glicérius fut nommé empereur d'Occident; mais à peine régna-t-il un an.

Une nouvelle irruption du Vésuve causoit dans l'Italie, et même à Constantinople, où le vent portoit les flammes, la plus grande consternation.

Les Visigoths chassent les Romains de l'Espagne. Bientôt Évaric, roi des Visigoths, chassa entièrement les Romains de l'Espagne; il s'empara de toute cette contrée, et ne laissa que la Galice aux Suèves.

Evaric est le premier roi des Visigoths en Espagne. Tolède devint la capitale d'Évaric, reconnu pour le premier monarque de l'Espagne; c'est lui qui donna le premier aussi des lois écrites à ce royaume.

Gondebaut, roi de Bourgogne. Dans ces entrefaites, Gondéric, roi de Bourgogne, cessa de vivre, et ses héritiers se disputèrent ses États. Ils s'entretuèrent tous; Gondébaut resta seul, succédant à son père et à son oncle qu'il avoit fait périr.

Ere chrétienne.

L'année suivante, Népos détrôna l'empereur Glycérius, et se donna le vain titre d'empereur d'Occident; mais Évaric, roi des Visigoths, le força à lui céder la Gaule méridionale jusqu'au Rhône, et Victorius, gouverneur des sept cités de la première Aquitaine, devint encore gouverneur de l'Auvergne.

474.
Népos empereur d'Occident.
Evaric, roi d'Espagne, étend dans la Gaule ses Etats jusqu'au Rhône.
475.

Léon, empereur de Constantinople, meurt; son fils le suit de près, après avoir déclaré Zénon empereur. Cet Isaurien, souillé d'infamies, pille ses sujets et les révolte contre lui.

Règne de ZÉNON en Orient.

Basilisque s'empare du trône; Zénon se retire dans les montagnes d'Isaurie, vers le mont Taurus : le désordre étoit dans les deux empires.

Odoacre, à la tête de plusieurs peuples, en particulier des Hérules, sortis de la Prusse, étoit dans l'Italie avec l'intention de s'y établir.

Népos, voulant mettre en sûreté le reste de la Gaule, c'est-à-dire ce que les Francs, les Visigoths et les Bourguignons n'avoient pas encore envahi, commanda à Oreste de s'y rendre avec une armée. Ce patrice, ancien secrétaire d'Attila, rassembla des troupes; mais, au lieu de passer dans la Gaule, il marcha sur Ravenne, et détrôna Népos, qui prit la fuite.

Oreste fit proclamer empereur son fils Romulus, que l'on nomma par mépris Augustule.

476. En Orient, au contraire, Zénon fut rétabli, après avoir promis de conserver la vie à Basilisque et à ses enfans; mais il les fit tous mourir de faim, croyant en cela ne pas commettre un parjure.

Genseric, roi des Vandales d'Afrique, meurt; Huneric, son fils, gendre de Valentinien III, lui succède.

477. *Oreste est tué.* Odoacre attaqua Pavie, où le patrice Oreste s'étoit renfermé. Il prit la ville d'assaut, et fit trancher la tête à Oreste, qui lui avoit refusé *Augustule est défait par Odoacre, roi des Hérules.* un établissement. Il courut ensuite sur Ravenne, prit Augustule, le relégua dans un château avec une forte pension, et se déclara sou- *Odoacre, maître de l'Italie,* verain de l'Italie : il n'eut pas beaucoup de

peine à y parvenir, puisque personne n'osa marcher contre lui.

Ere chrétienne.

« Rome s'étoit agrandie, dit Montesquieu, » parce qu'elle n'avoit eu que des guerres successives ; chaque nation, par un bonheur inconcevable, ne l'attaquant que quand l'autre avoit été ruinée.

» Rome fut détruite, parce que toutes les » nations l'attaquèrent à la fois et pénétrèrent » par-tout. »

La mauvaise conduite et la foiblesse des empereurs y contribua.

Odoacre gouverna avec sagesse, et rendit hommage à l'empereur Zénon, qui lui donna le titre de patrice en Occident, tandis que les Goths s'emparoient de Marseille et d'Arles.

478.

Zénon s'attira, par sa perfidie, le mépris et la haine des Ostrogoths, établis en Pannonie et dans la Thrace. Ces deux États avoient chacun pour roi un Théodoric ; celui de Pannonie étoit surnommé le *Louche* et l'autre l'*Amale*. L'empereur les brouilla l'un contre l'autre, les trahit et les irrita tous deux contre lui. Ils ravagèrent les provinces romaines jusqu'aux portes de Constantinople, et Zénon fut obligé d'acheter honteusement la paix, et de se soumettre à un tribut annuel. Après la mort du

479.

Ere chrétienne.

Louche; il fit ce qu'il put pour gagner l'A-male, devenu possesseur des deux États; il lui conféra le titre de général de l'empire, de César, et lui fit ériger une statue.

480.

L'année suivante, Childéric, roi des Francs, au retour d'une expédition en Allemagne, fut attaqué d'une fièvre maligne qui le conduisit au tombeau. Clovis, son fils, qui n'avoit encore que quinze ans, lui succéda, et fut proclamé roi des Francs à Tournay, capitale alors de leur royaume. Ce jeune prince, dès le commencement de son règne, montra ce qu'il seroit un jour: il n'avoit d'autre plaisir qu'à passer ses troupes en revue et à voyager dans ses États.

481.

Règne de CLOVIS Ier, roi de France.

La troisième année de son règne, le pape Félix III fut porté, par la mort de Simplicius, dans la chaire de saint Pierre, et Évaric, roi d'Espagne, étant mort, Alaric, son fils, devint roi des Visigoths.

483.

Alaric, roi d'Espagne.

Les Huns désoloient la Perse; ils tuèrent, dans une bataille, le roi Pédrozès, à qui Hobalas, frère d'Isdigerdès, succéda; mais il ne vécut que trois ans, et laissa ses États à Cabadès, son fils.

484.

485.

Clovis assembloit ses troupes, les passoit en revue, introduisoit parmi elles une bonne discipline; il se rendit à Cologne, où régnoit un de ses parens; dans la Flandre, qui étoit possédée par un autre roi des Francs; à Cambrai, et au Mans, capitale également des rois de sa nation. Il engagea ces princes à lui fournir des troupes, et il attaqua inopinément Syagrius ou Singrius, fils de Gillon ou Égidius, le roi de Soissons, qui avoit détrôné son père. La bataille se donna près de Soissons; Clovis la gagna, s'empara de la ville et de ce royaume, qui recula la frontière de ses États jusqu'à la Lorraine. Il porta ensuite ses armes dans les provinces Armoriques; mais ces peuples, ainsi que les Saxons, établis à Bayeux et dans les environs, le reconnurent pour roi, se soumirent à son autorité, et Clovis devint le prince le plus puissant de la Gaule. Tandis qu'il étoit occupé de son agrandissement, la femme et la belle-mère de Zénon, empereur d'Orient, conspiroient la perte d'Yllus, maître des offices, qui l'avoit rétabli sur le trône. Yllus en fut instruit, se révolta, et donna le titre d'empereur à Léontius. Zénon eut recours à Théodoric, roi des Ostrogoths, qui défit les rebelles, et leur fit trancher la tête. Il marcha ensuite contre les Bulgares, peuples des bords du Wolga, établis sur le Danube, que le re-

Ere chrétienne.

486.
Bataille de Soissons.

487.

488.

belle avoit appelés à son secours; il leur fit mordre la poussière, et rejeta les fuyards de l'autre côté du Danube, après leur avoir fait éprouver encore de grandes pertes.

Zénon devoit au brave Théodoric le trône et la vie; mais cet ingrat, qui ne s'occupoit que de ses plaisirs, ne tarda pas à se brouiller avec son défenseur. Théodoric reprit les armes, marcha sur Constantinople, et força Zénon à lui demander la paix. Théodoric répondit qu'il la donneroit si l'empereur vouloit lui accorder la permission de conquérir l'Italie. *Que risquez-vous?* lui dit-il dans l'entrevue qu'il eut avec ce lâche prince; *si je réussis, je tiendrai de vous mon nouveau domaine; si je péris, vous y gagnerez le tribut que vous êtes obligé de nous payer.* L'empereur, qui étoit hors d'état de résister, lui céda ses droits.

Théodoric pressa ses préparatifs, et ne tarda pas à se mettre en route, suivi de presque toute sa nation, vieillards, femmes et enfans. Il défit d'abord les Gépides, qui lui disputoient le passage. Odoacre, roi des Hérules, instruit de sa marche rapide, court pour s'opposer à ses entreprises; il rencontre son armée entre Aquilée et les Alpes juliennes, l'attaque, et Théodoric le met en fuite avec ses troupes. Il arrive devant Véronne, où Odoacre s'étoit retiré, et met son armée en pièces. Odoacre fuit, se retranche vers l'Adda, et Théodoric ayant laissé les vieillards, les femmes, les enfans de sa nation dans les pays déjà conquis, se prépara à conquérir le reste. C'est dans ces entrefaites que Ariane, éprise d'Anastase, fit enterrer vivant Zénon, son mari, qu'elle trouva plongé dans l'ivresse, situation dans laquelle il se mettoit souvent après ses orgies amoureuses, et se remaria avec Anastase, à qui elle donna le sceptre de l'Orient.

Règne d'ANASTASE en Orient.

Longin, frère de Zénon, voulut venger son frère; mais Anastase le défit, et lui ôta la vie. Il ne fut pas plutôt débarrassé de cette affaire, que le comte Vitalien lui en suscita une autre. Il assiégea Constantinople, et s'en seroit rendu maître si Proclus, habile ingénieur, n'avoit brûlé sa flotte avec des miroirs ardens pareils à ceux d'Archimède. Depuis ce moment Anastase, né en Macédoine, régna paisiblement.

Ere chrétienne.

Ce prince, surnommé *Dicorus*, parce qu'il avoit un œil noir et l'autre bleu, favorisa l'arianisme dans ses États.

492.

Le pape Gélase succéda à Félix III, tandis que Théodoric avançoit ses conquêtes en Italie; déjà il avoit passé l'Adda et exterminé l'armée d'Odoacre, qui s'étoit renfermé dans Ravenne. Théodoric, qui en avoit fermé le port, le tenoit très-étroitement assiégé. Après deux ans et demi de siége, la famine devint si affreuse dans cette ville, qu'il ne resta plus d'autres moyens aux habitans que de se rendre ou de périr. Les habitans forcèrent leur roi à choisir le premier parti, et l'imbécille Hérule, qui ne possédoit plus rien, au lieu de s'abandonner à la générosité de son vainqueur, proposa de se rendre, à condition qu'il partageroit la royauté avec Théodoric; le conquérant y consentit; mais il l'invita à dîner avec son fils quelques jours après, et les tua tous deux. Ses parens, ses amis éprouvèrent le même sort, et furent victimes de la conduite intempestive d'Odoacre.

Tandis que ces choses se passoient en Italie, Clovis, profitant des avantages que la bataille de Soissons et son alliance avec les Armoriques lui avoient donnés, avoit soumis entièrement les Romains, et étendu ses États jusqu'au Rhin.

Tranquille après ces expéditions, il demanda en mariage Clotilde, fille de Chilpéric, roi de Bourgogne, nièce de Gondebaut, usurpateur de ce royaume, et meurtrier de Chilpéric, de sa femme et de ses deux fils, père, mère et frères de Clotilde. Gondebaut n'osa pas la lui refuser, et Clotilde, satisfaite de quitter le meurtrier de sa famille, n'y mit point d'obstacle, quoique Clovis fût païen; il fut seulement convenu que Clotilde élèveroit ses enfans dans la religion chrétienne.

Clovis s'occupa ensuite d'élever des forteresses sur la rive gauche du Rhin, afin de garantir ses États des entreprises des Allemands, qui occupoient la rive opposée; ceux-ci s'en offusquèrent, crurent que Clovis vouloit les asservir, et résolurent de s'opposer à l'ambition qu'ils lui supposoient. Ils prévinrent Clovis, et passèrent le Rhin près de Cologne, au nombre de cinq cent mille hommes. Clovis vole aussitôt pour s'opposer à cette multitude d'ennemis, et les rencontre à Tolbiac, aujourd'hui *Zulphic*. La bataille s'engage, et les Sicambres, ses alliés, plient et prennent la fuite. Clovis, désespéré de cette défection, invoque le dieu de

Ere chrétienne.

494.

495.

496.

Bataille de Tolbiac.

Ere chrétienne.

Clotilde, promet de se faire chrétien s'il sort de ce péril, rallie ses troupes, se met à leur tête, attaque ses ennemis, qui, bientôt, plient à leur tour. La valeur française se ranime, et les troupes de Clovis, avec leurs Francisques, font un massacre effroyable de cette multitude d'ennemis. Le roi franc suit la victoire, passe le Rhin avec ses troupes, et s'empare du royaume de Thuringe. A son retour à Paris, Clovis exécuta son vœu, et fit bâtir à saint Pierre et à saint Paul une église où sainte Geneviève fut enterrée l'année suivante. Le pape saint Gélase venoit de mourir; Anastase II lui avoit succédé.

Clovis se fit baptiser à Rheims le jour de Noël, s'y fit sacrer ensuite avec Clotilde : une des sœurs de Clovis et environ trois mille hommes de son armée y reçurent le baptême le même jour; ainsi c'est à juste titre que le roi de France est nommé le fils aîné de l'Église, puisque les maisons de Bourgogne, dont Clotilde descendoit, et les autres maisons royales de ce temps n'existent plus.

La mort du pape Anastase II, qui arriva vers la fin de ce siècle, amena des troubles dans l'Église. Simmaque, né en Sardaigne, fut élu pour lui succéder. Laurent, archidiacre de

Rome, soutenu de l'empereur Anastase, fut élu en même temps par une partie du peuple et du clergé, et l'on ne connoissoit pas le véritable pape. Théodoric, roi d'Italie, trancha la difficulté au commencement du siècle suivant, en déclarant que Simmaque étoit le seul et véritable pape, et en forçant Laurent à se désister.

Ere chrétienne.

VI.e SIÈCLE.

Ere chrétienne.

Dans les siècles précédens, nous avons vu, depuis Tibère, l'empire romain toujours tendre à sa ruine, parce que le sénat ni les empereurs n'eurent pas la force de maintenir la discipline des troupes. Après la mort de Valérien, elles portèrent l'audace à son comble; tout fut en confusion; chaque légion se donna un empereur. Quelques histoires rapportent que trente ambitieux se soulevèrent contre Gallien; quelques-unes disent qu'il n'y en eut que dix-huit; mais ce grand nombre de tyrans ne prouve-t-il pas suffisamment dans quelle anarchie, dans quelle licence vivoit l'armée? Cela ne démontre-t-il pas assez la foiblesse du sénat, qui étoit lui-même divisé? Tous ces grands coupables ont été sévèrement punis, tués même par ceux qui les avoient élevés; mais, malgré les exemples bien frappans, qui attestent que la providence a toujours été attentive à réprimer l'ambition, l'orgueil, la méchanceté des hommes, afin de retenir les autres et d'en délivrer les bons, pourquoi donc les mêmes crimes se renouvellent-ils continuellement ? Quel est donc celui qui résoudra un jour ce problême ? Je remarque, dans l'histoire, que toutes les fois qu'un prince légitime a su faire respecter son autorité, empêcher la licence des troupes, punir sévèrement et sans délai les factions, les séditions, elles ne se sont pas représentées, lorsque lui-même gouvernoit avec sagesse et justice. Sous les fils de Constantin-le-Grand, les troupes, réprimées pour un moment, reprirent leur caractère séditieux, et bientôt elles donnèrent la pourpre à cinq tyrans; sous le foible Honorius, elles la décernèrent à huit ambitieux : pourquoi ? C'est qu'en élevant dans l'armée des hommes qui se distinguoient par leur bravoure, on ne cherchoit pas à connoître leurs principes. Comment, dans une pareille anarchie, l'État auroit-il pu subsister ? Les peuples, accablés, pillés par tous ces usurpateurs, qui distribuoient des sommes énormes à leurs soldats pour les retenir dans leur parti, se procurer des fonds, afin de soutenir leur usurpation, devoient nécessairement désirer un changement, et se soumettre aux étrangers qui venoient le leur apporter.

Les séditieux Romains, qui avoient perdu

Ere chrétienne.

Ere chrétienne.

l'Espagne, la Grande-Bretagne, l'Italie, une partie des Gaules, perdirent encore le reste dans le 6ᵉ siècle. Clovis, roi des Francs, s'empara de la partie de la Gaule que les Bourguignons et les Goths n'avoient pas encore envahie.

Les Romains, par les exploits de Bélisaire, reprirent l'Afrique, Naples, Ravenne, Rome, la Sicile, les îles Baléares, la Sardaigne, l'île de Corse; mais le foible Justinien prêta l'oreille aux envieux courtisans qui l'entouroient, rappela ce grand homme, pour le remplacer en Italie par un vil, un ambitieux eunuque, et il perdit tout. L'eunuque Narsès appela les Lombards en Italie, et cette contrée cessa encore de faire partie de l'empire romain.

La France fut accablée de malheurs par les débauches de Chilpéric, son roi, par les fureurs de Frédégonde, sa concubine, qui le fit périr ensuite, et par la peste, qui mit le comble à ces scènes d'horreur. Cette méchante femme parvint, en faisant périr les descendans du grand Clovis, à placer sur le trône de France Clotaire, son fils, qui avoit un caractère aussi sanguinaire qu'elle.

Les Goths, devenus puissans en Espagne, commencèrent à y devenir magnifiques. Reccarède créa des ducs et des comtes. Ce ne fut que deux siècles après que la noblesse s'introduisit en France, en Allemagne.

Les peuples de la Grande-Bretagne, vexés par les Pictes ou Écossais, appelèrent à leur secours les Anglo-Saxons, et firent de cette île sept principautés.

Ce fut à la fin de ce siècle que Mahomet troubla la chrétienté par ses fourberies et son ambition.

Les empereurs qui ont régné dans ce siècle en Europe, sont : Anastase, Justin, Justinien, Justin II, Tibère II et Maurice.

Les rois de France furent Clovis, Childebert, Clotaire, Chérébert, Chilpéric et Clotaire II.

Les rois qui régnèrent en Espagne furent Amalaric, Leuvigilde et Reccarède.

Presque tous les hérétiques de cette époque, comme les jacobites, les monothélites furent des différentes sectes d'Eutychès. Les Arméniens étoient ariens.

Clovis, craint en Allemagne depuis la bataille de Tolbiac, avoit profité de l'ascendant que lui avoit donné cette victoire pour s'agrandir.

Il pensa ensuite à garantir ses États des Visigoths, des Ostrogoths, et revendiqua à Gondebaut, roi des Bourguignons, oncle de sa femme, sa dot qu'il avoit usurpée. Il lui demanda, en compensation, le Dauphiné, pour le réunir à sa couronne, et lui servir de barrière contre les peuples qui devenoient ses voisins. Gondebaut s'y refusa ; mais Clovis le défit près d'Avignon, et le força à le lui céder ; il fit même donner une souveraineté à Godégésile, prince bourguignon, frère de Gondebaut et oncle de Clotilde.

501. Gondebaut, débarrassé de cette guerre, donna à ses sujets une constitution que l'on nomma la loi *Gombette*, ou loi *des Bourguignons*.

Anastase, empereur d'Orient, prince foible et pusillanime, ne savoit conserver ses États qu'en achetant la paix des nations voisines de lui : aussi Théodoric, roi des Ostrogoths en Italie, trouva la basse Pannonie à sa convenance, et la prit.

505. Anastase, pour se venger, envoya à Clovis le titre de patrice de Rome, qui lui donnoit de l'autorité sur les rois. Cette faveur attira des ennemis à Clovis ; les Visigoths et les Ostrogoths, se réunirent contre lui, excités par Gondebaut, dont le fils avoit épousé la fille de Théodoric ; mais le roi de France, dont la puis-

sance les offusquoit, leur fit voir qu'il étoit en état de faire respecter sa nouvelle dignité.

Ere chrétienne.

Tandis que l'empereur s'occupoit à faire entourer Constantinople d'un mur de dix-huit lieues, et d'une épaisseur de vingt pieds, afin de se mettre en sûreté contre une invasion, Clovis se prépara à tenir tête à ses ennemis.

Alaric, roi des Visigoths, commença le premier les hostilités, forma en Espagne une armée formidable, passa les Pyrénées, et grossit encore son armée de ses peuples du Languedoc et de la Guyenne. Il comptoit d'autant plus sur le succès, qu'il espéroit que le roi des Ostrogoths alloit venir fondre sur le patrice de concert avec lui. Fier de son entreprise, Alaric passa la Garonne à Bourdeaux avec sa nombreuse armée, pour aller chercher Clovis.

Le roi de France s'avançoit de même des bords de la Loire pour réprimer son orgueil : *exterminons d'abord celui-ci*, dit-il à son armée, *nous fondrons sur l'autre après*.

506.

Les deux armées se joignirent près de Poitiers, dans un lieu nommé *Vocladium*, aujourd'hui *Vouillé*.

Bataille de Vouillé contre les Visigoths.

Clovis eut bientôt pris ses dispositions; il fond avec ses Francs sur cette multitude, et, comme un autre Machabée, il s'élance de tous côtés, massacrant, égorgeant tout pour faciliter la victoire à ses soldats, qui, déjà, ne sont que trop acharnés au carnage. Clovis rencontre Alaric, l'abat d'un coup de sa francisque, et crie *victoire ! victoire !* Les Francs s'élancent par-tout en l'imitant ; les Visigoths, effrayés, assommés de toutes parts, sans chef, cherchent leur salut dans la fuite ; les Francs les poursuivent, continuent le massacre sans faire de prisonniers, arrivent à la Garonne, où les Visigoths se jetèrent pour les éviter, et y périrent presque tous.

Clovis et ses soldats, loin de se rebuter de sang, n'en sont que plus altérés ; ils poursuivent sur la rive septentrionale ceux qui n'ont pas osé passer le fleuve, mettent tout à feu et à sang à Cahors, à Agen, à Rhodès, et vont chercher les fuyards jusque dans les montagnes du Vivarais, où ils les exterminent ; continuant leur chasse, ils rencontrent le Rhône, et apprennent qu'ils sont près d'Avignon.

Ils remontent le Rhône, en suivant sa rive orientale, s'emparent d'Orange, et arrivent dans le Dauphiné, où ils trouvent les Ostrogoths avec les Bourguignons. Bientôt la scène change ; les Francs redoublent de courage et d'intrépidité, font mordre la poussière à leurs ennemis ; les monts âpres du Dauphiné et de la Savoie deviennent le tombeau des Ostrogoths.

<small>Ere chrétienne.</small>

L'empereur Anastase envoya des ambassadeurs à Clovis pour le complimenter, et le pape Simmaque lui conféra le titre de roi très-chrétien pour lui et ses successeurs. Ainsi le roi de France fut de nouveau reconnu par les puissances, établi et mis au-dessus des autres rois du monde. Les Francs et les Gaulois ne faisoient plus qu'un même peuple ; ils avoient même caractère, mêmes mœurs, même extérieur, même religion.

<small>508. Clovis reçoit le titre de très-chrétien.</small>

La chevelure blonde des Francs étoit ramassée sur le devant de la tête et coupée par derrière : les Gaulois furent forcés de se conformer à cet usage. Il n'y avoit que le roi de France qui avoit le droit de porter les cheveux longs et flottans, et, comme on ne les coupoit jamais, les cheveux du roi descendoient très-bas le long du dos. Ceux de devant étoient divisés en deux parties, rejetés des deux côtés du front pour laisser le visage à découvert. Il se rasoit ; mais il laissoit une petite touffe de barbe au menton.

<small>Mœurs des Francs.</small>

Des habits étroits tenoient serrés les membres vigoureux des Francs ; un large baudrier

Ere chrétienne.

soutenoit à leur côté une petite gibecière et une épée. En guerre, ils portoient aussi la *francisque*, hache à deux tranchans aiguisés, et dont le fer, dans lequel étoit un manche court en bois, étoit très-épais dans le milieu : c'étoit une terrible massue. Ils tenoient le bouclier d'une main, assommoient ou fendoient la tête de l'autre. Quelquefois ils portoient l'*angon*, espèce de lance garnie des deux côtés de petites pointes de fer recourbées comme des hameçons. Son manche étoit très-long, et la cavalerie ne pouvoit tenir à ces troupes armées d'angons.

La blessure de l'*angon* étoit mortelle, quoique légère, parce que ce fer étoit armé d'un poison très-subtil.

On doit penser que des hommes exercés dès l'enfance à manier ces armes et au métier de la guerre, que ces hommes intrépides, qui ne reculoient jamais, devoient être de terribles ennemis.

En effet, que faire avec des hommes forts et robustes, qui ne mettent aucun terme à leur audace et que rien ne peut lasser ?

Les rois de France ont été long-temps sans avoir de gardes à leur service : on licencioit les troupes en temps de paix.

Chaque année, le grand conseil de la nation s'assembloit : il étoit composé du roi, des nobles, des députés des villes. Il se réunissoit extraordinairement ensuite, si les circonstances l'exigeoient.

Les Francs avoient une législation différente de celle des Gaulois. La coutume d'expier par de l'argent toutes sortes de délits étoit inconnue dans la Gaule avant l'arrivée des Francs, ainsi que l'usage barbare de faire décider par des duels publics les contestations entre particuliers; mais cet usage étoit une politique des Francs, qui les engageoit, les forçoit à devenir adroits dans le maniement des armes.

Il en étoit de même des ordalies, qui consistoient en différentes épreuves.

L'épreuve du fer chaud se faisoit en mettant sa main dans un petit gantelet de fer rouge, ou en marchant sur des barres de fer rouges pieds nus.

L'épreuve par l'eau consistoit à plonger la main dans une cuve d'eau bouillante, pour en retirer quelque chose.

Dans l'épreuve de l'eau froide, on lioit à l'accusé la main droite avec le pied gauche, le pied droit avec la main gauche; on le jetoit ensuite dans l'eau. Si l'accusé enfonçoit, il

Ere chrétienne.

Ere chrétienne.
étoit jugé innocent; s'il surnageoit, il étoit coupable.

La civilisation des Gaulois influa sur celle des Francs. Ils adoptèrent peu à peu les usages des Romains ou des Gaulois devenus Romains; les deux nations se confondirent.

509. Lorsque Clovis fut débarrassé des Visigoths et des Ostrogoths, il s'occupa de réunir à sa monarchie les États des princes francs qui avoient refusé de le seconder. Il commença par celui des Ripuaires, dont la capitale étoit Cologne. Il fut bientôt maître des uns et des autres. Il poignarda celui de Cambrai, qui lui fut livré; celui du Maine subit le même sort, et Clovis devint seul roi de France.

Gésalic, fils naturel d'Alaric, s'étoit emparé après sa mort du royaume d'Espagne. Théodoric, roi des Ostrogoths d'Italie, oncle d'Amalaric, fils légitime d'Alaric, se disposoit à le rétablir sur le trône.

511. En effet, après avoir mis ordre aux affaires d'Italie, il passa en Espagne avec une armée, défit Gésalic, rétablit son neveu, gouverna pendant sa minorité le royaume d'Espagne, et y resta quinze ans.

Clovis assembloit, d'après le conseil de saint Remi, un concile à Orléans, où trente-trois évêques établirent un règlement sur la discipline ecclésiastique. *Ère chrétienne.*

Le 26 novembre de la même année, la parque trancha le fil de sa vie, et enleva à la France ce grand roi, malade depuis quelques jours à Paris, après avoir régné trente ans. *Mort de Clovis.*

Il fut inhumé à côté de sainte Geneviève, dans l'église qu'il avoit fait bâtir à saint Pierre et à saint Paul : on la nomme aujourd'hui *Sainte-Geneviève.*

Clovis laissa quatre fils :

Thierri, qu'il avoit eu d'une maîtresse avant son mariage avec Clotilde ;

Clodomir, Childebert, Clotaire, qu'il avoit eus de Clotilde.

Cette reine avoit encore une fille qui portoit son nom, et qui se maria dans la suite avec Amalaric, roi d'Espagne.

Ses enfans se partagèrent, l'année suivante, le royaume de France. *512.*

Thierri fut roi de Metz ou d'Austrasie, qui comprenoit la partie orientale de la France, les deux rives du Rhin et l'Auvergne. Il y réunit bientôt le royaume de Thuringe, après avoir fait périr Ermanfroi, à qui Clovis l'avoit laissé à condition d'un tribut. *Royaume d'Austrasie.*

Clodomir eut le royaume d'Orléans, c'est- *Royaume d'Orléans.*

à-dire l'Orléanais, le Lyonnais, le Dauphiné, la Provence.

Ère chrétienne.

Royaume de Soissons. Clotaire eut celui de Soissons, la Picardie, la Flandre, la Neustrie et la Bretagne.

Royaume de Paris. Childebert eut le royaume de Paris, c'est-à-dire, l'île de France, le Poitou, le Maine, la Touraine, l'Anjou, la Champagne, la Guyenne.

Comme Paris étoit la capitale de la monarchie de Clovis, comme cette ville a toujours été considérée depuis ce moment capitale de la France, que d'ailleurs les rois de Paris ont réuni sous leur puissance les États qui en ont été démembrés, l'on a pris l'habitude de ne considérer aussi comme rois de France que les rois de Paris.

Childebert, roi de France. Childebert n'avoit que quatorze ans environ lorsqu'il fut couronné, et il régna d'après les conseils de sainte Clotilde, sa mère. L'Écosse avoit ses rois depuis que Fergus avoit dompté les Pictes : les deux peuples écossais et pictes étoient réunis sous son autorité. Abandonnant l'histoire fabuleuse de ce pays, je le vois régner en 411, lorsque les Romains cessèrent de dominer dans l'île Britannique.

Royaume d'Écosse.

C'est sous Eugène, fils de Fergus, que ces peuples, voulant envahir la Bretagne, forcèrent les Bretons à appeler à leur secours les Anglo-Saxons, peuples de la Germanie.

Ère chrétienne.

Les successeurs d'Eugène furent Dongard, qui commença à régner en 449; Constantin, dont le règne date de 454; Gongalle, qui occupa ce trône en 469; et Conrane, qui régnoit à la mort de Clovis.

L'Hibernie, aujourd'hui l'Irlande, avoit aussi ses rois; mais son histoire est incertaine avant 430, époque du règne de Loegarius, qui embrassa le christianisme. Il fut tué du tonnerre en 460, et Lugdathus, son fils, lui succéda. Il régnoit encore, mais dans l'idolâtrie, à la mort de Clovis.

Royaume d'Irlande.

Le Vandale Trasimond régnoit en Afrique, et le pape Simmaque gouvernoit l'église chrétienne.

De ces princes, le roi d'Hibernie mourut le premier après Clovis. Il fut tué par le feu du ciel comme son père, et Moriertacus, prince de cette nation, en fut élu roi.

513.

Le pape Simmaque mourut l'année suivante, et Hormisdas fut porté dans la chaire apostolique.

514.

Gondebaut, roi de Bourgogne, affaissé sous le poids des années, avoit fait reconnoître pour son successeur Sigismond, son fils, qu'il avoit

515.

Ere chrétienne.

marié avec la fille de Théodoric, roi d'Italie, et dont il avoit eu un fils qu'il nomma *Sigeric*.

516.
Sigismond, roi de Bourgogne.

Gondebaut meurt; Sigismond lui succède, et l'année suivante, il perdit sa femme, fille de Théodoric.

517.

518.

Anastase, empereur d'Orient, étoit accablé d'infirmités, qui le conduisirent au tombeau.

Un soldat de fortune, né dans la Thrace, qui ne savoit ni lire ni écrire, étoit parvenu dans l'armée à un grade supérieur par sa bravoure : c'est Justin, qui se fit élire empereur d'une manière bien singulière.

Amantius, eunuque d'Anastase, lui remit une grosse somme d'argent pour distribuer à l'armée, afin de faire élire empereur le colonel Théocrétien, son ami : Justin s'en servit pour lui-même, et il fut élu.

Il fit périr aussitôt Amantius, Théocrétien, et Vitalien, général des troupes impériales. Voilà à quoi aboutit le droit d'élire leur roi laissé aux nations, désavantage, désordre qui ne se rencontre pas dans la loi d'hérédité, bien soutenue par le peuple.

Règne de JUSTIN.

Dès que Justin fut empereur, il pensa à se maintenir en paix avec les Perses, en consentant à leur payer tribut; il resta ensuite dans l'inaction.

Sigismond, roi de Bourgogne, se remaria avec une fille d'une naissance obscure, dont il eut bientôt un fils. Cette femme, non contente de son sort, chercha à assurer le trône dans sa famille au détriment de Sigeric, héritier présomptif et naturel du royaume de Bourgogne.

Elle le mit mal dans l'esprit de son père, et parvint à persuader à ce roi que Sigeric vouloit attenter à sa vie; Sigismond le fit étrangler; mais à peine Sigeric eut-il cessé de respirer qu'il reconnut son innocence. Il en fut désespéré; il pleura amèrement la mort de son fils; mais Clotilde, reine de France, ne vit en lui qu'un barbare, qui avoit hérité du caractère féroce de Gondebaut.

Clotilde n'avoit pas oublié combien ce roi, son oncle, l'avoit fait souffrir, qu'il avoit fait périr sa famille pour s'emparer du royaume de Bourgogne, dont son père étoit roi, et ne

Ere chrétienne.

519.

520.
Le roi de Bourgogne fait étrangler son fils.

522.

voyoit en Sigismond même qu'un autre usurpateur, qui ne régnoit que par le meurtre de ses frères. Lorsque ses fils prirent la résolution de venger la mort de ses parens, croyant ne pouvoir être tranquilles tant qu'une pareille race auroit de l'autorité près d'eux, elle ne les éloigna pas du dessein de s'emparer du royaume de Bourgogne, qui leur appartenoit; mais ils poussèrent les choses plus loin qu'elle ne le désiroit, et, oubliant son ressentiment, elle fit de vifs reproches à ses fils et se retira de la cour.

Thierri, roi d'Austrasie, reconnaissant de la conduite que Clotilde avoit tenue envers lui, en lui donnant part à la succession de son père comme à ses enfans, ne balança pas à réunir ses forces aux leurs.

522.
Les enfans de Clovis s'emparent de la Bourgogne.

Ils assemblèrent une puissante armée, et entrèrent dans la Bourgogne, la même année que Hildéric succéda à Trasimond, son père, roi des Vandales d'Afrique, qui venoit de mourir.

Sigismond étoit abandonné à ses propres forces : il ne pouvoit recourir à Théodoric, dont il venoit de tuer le neveu : ce prince, au contraire, excitoit les enfans de Clovis à la vengeance. Sigismond fit ce qu'il put pour conjurer l'orage, offrant de céder une partie de son royaume aux princes français; mais ils étoient maîtres déjà de ce qu'il leur offroit, et ne voulurent écouter aucune proposition.

Sigismond, abandonné même de Gondemer ou Gondegesile, son frère, avoit rassemblé ses forces; mais les Français eurent bientôt mis en déroute les Bourguignons, et Sigismond prit la fuite avec sa famille. On découvrit leur retraite; Sigismond fut tué avec sa femme et ses enfans à la Colombe, près Saint-Pierre-Avi, et jeté dans un puits. Les enfans de Clovis s'emparèrent de tout le royaume de Bourgogne, à l'exception de la Savoie et de l'Helvétie, qu'ils laissèrent à Gondemer, frère de Sigismond, qui régna à Genève.

Les princes français firent alors des échanges pour arrondir leurs États.

Thierri eut la Franche-Comté pour l'Auvergne, qui fut donnée à Clodomir.

Clotaire eut le Maine et l'Anjou, avec une partie de l'Orléanais.

Le royaume de Paris fut augmenté de cette province que nous nommons maintenant la Bourgogne, et d'une partie de l'Orléanais.

Ce fut dans ces entrefaites que mourut le pape Hormisdas, et Jean Ier fut honoré du

Ere chrétienne.

523.

Ere chrétienne.

souverain-pontificat. Le pape voulant ramener les peuples, infectés de l'arianisme, que Théodoric, roi d'Italie, favorisoit, fut emprisonné à Ravenne, où il mourut. Félix IV, son successeur, en fit de vifs reproches à Théodoric, qui fut si désespéré de la mort de Jean Ier, si repentant des persécutions qu'il lui avoit fait éprouver, qu'il tomba dans une noire mélancolie. Il maria Amalaric, son neveu, roi d'Espagne, dans Séville, avec Clotilde, sœur de Childebert, roi de France, et repassa en Italie, où il mourut bientôt. Ce grand prince avoit chassé les Romains de l'Espagne; les Visigoths en étoient maîtres, excepté du nord, que les Suèves occupoient.

526.

Athalaric, roi d'Italie.

Athalaric, son neveu, encore enfant, lui succéda sous la tutelle de sa mère Amalasonte, sœur de Théodoric, qui gouvernoit l'Italie pendant l'absence de ce prince.

527.

L'année suivante, Justin, empereur d'Orient, mourut d'une plaie qui se r'ouvrit, après avoir associé à l'empire Justinien, fils de sa sœur.

Sainte Radégonde, femme de Clotaire, roi des Francs, mourut aussi cette année à Poitiers.

Règne de JUSTINIEN, empereur d'Orient.

Ere chrétienne.

Justinien étoit un prince foible, méchant dissolu, ingrat, ou du moins très-ombrageux : nous allons en voir des preuves dans le cours de son règne.

Il refusa de payer le tribut accoutumé à Cabadès, roi de Perse, qui lui déclara la guerre, et mit sur pied une forte armée : heureusement qu'il avait pour général le brave, le fidèle, le vertueux Bélisaire. Il marcha contre les Perses et les défit près de Dara.

530.

C'est cette année que mourut le pape Félix IV ; Boniface II lui succéda dans la chaire apostolique.

Les Perses se remirent en campagne au printemps suivant, et trouvèrent Bélisaire dans une position désavantageuse. Ce général voulut se retirer et différer d'engager une action ; mais il ne put contenir l'ardeur de ses troupes, qui fondirent sur les Perses et se firent battre.

531.

Justinien, courroucé de cet échec, rappela Bélisaire, et confia son armée à un général bien moins habile.

Cabadès mourut bientôt; mais Chosroès Ier, son fils, prince brave, jaloux de sa puissance, força Justinien à conclure un traité humiliant.

532. L'Église perdit peu après Boniface II, qui eut pour successeur Jean II.

Childebert, roi de France, étoit en Languedoc, où l'avoit appelé sa sœur Clotilde, qui ne recevoit que des mauvais traitemens du roi Amalaric. Il extermina les Visigoths, tua Amalaric près de Barcelone, et ramena en France sa sœur. Il auroit repris le Languedoc, si Gondemer, roi de Bourgogne, lui eût prêté le secours qu'il demandoit. Aussi dès qu'il fut de retour à Paris, il se rendit à Soissons, près de Clotaire, son frère, et ils se liguèrent ensemble pour punir Gondemer.

533. Au printemps suivant, ils se mirent en marche, et lui enlevèrent la Savoie et Genève, que Childebert ajouta à son royaume, en forçant Gondemer à se retirer dans l'Helvétie.

534. C'est dans ces entrefaites que mourut le jeune Atalaric, roi d'Italie. Amalasonte, sa mère, se remaria avec Théodat, et le fit roi d'Italie.

Justinien envoya Bélisaire en Afrique, contre l'usurpateur Gélimer, qui avoit détrôné Hildéric, allié de l'empereur.

Marginalia: Ere chrétienne. — Childebert, roi de France, tue Amalaric, roi des Visigoths. — Il s'empare de la Savoie et de Genève.

Bélisaire s'embarqua au mois de juin avec dix mille hommes d'infanterie et six mille chevaux. Il aborda en Afrique au mois d'août, s'approcha de Carthage, rencontra Gélimer, le défit, le mit en fuite. Il entra le soir dans Carthage, où les rues étoient illuminées pour le recevoir.

Ere chrétienne.

Bélisaire s'empare de l'Afrique.

535.

L'année suivante, il prit la Sardaigne, la Corse, les îles de Majorque, de Minorque et la Sicile.

Il prend la Sardaigne, la Corse, les îles Baléares et la Sicile.

L'Afrique resta soumise à l'empire d'Orient, et Justinien la divisa en sept provinces, compris la Sardaigne.

C'est cette année que Agapet Ier succéda à Jean II, et que Eugène III commença à régner en Écosse.

Bientôt l'Europe fut émue d'un crime horrible, d'un attentat exécrable : le farouche Théodat, roi d'Italie, sur un simple soupçon de galanterie, fit égorger l'illustre, la célèbre *Amalasonte*, sa femme, sœur de Théodoric, sa bienfaitrice.

536.

Théodat, roi d'Italie, fait égorger la célèbre Amalasonte.

Cette reine, d'un génie transcendant, étoit non-seulement savante dans les langues grecque et latine, mais elle étoit encore si versée dans celles de tous les peuples qui s'étoient jetés sur l'empire romain, qu'elle pouvoit con-

Ere chrétienne.

verser avec eux sans interprète : avantage bien grand pour un prince ! avantage qui le dispense de confier à un tiers les secrets de l'État, dont la publicité peut faire avorter les projets les plus essentiels, manquer les traités les plus importans, par les entraves qu'y peuvent apporter, lorsqu'ils en sont instruits, des États voisins intéressés à les faire échouer.

L'empereur Justinien, quoique méchant, ingrat, ombrageux lui-même, fut si irrité de la cruauté, de l'ingratitude de Théodat, qu'il prit non-seulement la résolution de le détrôner, mais encore de lui ôter la vie dans les tourmens qu'il avoit mérités.

Après s'être emparé de la Dalmatie, il donna à Bélisaire une puissante armée, avec ordre de ne rien épargner pour parvenir à l'accomplissement de ses justes projets.

Théodat, effrayé des grands préparatifs que l'on faisoit contre lui, et plus encore de la réputation du grand capitaine chargé de l'expédition ; craignant d'ailleurs d'être abandonné de ses troupes, qui le détestoient depuis son crime, offrit à l'empereur Justinien son royaume, moyennant un revenu en fonds de terre, et pria le pape Agapet de se charger de cette négociation auprès de Justinien.

Ce pape y consentit d'autant plus volontiers que la réussite empêcheroit de verser encore le sang des peuples innocens des crimes des princes, et que ce voyage lui fourniroit l'occasion de combattre avec plus d'efficacité l'hérésie d'Eutichès, et d'en détourner l'empereur, qui la propageoit dans ses États.

Ere chrétienne.

Théodat donna aussi à Childebert, roi de France, les droits qu'il avoit dans la Gaule, pour l'empêcher de se réunir à Bélisaire.

Justinien fut inexorable au sujet de Théodat ; mais le pape parvint à convaincre cet empereur de l'erreur d'Eutichès, et à lui faire abandonner cette pernicieuse doctrine.

Anthémius, évêque de Constantinople, qui avoit séduit Justinien, fut déposé.

Le pape Agapet mourut à Constantinople pendant cette négociation, et saint Silvère fut porté à la chaire apostolique.

Bélisaire étoit entré en Italie, et marchoit sur Naples ; il força cette ville, après un siége meurtrier qui dura trois semaines. Sans perdre de temps, il prit le chemin de Rome, et s'empara de la Campanie.

Bélisaire entre en Italie.

Les Goths, indignés de ce que Théodat, tremblant, n'osoit s'opposer aux progrès de Bélisaire ; irrités de ce qu'il avoit attiré cette guerre par son crime, auquel la nation n'avoit aucune part, le détrônèrent, et proclamèrent roi Witigès, officier d'une grande bravoure : Théodat prend la fuite ; on le poursuit, on l'égorge.

Mort de Théodat.

Bélisaire assiége Rome.

Bientôt Bélisaire est aux portes de Rome ; il l'assiége vigoureusement avec son armée victorieuse. Les Romains, hommes, femmes, enfans, se mettent en devoir de le repousser ; mais le pape Silvère exhorte les Romains à cesser une résistance inutile, et Rome ouvre ses portes. Détachée de l'empire depuis soixante ans, elle rentre d'elle-même sous l'obéissance des empereurs.

Il prend Rome.

Bélisaire, d'après l'ordre de l'impératrice Théodora, engagea le saint pontife à rétablir Anthémius sur le siége de Constantinople. Il refusa dans la crainte qu'il ne favorisât de nouveau la doctrine d'Eutichès, et Bélisaire le fit conduire dans l'île de Palmarie.

Witigès arrive avec une armée de plus de cent mille hommes, et met le siége devant Rome. Après un an de siége, Bélisaire s'impatientant, envoya des troupes contre Ravenne. Ce qu'il avoit prévu arriva ; Witigès leva le siége de Rome neuf jours après, et vola au secours de Ravenne. Bélisaire l'y poursuit, le

540.

prend à Ravenne avec sa femme, et l'envoie à Constantinople.

Il s'empare de Ravenne.

Le pape Silvère étoit mort depuis quelques temps dans sa prison de Palmarie, où le retenoit l'impératrice Théodora, à raison de son refus opiniâtre de rétablir Anthémius. Saint Vigile avoit occupé le saint siége pendant son exil, et il continua après sa mort. Ce saint pontife fut encore cruellement persécuté pour la même cause par l'impératrice. Les Goths élurent Théobald roi d'Italie; mais il périt l'année suivante sous les coups des impériaux.

Araric ne lui succéda que pour éprouver le même sort trois mois après.

541.

Les Goths étoient désespérés, et Bélisaire les auroit entièrement chassés de l'Italie, s'il n'eût été rappelé par Justinien, qui voulut l'envoyer en Perse. Après son départ ils élurent pour roi Totila, qui rétablit leurs affaires.

Totila, roi d'Italie.

Lorsque Bélisaire arriva à Constantinople, Chosroës, roi de Perse, étoit déjà dans la Syrie; il s'étoit emparé d'Hiéraple et de Bérée (aujourd'hui Alep); il avoit escaladé Antioche, et, après l'avoir pillée, l'avoit réduit en cendres. L'approche seule de Bélisaire lui fit repasser l'Euphrate. Après cette expédition, Justinien renvoya cet illustre général en Italie, où

542.

543.

Ere chrétienne.

Totila assiégeoit Rome. Bélisaire s'y rendit; mais que pouvoit-il faire sans troupes, sans argent ?

C'est cette année que mourut la reine Clotilde, épouse de Clovis et mère de Childebert; elle fut inhumée près du grand prince qu'elle avoit rendu chrétien.

545. Totila pressoit toujours le siége de Rome malgré la présence de Bélisaire, qui demandoit inutilement du secours. Enfin il la prit
546. l'année suivante, la pilla, et l'auroit détruite sans Bélisaire, qui l'en détourna. Totila sortit de Rome après en avoir dispersé les habitans, et Bélisaire s'en remit en possession.

548. Peu de temps après, Theudis, ancien écuyer de Théodoric, qui avoit succédé sur le trône d'Espagne à Amalaric, tué par Childebert, roi de France, fut assassiné à Séville, sa capitale, par les Visigoths, qui élurent Théodégésile roi d'Espagne.

C'est dans ces entrefaites que Bélisaire, dénué de tous secours, retourna à Constantinople.

549. L'année suivante, tandis que les partisans de Theudis faisoient périr le roi Théodégésile, élisoient Agila, le brave Totila, roi des Goths d'Italie, reprenoit Rome pour la seconde fois.

L'empereur d'Orient ne pouvoit y porter aucun remède; la Thrace étoit menacée par les Lombards, établis dans la Pannonie et la Norique; par les Gépides, habitans de Sirmium et de la Dacie; par les Hérules de la Mésie, tous peuples d'Attila; et enfin par les Esclavons, qui devenoient redoutables. Ils venoient de conduire une colonie dans la Bohême, pays alors inhabitable, couvert de bois, que Zeccho et Lécho, leurs chefs, firent défricher.

Afin de faire face à tous ces peuples, Justinien acheta une trêve de Chosroès, roi de Perse. Il en fut dédommagé par deux moines, qui apportèrent de Perse à Constantinople, des œufs de vers à soie avec le secret de s'en servir. C'étoit une grande découverte pour les Grecs et pour l'Europe, où la soie se vendoit au poids de l'or. Childebert, roi de France, n'avoit aucun voisin à craindre; les peuples d'Espagne et ceux d'Italie n'étoient plus les Goths de Théodoric; ils étoient sans mœurs, sans énergie et tombés dans une espèce de barbarie; Justinien étoit accablé d'affaires. Le puissant Childebert pouvoit-il trouver une plus favorable conjoncture pour s'emparer de l'empire d'Occident? Ce grand roi, digne fils de Clovis, envoya en Italie Théodebert,

Ere chrétienne.

Les Lombards attaquent l'empire d'Orient.

550.

551.

Justinien fait la paix avec Chosroès, roi de Perse.

roi d'Austrasie, fils et successeur de Thierri, avec une puissante armée.

Ere chrétienne.

Les Français nirent dans l'Italie.

Les Français passèrent les Alpes, et, bientôt, sous les ordres d'un tel chef, s'emparèrent de la Ligurie. Ils fondirent comme la foudre, à qui rien ne peut résister, sur la Vénétie, prirent Trévise, Vicence et Padoue. Ils se disposoient à marcher sur Rome; mais l'eunuque Narsès, général de Justinien, les prévint. Soutenu d'un corps de Lombards, il défit les Goths dans la plaine de Lentagio, au duché d'Urbin, et Totila, leur roi, percé d'un coup de lance, alla expirer à Capra. Le vainqueur, sans perdre de temps, se rendit maître de Rome, et assiégea ensuite Cumes, alors la plus forte place de l'Italie.

Un tel ennemi n'effraya pas Théodebert. Il s'avance à marche forcée; les Français courent, volent sur les pas de la victoire... Téodebert meurt subitement.

Quel funeste coup! l'armée française reste immobile..., l'irrésolution s'en empare.... Elle prend son roi enfin, et, semblable au lion qui échappe sa proie, qui s'en retourne dans sa retraite, regardant souvent derrière lui la trace de la victime échappée, de même l'armée française, bourrelée de chagrin, repasse lentement les Alpes avec les dépouilles mortelles du héros, qui sembloit encore accuser la mort d'avoir fait avorter ses desseins.

Son intention étoit de prendre Rome, tandis que Téjas, le nouveau roi goth, étoit aux prises avec Narsès. En effet, Narsès et ses Lombards pouvoient-ils résister aux Français et aux Goths réunis? Après la défaite de Narsès, les Goths, abattus, auroient-ils pu soutenir long-temps le choc impétueux de la valeur française? Que ne se trouva-t-il donc, parmi tant de braves, un chef assez habile, assez hardi pour suivre les projets du vaillant Théodebert!

Lorsque Childebert reçut la nouvelle de cette catastrophe, il voulut aller lui-même en Italie; mais Narsès livra bataille aux Goths, tua leur roi, les extermina, et remit ce pays au pouvoir des empereurs d'Orient, tandis que Bélisaire chassoit entièrement les Vandales de la Mauritanie.

Childebert réunit le royaume d'Austrasie à ses États; mais Clotaire, son frère, lui disputa bientôt cette succession.

Le cinquième concile général, assemblé à Constantinople, confirmoit les quatre premiers conciles généraux.

L'Espagne étoit dans l'agitation: Atanalgide

Ere chrétienne.

513.

Bélisaire chasse les Vandales de la Mauritanie.

Cinquième concile général.

Ere chrétienne.	s'étoit révolté contre le roi Agila. Il défit son armée; Agila se sauva à Mérida, et bientôt il
554.	y fut tué avec son fils, par les intrigues de l'usurpateur, qui s'empara de ses richesses et de son trône. Il épousa dans la suite une fille du roi d'Austrasie.
555.	Le pape saint Vigile meurt; Pélasge le remplace.
557.	Childebert et Clotaire se livrent enfin une bataille générale, et Childebert est vainqueur. Il ne profita pas des fruits de sa victoire; il
558.	tomba dans l'hypocondrie au retour de son expédition et mourut de cette maladie de langueur. Il fut inhumé à Saint-Germain-des-Prés, qu'il avait fait bâtir.
Règne de CLOTAIRE Ier, roi de France.	Il laissait deux filles : mais, d'après la loi salique, Clotaire, roi de Soissons, son frère, lui succéda, et réunit en sa puissance toute la succession de Clovis, dans le temps que Gongale II étoit appelé au trône d'Écosse par la mort d'Eugêne.
559.	Ce fut dans ce temps qu'une armée de Huns inonda la Thrace; Bélisaire les repoussa et les défit presque sans troupes. L'envie se réveilla contre lui; elle excita les soupçons de Justinien; il rappela Bélisaire dans un moment où les Huns et les Perses se jetèrent de nou-

veau sur l'empire. L'impolitique, l'ingrat Justinien préféra acheter leur retraite que de les combattre ou d'envoyer contre eux son fidèle et brave général.

C'est dans ces entrefaites que Jean III succéda au pape Pélasge; que les Saxons, avides de conquêtes et de pillage, vinrent fondre sur la France.

Clotaire marche contre eux, les défait, en tue un grand nombre, fait les autres prisonniers. Il ne les rendit, il ne les laissa retourner dans leur pays que par un traité par lequel la nation se soumit à payer à la France un tribut annuel de cinq cents bœufs. Chramme, fils de Clotaire, avoit profité de l'occasion pour s'emparer de l'autorité. Clotaire, pour le punir et donner un exemple terrible, le fit brûler vif avec sa femme et ses enfans, dans une chaumière où ils avoient été enfermés après leur défaite.

Clotaire, qui, dans sa colère, avoit ordonné ce cruel châtiment, ne tarda pas à s'en repentir : il en mourut de chagrin à Compiègne, l'année suivante.

Il laissa quatre fils :

Caribert ou Chérébert, qui fut roi de Paris;
Gontran, roi d'Orléans;

Ère chrétienne.

560.

561.

Sigebert, roi d'Austrasie;

Chilpéric, roi de Soissons.

Il avait encore un fils naturel : c'est Gondevald.

Règne de CHÉRÉBERT, roi de France.

Le règne de Chérébert ne fut pas long; mais il fut très-tranquille.

En Orient, on conspira contre les jours de Justinien. La conspiration fut découverte; on punit les coupables; mais des envieux, jaloux du mérite de Bélisaire, l'accusèrent d'y avoir pris part, et l'ombrageux Justinien, sans éclaircir le fait, fit mettre en prison le plus ferme appui de son trône. Il découvrit trop tard l'infâme conduite de ses courtisans et l'innocence de Bélisaire : il fut rétabli dans ses dignités; mais la peine qu'il éprouva de ce que ce prince avoit pu avoir contre lui l'ombre du soupçon, termina la carrière de ce grand homme.

Justinien en tomba malade de chagrin; il maria Sophie, nièce de l'impératrice Théodora, avec Justin, préfet du Prétoire, l'associa à l'empire et mourut bientôt après.

Le Code de Justinien, son Digeste, ses Pandectes, ses Institutes prouvent que cet empereur s'est occupé du gouvernement; mais son Code civil, qui parut en 529, fut très-rapidement fait : aussi n'est-il pas estimé.

On ne suit plus rien de cette jurisprudence aujourd'hui

Ere chrétienne.

Règne de JUSTIN II, empereur d'Orient.

Justin étoit un voluptueux, sans aucun mérite, d'un orgueil insupportable, qui rappela inconsidérément Narsès de l'Italie.

567.

Liuva venoit d'être proclamé, dans Narbonne, roi des Visigoths ; il s'associa Leuvigilde, son frère.

Chérébert, roi de France, mourut dans le même temps, ne laissant que trois filles. Aussitôt Chilpéric, roi de Soissons, qui étoit son frère puîné, s'empara du royaume de Paris, auquel il joignit le sien.

Règne de CHILPÉRIC, *roi de France.*

La guerre se ralluma en France, et bientôt elle éclata en Italie. Dès que Narsès sut que Longin étoit nommé exarque à Ravenne, il appela les Lombards à son secours. Alboin, leur chef, s'allia avec le kan des Abares ou Avares, et, après avoir réuni ses troupes aux siennes, il

568.

Narsès, général de Justin, appelle les Lombards en Italie.

se mit en marche. Cunimont, roi des Gépides, s'opposa à son passage ; mais Alboin, après l'avoir défait et tué, s'empara de ses États, et épousa sa fille.

Alboin força les Gépides, ses nouveaux sujets, à grossir son armée, leur promit part aux récompenses, et, après avoir passé les Alpes juliennes, s'empara de la Vénétie, qui s'étendoit jusqu'à l'Adda, et vola à de nouvelles conquêtes.

Narsès venoit de mourir de chagrin de s'être livré à la vengeance.

Longin étoit à Ravenne ; mais étoit-il capable, sans le secours de Constantinople, de s'opposer à ce torrent dévastateur ? Étoit-il possible à Justin de lui en envoyer, lorsqu'une multitude de Turcs, d'Abares, de Huns, venus de la Tartarie, menaçoient Constantinople ?

571.
Alboin, roi de Lombardie.

Alboin mit le siége devant Pavie, la prit bientôt, et forma de ses conquêtes en Italie, dont il se déclara roi, trois grands duchés : celui de Frioul, celui de Spolette et celui de Bénévent. C'est ainsi que Justin perdit l'Italie par son injustice envers Narsès.

572.

L'année suivante, Alboin fut empoisonné par Rosemunde, sa femme, fille de Cunimond, roi des Gépides ou Transylvains. Cette femme se porta à ce crime pour se venger de ce féroce mari, qui l'avoit forcée, dans un festin, à boire dans le crâne de Cunimont, son père. *Ere chrétienne. — Sa mort.*

Cléphis succéda à Alboin sur ce nouveau trône établi par les Lombards, qui donnèrent leur nom à cette contrée de l'Italie. *Cléphis, roi des Lombards.*

Dans ces entrefaites, le pape Jean III mourut, et Benoît Ier lui succéda.

L'empereur Justin commit une autre faute en faisant alliance avec le kan des Turcs, qui résidoit au mont Altaï, près de la source de l'Irtis. Les Perses, irrités avec raison de sa conduite, lui déclarèrent la guerre.

L'année suivante, les Lombards, irrités de l'avarice et de la cruauté de Cléphis, leur roi, l'assassinèrent, et ne le remplacèrent pas. Les gouverneurs ou ducs se rendirent indépendans, et trente-six gouvernèrent en tyrans. *573. Mort de Cléphis, roi des Lombards.*

Il eût été facile alors de les chasser de l'Italie; mais Justin, qui avoit refusé le tribut accoutumé aux Perses, qui s'étoit, comme on vient de le dire, ligué contre eux avec les Turcs, pouvoit-il s'occuper d'autre chose que de cette guerre?

Tibère, officier de fortune, que Justin avoit fait César, parce qu'il s'étoit distingué contre *Tibère est fait César.*

les Bulgares, venoit d'être battu par Chosroès, qui s'étoit emparé de Dara, boulevard de l'empire dans la Mésopotamie, et la Syrie fut bientôt ravagée par les généraux persans.

Les Français, qui étoient divisés, ne pouvoient profiter pareillement de l'anarchie des Lombards.

Gondevald, frère naturel de Chilpéric, qui le combloit d'honneurs, s'étoit révolté contre ce roi, qui avoit été forcé de le combattre. Gondevald s'étoit retiré à Constantinople, où il fut accueilli de l'empereur Justin, qui ne tarda pas à tomber en démence, dans le trouble que lui causoient ses désastres. Tibère prit pourtant des mesures pour arrêter les progrès du mal.

Les débauches de Chilpéric attirent une foule de malheurs sur la France.

574.

Chilpéric, roi de France, s'attira, au contraire, de nouveaux, de plus grands chagrins par ses débauches. Il répudia Adouère, sa femme, dont il avoit deux fils, Clovis et Mérovée, jeunes princes de la plus grande espérance, pour épouser Galsonte, fille d'Atanagilde, roi d'Espagne, et sœur de Brunehaut, femme de Sigebert, son frère, roi d'Austrasie, et il aliéna tous les esprits. Ses frères s'armèrent contre lui; il confia le commandement de ses troupes à Théodebert, son fils, qu'il avoit eu de Frédégonde, sa concubine; mais cette armée fut défaite dans le Poitou, où Théodebert perdit la vie. Les armées victorieuses poursuivirent les vaincus, et la déroute fut générale. Chilpéric quitta Rouen, où il s'étoit retiré, s'enferma avec sa femme et ses enfans dans Tournai, et Frédégonde l'y suivit.

Ere chrétienne.

Chilpéric, bientôt, s'attira davantage encore l'animadversion publique par de nouvelles cruautés. Outré de ce qu'Atanagilde, roi d'Espagne, avoit refusé de le secourir, de ce que Brunehaut excitoit l'ambition de Sigebert, roi d'Austrasie, il fit étrangler Galsunde, sa seconde femme, et se remaria avec l'ambitieuse, la cruelle Frédégonde, dont il avoit plusieurs enfans.

Il fait étrangler Galsunte, sa seconde femme, et se remarie avec Frédégonde, sa concubine.

Sigebert et Brunehaut ne respirèrent plus alors que la vengeance : en effet, qu'attendre d'un monstre qui fouloit aux pieds les lois de l'honneur et de la religion ? Comment surtout entrer en négociation avec une Frédégonde, une Messaline aussi cruelle ?

Sigebert s'empara du royaume de France, et fit périr les enfans de Frédégonde : ce ne fut plus alors que meurtres et carnage.

575.
Sigebert, roi d'Austrasie, s'empare de Paris.
Massacres de Frédégonde.

Semblable à la lionne à qui l'on a enlevé

les petits, qui remplit de rugissemens affreux les lieux des environs, dévore, de rage et de fureur, tout ce qu'elle rencontre, de même la féroce Frédégonde sème l'alarme par-tout, provoque les horreurs de la vengeance, sollicite, appelle à son secours les furies infernales, sème et distribue les trésors de la France, et parvient enfin à faire assassiner le sage, le vertueux Sigebert, héros magnanime, digne d'un meilleur sort.

Tout donc favorisoit l'établissement des Lombards en Italie.

Les Austrasiens, après la mort de Sigebert, levèrent le siége de Tournai, et Chilpéric, ayant fait rentrer sous son obéissance la Neustrie, revint à Paris. Clovis et Mérovée ne voulurent plus rester avec un tel père, auprès de qui leurs jours n'étoient pas en sûreté.

Chosroès, roi de Perse, venoit d'être vaincu à Mélitine, dans la petite Arménie, et Tibère, profitant de sa victoire, s'étoit emparé de cette province et de la Syrie ; mais Justin touchoit à sa fin.

L'année suivante, le pape Benoît Ier cessa de vivre ; Pélasge II lui succéda, et Justin II mourut quelques mois après à Constantinople.

Règne de TIBÈRE II en Orient.

Tibère, déjà en possession de l'autorité, faisoit aimer son gouvernement par sa munificence et sa justice; laborieux et sage, il auroit rétabli les affaires de l'empire s'il eût vécu plus long-temps.

Ere chrétienne.

Il chargea Maurice de la continuation de la guerre avec les Perses, et ce grand capitaine gagna une bataille sur le fier Chosroès, le mit en fuite, dévasta ses États. Ce roi en mourut de désespoir, et Hormisdas, son successeur, continua la guerre.

579.

Frédégonde faisoit égorger Clovis, l'aîné des fils de Chilpéric, qu'elle craignoit, étrangler la reine Andouère, qui avoit pris le voile, et enfermer Basine, sa fille, dans un monastère à Poitiers, après l'avoir fait déshonorer par ses satellites. Jamais l'on n'avoit vu de pareils forfaits, de crimes aussi atroces en France. Le roi le savoit et n'osoit rien dire, tant cette femme féroce avoit pris d'ascendant sur son esprit! Mérovée, second fils de Chilpéric, qui ne respiroit, comme la reine Brunéhaut et avec raison, que la vengeance, se ma-

Frédégonde fait égorger Clovis et la reine Andouère.

Ere chrétienne.

581.

ria avec cette reine, qui étoit la femme la plus accomplie de son temps. Il croyoit se ménager un appui en s'alliant avec elle; il s'attira au contraire la haine de son père et la mort : Frédégonde le fit périr.

Maurice est fait César.

Tibère II, empereur d'Orient, venoit de donner sa fille au général Maurice, et de le faire César. Il étoit lié avec le brave Gondevald, fils de Clotaire Ier, roi de France, qui avoit concouru à sa fortune, à son élévation : aussi Maurice fit ce qu'il put pour lui en témoigner sa gratitude lorsqu'il parvint à l'empire par la mort de Tibère II.

582.

Règne de MAURICE en Orient.

Maurice de Cappadoce étoit un grand capitaine; mais il étoit peu fait pour être à la tête d'un gouvernement : son avarice fit sa perte et celle de ses enfans.

La peste désole la France.

La première année de son règne, le ciel jeta la peste sur la France, pour la punir de ce qu'elle voyoit tranquillement les forfaits de Frédégonde. Après avoir ravagé les provinces

du midi, elle s'étendit sur l'Orléanais, où ré- | Ere chrétienne.
gnoit le foible Gontran, et vint plonger Paris
dans la désolation.

583.

Maurice, qui venoit de donner une de ses filles à Philippique, un de ses généraux, qui avoit remporté plusieurs victoires sur les Perses, engagea Gondevald, son ami, à profiter des désordres de la France. En effet, la détresse où elle étoit plongée étoit une belle occasion pour réclamer ses droits, et Maurice lui donna une flotte qui le conduisit à Marseille.

Gondevald, fils de Clotaire, prince brave et courageux, étoit connu des Français, et se fit bientôt un parti considérable. Il s'empara de la Provence, du Languedoc; mais, trahi comme il se disposoit à prendre la Guyenne et à marcher sur Orléans, il fut livré à Gontran, qui le fit massacrer. L'empereur Maurice avoit donné l'exarquat de Ravenne à Smaragdus, qui s'occupoit de reprendre plusieurs villes aux Lombards; mais les ducs se réunirent, et donnèrent la couronne de Lombardie à *Anta-* *ric*, fils du feu roi Cléphis, pour augmenter leur force que l'anarchie divisoit, et *Antaric* bientôt reprit les villes conquises par l'exarque.

584.

Antaric, roi de Lombardie.

Le roi de France fut enfin puni de ses criminelles complaisances pour Frédégonde, qui mit le comble à ses forfaits atroces ; elle le fit assassiner dans son palais de Chelles en Brie, afin de vivre plus facilement avec ses amans.

Ere chrétienne.

Règne de CLOTAIRE II, roi de France.

Gontran, roi d'Orléans, prince foible et cruel, qui craignoit cette horrible femme, l'aida à faire proclamer roi de France Clotaire II, son fils, qui n'avoit encore que quatre mois. Ce prince méprisable en fut la victime, et il le méritoit.

Brunehaut, reine d'Austrasie, animée d'un esprit différent, pensoit bien qu'elle ni son fils ne pourroient jamais vivre tranquillement tant qu'existeroit cette infernale furie. Obligée à soutenir les droits du fils de *Mérovée*, puisqu'il étoit l'héritier présomptif de la couronne de Chilpéric, son aïeul, elle devoit du moins le maintenir dans l'héritage du brave et vertueux Sigebert, et cette grande reine se disposa à s'opposer aux desseins ambitieux de cette Cannibale.

Frédégonde assembla ses troupes, et, tenant son fils Clotaire dans ses bras, elle les excita contre Brunehaut par les plus noires ca-

Frédégonde gagne la bataille de Droissi.

lomnies. Enfin elle gagna la bataille de Droissi, à cinq lieues de Soissons, et ôta à Brunehaut les moyens de nuire à ses projets.

Après cette victoire, elle profita de l'élan de ses troupes pour attaquer Gontran, roi d'Orléans, qui venoit de désigner Childebert, son fils, pour son unique héritier.

Ere chrétienne.

585.

Leuvigilde, roi d'Espagne depuis 568, profitoit de la division des Suèves, maîtres de la Galice, et s'empara de Cordoue. Il réunit cette année le royaume de Galice à ses États, après avoir exterminé les Suèves, et pris l'usurpateur Andéca ; mais ce roi mourut bientôt, ayant fait couronner son fils Reccarède, qui embrassa la religion catholique.

Leuvigilde, roi d'Espagne, augmente ses États.

586.

Reccarède, roi d'Espagne.

Leuvigilde fut le premier des rois goths qui porta en Espagne le manteau de pourpre avec la couronne.

Les tentatives de Frédégonde contre Gontran ayant échoué, elle se décida à employer des moyens plus sûrs, le poison, dont elle s'étoit si souvent servi.

Pendant qu'elle s'occupoit de ces fureurs, de ces noirs et perfides projets, l'empereur Maurice ôta l'exarquat de Ravenne à Smaragdus, pour le donner à Philippique, son gendre.

588.

Quelque temps après son installation, le pape Pélasge cessa de vivre, et saint Grégoire-le-Grand lui succéda.

590.

Antharic, roi des Lombards, mourut ensuite, et Théodelinde, sa veuve, se remaria avec Agitulfe, gouverneur de Turin, lui donna la couronne de Lombardie, et le rendit catholique. La reine Frédégonde envoyoit au secours de Varoch, comte de Bretagne, son allié, les Saxons Bajoccassini, qui étoient soumis à Clotaire II, son fils. Toujours livrée à ses exécrables projets, elle trouva enfin un monstre qui, pour de l'argent, l'aida à les exécuter, et Gontran, roi d'Orléans, fut empoisonné à Châlons-sur-Saône.

Ere chrétienne.

Frédégonde fait empoisonner Gontran, roi d'Orléans.

593.

Childebert, héritier de son père, vit bien qu'il n'y avoit de sûreté pour lui qu'en vengeant la mort de Gontran. Il assembla ses troupes dans le dessein de punir l'assassin de sa royale famille; mais Frédégonde se mit à la tête de l'armée avec son fils, et repoussa Childebert.

Tandis que ces horreurs se passoient en France, l'empereur Maurice remportoit par ses généraux des victoires continuelles contre les Perses, qui se révoltèrent contre Hormisdas, et couronnèrent Chosroès II, son fils, qui fit tuer son père.

Guerre civile dans la Perse.

594.

Quelques jours après, Baras ou Varanès, prince de Rey, auteur de la révolte, s'empara du trône de Perse, et Chosroès n'eut d'autre ressource que de se jeter dans les bras de l'empereur Maurice.

Ere chrétienne.

La politique engagea ce prince à le protéger, tout en le blâmant de son parricide. Il envoya une armée en Perse sous les ordres de Commandiol, et Chosroès le suivit.

595.

Peu après, Childebert, roi d'Orléans, fils de Gontran, cessa de vivre, et la guerre recommença en France. Sa succession revenoit de droit à Childebert, roi d'Austrasie, fils de Brunehaut. Ce prince, aussi brave que son père, arma pour la recueillir, et s'en mit en possession malgré Frédégonde. Cette furie sollicita les seigneurs français à se joindre à elle pour réunir ce royaume à celui de Paris ; mais la mort enfin termina ses jours, et Childebert devint un roi puissant.

596.
Mort de Childebert, roi d'Orléans.

597.
Mort de Frédégonde.

Dans ce temps, un Arabe, Mahomet, fils d'Abdala et d'Emina, né depuis 571, venoit d'épouser Chadigé, veuve d'un riche marchand, dont il étoit le facteur. Cette femme, déjà âgée, mère de plusieurs enfans, s'étant aperçue qu'il tomboit d'épilepsie, lui fit de vifs reproches de l'avoir trompée.

Mahomet épouse Chadigé, riche Arabe.

Le fourbe, pour s'excuser, imagina de dire que ses chutes fréquentes étoient d'heureux mouvemens convulsifs, pendant lesquels l'ange Gabriel lui révéloit les secrets du ciel. Cette femme refusa d'abord de le croire; mais il joua si bien son rôle qu'il parvint à la persuader.

Ere chrétienne.

Mahomet commence ses impostures.

Bientôt Chadigé, ainsi qu'Abubeckre, son père, publièrent ses prétendues révélations, et commencèrent la réputation de Mahomet.

598.

Chosroès II, qui, dans trois ans, avec le secours de l'empereur Maurice, avoit remporté trois batailles rangées contre le traître Varanès, remonta sur le trône de Perse.

Chosroès II remonte sur le trône de Perse.

Varanès se sauva chez les Tartares, où il fut empoisonné par les ordres de Schaweh-Schah, leur empereur, et aïeul maternel de Chosroès II. Ainsi se termina cette révolution, qui duroit depuis quatre ans.

Origine des titres de duc et de comte.

Reccarède, roi d'Espagne, beau-frère de Childebert, roi de France, dont il avoit épousé la sœur *Ingunde*, donnoit le titre de comte aux gouverneurs de ses provinces, aux principaux officiers de sa maison, et celui de duc aux généraux.

VIIe SIÈCLE.

Ere chrétienne.

L'histoire de ce siècle offre de grandes révolutions et dans les gouvernemens et dans l'Église, occasionées par les fourberies de Mahomet. Sa religion s'étendit non-seulement en Arabie, mais encore dans la Syrie, dans la Perse, dans la Nubie, l'Égypte, la Mauritanie, en Espagne, et dans l'île de Rhodes, États dont ses descendans s'emparèrent par la division des princes chrétiens.

Ce siècle nous offre des rois détrônés par des usurpateurs, qui sont chassés ensuite ; des papes persécutés par des princes, parce qu'ils soutenoient les principes de la doctrine chrétienne.

On vit des princes à qui l'orgueil et l'intérêt firent commettre des crimes atroces ; des pères tuer leur fils, des reines assassiner leur mari, et des princes ôter la vie à leurs reines. Il n'y avoit rien de sacré, et la plupart des princes chrétiens ne l'étoient que de nom.

Ils vivoient dans une licence effrénée, répudiant une femme pour en reprendre une autre qu'ils renvoyoient ensuite ; violant souvent celles des autres.

Les empereurs qui ont figuré dans ce siècle sont :

Maurice, Phocas, Héraclius, Constant II, Constantin-le-Barbu et Justinien II.

Les rois sont :

Clotaire, Childebert, Dagobert, Clovis II, Clotaire II, Childéric II et Clotaire III en France.

Chosroès, Siroès, Adeser, Sarbarasas, Hormisdas II, et Isdegerd III en Perse.

En Espagne, Leuva II, Witeric (usurpateur), Gondomar, Sisebut, Reccarède II, Suintile, Sizenand, Chintilane, Chindasuinte, Réchesuinte, Vamba, Ervige.

En Angleterre, il n'y avoit que des principautés.

En Italie, Agitulphe, Adelvald, Ariovald, Rotharis, Rodoald, Aribert, Gondemer et Bertier, Grimoald.

J'ai dit que l'avarice de l'empereur Maurice avoit été très-nuisible à l'empire d'Orient, et il ne faudroit que le trait suivant pour justifier cette assertion.

Au commencement de ce siècle, le kan des Abares offrit de lui rendre douze mille prisonniers pour une pièce d'or par tête, et ensuite pour la moitié ; ce cruel, cet impolitique empereur refusa cette offre, et le kan des Tartares, indigné de son avarice, fit massacrer les prisonniers.

Les murmures éclatèrent aussitôt en Orient; les uns réclamèrent un père, les autres un époux, un frère; la haine, bientôt, devint générale, et la punition fut également prompte.

Tandis que Leuva II succédoit à Reccarède, son père, au royaume d'Espagne, Phocas, né en Cappadoce de parens obscurs, profita du mécontentement général des troupes d'Orient, se mit à la tête d'une armée de rebelles qui le proclama empereur, et marcha sur Constantinople.

Après quelque résistance il s'empara de la ville, où le peuple étoit mécontent, fit trancher la tête à l'empereur Maurice, à ses cinq malheureux fils, et s'assit sur son trône. Que les peuples sont à plaindre lorsqu'ils laissent prendre une telle autorité aux troupes, et n'ont ni la force ni l'énergie de s'opposer aux usurpations! Ce sont eux qui en souffrent davantage cependant, et le cours de cette histoire ne le démontrera malheureusement que trop.

Ere chrétienne.

601.

602.

Règne de PHOCAS, empereur d'Orient.

<small>Ere chrétienne.</small>

603.

Dès que Phocas fut installé, il écrivit une lettre pleine de respect au pape Grégoire, qui le reconnut pour la tranquillité de l'Église.

<small>Viteric usurpe le trône d'Espagne.</small>

Pendant que ces choses se passoient en Orient, Viteric assassina le roi Leuva II, et s'empara du trône d'Espagne, qu'il occupa pendant sept ans en tyrannisant les peuples. L'usurpateur Phocas se conduisoit de même en Orient; il se faisoit abhorrer par ses cruautés et son despotisme; mais le roi de Perse, Chosroès II, que Maurice avoit soutenu contre un rebelle, jura de venger son bienfaiteur, et devint le plus implacable ennemi de Phocas.

604.

Pendant qu'il aiguisoit les instrumens de sa vengeance; le pape saint Grégoire-le-Grand fut appelé à une autre vie, laissant le monde embaumé de ses vertus. L'indignité de Sabinien, qui lui succéda, fit sentir à l'Église sa perte plus douloureusement encore.

605.

Enfin Chosroès entra sur les terres de l'empire, et ravagea toute l'Asie, depuis le Tigre jusqu'au Bosphore de Thrace.

Dans cette désolation de l'Orient, le pape Sabinien mourut, et fut remplacé par Boniface III, qui ordonna que les évêques fussent élus par le peuple et par le clergé, ainsi que cela se pratiquoit dans les premiers siècles de l'Église.

Ere chrétienne.
—
606.

Boniface ne vécut qu'un an après son élévation. Il eut pour successeur Boniface IV, qui consacra à Dieu le Panthéon, sous le nom de la sainte Vierge.

607.

L'Arabe Mahomet commença à publier ses prétendues révélations. « Dieu l'envoyoit, di- » soit-il, rétablir la religion d'Abraham et d'Is- » maël. Abraham n'est ni Juif ni Chrétien ; il » est vrai croyant, et non de ceux qui associent » au vrai Dieu de fausses Divinités. Il n'y a » point d'autre dieu que Dieu : Mahomet est » son envoyé. »

608.

Mahomet commence à prophétiser.

Phocas fit marcher une nouvelle armée contre les Perses ; mais cette armée, qui l'abhorroit, qui étoit découragée avant de combattre, fut bientôt mise en pièces, et Chosroès s'avança jusqu'à Chalcédoine.

609.

Dans cette extrémité, Photius, dont Phocas avoit violé la femme, écrivit à Héraclius, exarque de Ravenne, de venir au secours de Constantinople et recevoir la couronne.

Héraclius fait équiper une flotte, la confie à son fils, et bientôt ce jeune homme arrive dans le Bosphore de Thrace.

Les Perses menaçoient de près la capitale de l'empire d'Orient; Héraclius n'y laissoit rien entrer; le peuple étoit dans la consternation.

Dans cette extrémité, Photius et ses partisans agissoient, dirigeoient l'opinion publique; elle se prononça enfin en faveur d'Héraclius, qui força le port au moyen de ces intelligences.

Photius se rendit en même temps maître du palais, se saisit de l'usurpateur, le mena à Héraclius, qui, dans ce moment, fut proclamé empereur. Phocas, prisonnier, l'ayant insulté, le peuple se jeta sur ce téméraire, et lui trancha la tête. Le peuple alors n'osa plus reculer, et, craignant la vengeance et une contre-révolution, il massacra de son chef, pour sa sûreté, les frères, les amis de Phocas. Il proclama de nouveau Héraclius, et se mit sous son égide.

Un pareil exemple de vengeance venoit d'avoir lieu en Espagne. Les parens, les amis de Leuva avoient tué son assassin, l'usurpateur de sa couronne, au milieu d'un festin. Ils avoient proclamé roi Gondomar, parent de l'ancien roi, de l'infortuné Leuva.

Règne d'HÉRACLIUS en Orient.

Chosroès, après avoir laissé une forte armée près du Bosphore de Thrace, s'empara de l'Égypte et de Jérusalem. Il fit tant de prisonniers que l'histoire rapporte qu'il en vendit aux Juifs plus de quatre-vingt mille.

Ere chrétienne.

C'est dans ces entrefaites que mourut Gondomar, roi d'Espagne, et Sisebut fut appelé à la royauté.

612. *Sisebut, roi d'Espagne.*

La France respiroit un peu depuis quelques années ; la mort de Thierri, roi d'Austrasie et de Bourgogne, y ralluma la guerre.

Clotaire, roi de France, entra aussitôt dans l'Austrasie, vainquit Sigebert, qui devoit succéder à son père, et le poursuivit jusqu'à la Saône, où il tailla en pièces le reste de ses troupes. Sigebert tomba entre ses mains ; il le fit mourir, et se saisit ensuite de la reine Brunehaut, âgée de quatre-vingts ans.

613. *Clotaire II, roi de France, s'empare de l'Austrasie.*

Cette malheureuse reine fut conduite à Paris, où le cruel Clotaire la fit écarteler, malgré son âge, par quatre chevaux, dans la rue du Coq, que l'on nomma ensuite pendant long-temps la *rue du Tiroir*.

Clotaire se rendit maître ensuite de toute la France et de la Gascogne.

614. Ce fut dans ce temps que mourut le pape Boniface IV ; Déus-Dédit lui succéda. Ce pape est également connu sous les noms de *Dieu-donné* et de *Théodat*.

615. Héraclius, empereur d'Orient, restoit dans l'oisiveté ; Chosroès, roi de Perse, en profita pour se maintenir dans ses conquêtes.

Les royaumes de l'Europe jouissoient de la paix et de la tranquillité : aussi l'histoire est assez stérile pendant quelques années. Dans ce

616. *Adelvald, roi de Lombardie.* temps, Agitulfe, roi d'Italie, mourut, et Adelvald, son fils, régna sous la tutelle de Théodelinde, sa mère. Le pape Dieudonné lui survécut peu ; Boniface V le remplaça.

617.

618. Clotaire II, roi de France, perdit Bertrude, sa femme, l'année suivante. Cette princesse, mère de Dagobert, fut généralement regrettée, et empêcha souvent Clotaire de commettre des injustices.

L'empereur Héraclius marche contre les Perses. Enfin, Héraclius, empereur d'Orient, sortit de son assoupissement. Les triomphes des Perses, les insultes de Chosroès II réveillèrent

619. son courage endormi. Il se mit à la tête de ses

620. armées, battit les Perses, et les poursuivit dans leur pays.

Dans ces entrefaites, Li-Yuen, prince de Léang, s'empara du trône impérial de la Chine, devint fondateur de la treizième dynastie, celle des *Tang*; mais alors la Chine étoit divisée en dix principautés indépendantes, dont les Tartares en possédoient une.

Ere chrétienne.

Treizième dynastie chinoise.

Lubissa, fille du duc Craco, gouvernoit la Bohême depuis un an.

Le vertueux Sisebut, roi d'Espagne, qui empêchoit d'arrêter les criminels dans les églises, par respect pour son Dieu, mourut, et Reccarède II, son fils, lui succéda. C'est de sa maison que descendirent tous les rois goths de l'Espagne, et, après l'invasion des Maures, ceux des Asturies, de Castille et d'Aragon; ce jeune prince ne régna que trois mois; la mort l'enleva à l'Espagne. Suintile, fils de Reccarède Ier, monta sur le trône; et, tandis que l'empereur Héraclius mettoit les Perses aux abois, pilloit leurs richesses, bien supérieures aux tributs que ses prédécesseurs leur avoient lâchement payés, le nouveau roi d'Espagne étendoit son royaume jusqu'à l'Océan.

Reccarède II, roi d'Espagne.

621.

Suintile, roi d'Espagne.

622.

Clotaire II cédoit à son fils Dagobert, âgé de vingt ans, une partie du royaume d'Austrasie, sous la tutelle du vieux Pépin, maire de son palais, et de saint Arnould, évêque

Clotaire II, roi de France, fait Dagobert, son fils, roi d'Austrasie.

de Metz, qu'il lui choisit pour ministre. Il rendit les maires du palais inamovibles, et donna des maîtres aux rois.

C'est de cette année que les Mahométans comptent la durée des temps. L'an 622 de notre ère est la première année de l'égire, mot qui signifie *fuite* en arabe. Les magistrats de Médine, où Mahomet prêchoit sa nouvelle doctrine avec trop de véhémence, résolurent de le faire périr; mais le fourbe en fut averti et prit la fuite. Irrité de cet affront, Mahomet, accoutumé aux armes, se livra à des projets d'ambition, et ajouta à sa nouvelle doctrine les dogmes suivans, bien propres à leur accomplissement.

« *Le paradis est la récompense du croyant*
» *victime de la guerre.*

» *Les décrets de Dieu règlent tellement la*
» *durée de la vie humaine, qu'il est inutile*
» *de prendre des précautions pour la conser-*
» *ver.* »

Il disoit que Jésus-Christ n'avoit souffert qu'en apparence, et nioit sa divinité et la trinité. Il admettoit la circoncision, la polygamie, le divorce, rejetant l'usage du vin, de la chair de porc, du sang des animaux suffoqués et le culte des images; il nommoit sa religion l'*Ismalisme*, et prit pour sceau *Mahomet*, *l'Apôtre de Dieu*. Il établit quatre généraux, Abubé-Ker, Omar, Osman, Hali, pour porter sa religion par toute la terre.

Il retourna d'abord avec eux à Médine et s'en empara. Il attaqua ensuite les Grecs, pour se venger du meurtre d'un de ses envoyés, et du gouverneur de Bostra qui l'avoit fait commettre. Caled, le plus fameux de ses guerriers, les défit près de Damas, et permit le pillage aux troupes, pour appeler tous les Arabes à ses entreprises, et l'amour du butin fit plus d'effet sur eux que sa religion.

Adelvald, roi de Lombardie, ayant perdu la raison, Ariovald, fils de sa sœur, fut proclamé roi d'Italie.

Le pape Boniface V mourut ensuite, et Honorius Ier le remplaça dans la chaire apostolique.

Clotaire II venoit de marier Dagobert, son fils, avec Gomatrude, sœur de la reine Sichilde, sa belle-mère. Dagobert demanda à son père, en considération de son mariage, la portion de l'Austrasie qu'il s'étoit réservée, et, sur son refus, le fils se brouilla avec son père. Dagobert arma; mais Clotaire lui accorda quelque chose, et le démêlé n'eut point de

Marginalia:
Ere chrétienne.
Il s'empare de Médine.
Il défait les Grecs dans la Syrie.
626.
Ariovald, roi de Lombardie.

Ere chrétienne.

627.
628.

Règne de DAGOBERT, *roi de France.*

Il répudie sa femme et épouse Nantilde.

Chosroès II, roi de Perse, vaincu par Héraclius.

Siroès, roi de Perse, fait la paix avec Héraclius.

suite. Au reste, Clotaire mourut peu après, dans la quarante-cinquième année de son règne.

Dagobert, son fils aîné, succéda à tous ses États, malgré les efforts d'Aribert ou Charibert, son frère puîné, que Brodulfe, son oncle maternel, frère de la seconde femme de Clotaire, conseilloit. Dagobert leva des troupes, parcourut la Bourgogne, qui le reconnut, fit tuer, à Châlons-sur-Saône, ce Brodulfe, et donna ensuite en apanage l'Austrasie à Aribert, qui lui en fit hommage.

Dagobert étoit un bon prince; mais il étoit très-voluptueux. Il répudia, après cette expédition, Gomatrude, sa femme, pour épouser Nantilde, une de ses filles d'honneur, et fit venir peu après à sa cour Ragnetrude, qu'il avoit connue dans son voyage de Bourgogne, et dont il eut bientôt Sigebert.

Chosroès II, roi de Perse, vaincu par Héraclius, fut détrôné par Siroès, son fils, qui eut la barbarie de le faire mourir de faim, et de lui faire éprouver le même sort qu'il avoit fait subir à son père.

Dès que Siroès fut sur le trône de Perse, il fit la paix avec l'empereur Héraclius, et les deux États conservèrent leurs anciennes limites. A peine Héraclius eut-il fini cette guerre, qu'il se replongea dans l'osiveté. Il avoit une armée aguerrie : au lieu de l'employer à fortifier son empire, il s'amusa de controverses. Il troubla l'État en favorisant le monothélisme, qui supposoit une volonté unique en Jésus-Christ, parce qu'il ne pouvoit concevoir deux volontés dans une personne. Tel est l'orgueil de l'homme, qu'il ne veut pas donner de bornes à sa raison pourtant si bornée ! Héraclius publia en faveur de ce dogme un édit ou ectèse, que le pape Jean IV proscrivit en 639.

Ère chrétienne.

629.

L'empereur d'Orient publie son ectèse.

Tandis que l'ectèse excitoit des troubles, le christianisme et l'empire étoient menacés d'une funeste révolution. Mahomet venoit de se rendre maître de la Mecque, capitale de l'Arabie, ville aussi grande que Marseille, et il fut bientôt maître de toute cette contrée. Héraclius n'étoit-il pas bien coupable de mépriser ce Mahomet, qui déjà donnoit d'assez grandes preuves de son ambition ? Il mérite d'autant plus les reproches de la postérité, qu'il lui étoit très-facile d'arrêter ce fourbe, et de l'immoler avec ses partisans à la tranquillité de l'Europe et de l'Asie.

Mahomet s'empare de la Mecque.

Ce fut dans ce temps que mourut Aribert,

630.

frère de Dagobert, et Chilpéric, son fils, jeune enfant, lui survécut peu. Dagobert alors réunit à sa couronne non-seulement ce qu'il avoit donné à son frère, mais encore les conquêtes qu'il avoit faites sur les Vascons ou Gascons. Il se livra encore davantage à la dissolution, son faste égala sa vie licencieuse, et il se fit faire, par saint Éloi, son ministre, un trône d'argent.

C'est quelques mois après que Sizenand, fils de Suintile, roi d'Espagne, lui demanda du secours pour détrôner son père, qui étoit devenu odieux aux Espagnols par ses cruautés et son despotisme, et il promit à Dagobert de l'aider à s'emparer de toute la Gascogne.

Dagobert, qui avoit envie de ne donner à son royaume d'autres bornes que les Pyrénées, lui envoya une armée sous les ordres d'Abondantius et de Vénérand. Dès que les Goths virent arriver les Français, ils passèrent dans le parti de Sizenand à Toulouse, et les Français furent bientôt à Sarragosse, où ils proclamèrent Sizenand, qui fut reconnu par toute l'Espagne.

Dagobert fit cette année une très-grande faute en politique. Les Saxons s'engageoient à défendre les frontières de l'Austrasie contre les Winides et les Slaves, si l'on vouloit leur remettre le tribut annuel de cinq cents bœufs qu'ils payoient à la France, et Dagobert eut la foiblesse d'y consentir. Il chargea Radulphe de les réprimer, lui donna le titre de duc; mais après avoir soumis les Slaves et les Winides, il se fit roi de Thuringe. L'année suivante, Dagobert se rendit à Metz, et créa son fils Sigebert, encore enfant, roi d'Austrasie, sous la tutelle de saint Cunibert, évêque de Cologne, et d'Adalgise, qu'il établit maire du palais de cet enfant.

Ere chrétienne.

Ils s'emparent de la Thuringe.

632.
Sigebert est roi d'Austrasie.

C'est dans ces entrefaites que le fourbe mais adroit Mahomet mourut à Médine, âgé de soixante-un ans. Il avoit désigné Hali, son gendre, pour son successeur; mais Abubéker, son beau-père, le plus puissant des Arabes alors, se fit calife, c'est-à-dire, successeur légitime du prophète : de là le schisme et les haines entre les Turcs et les Persans. Ceux-ci soutiennent que trois califes avant Hali sont des usurpateurs.

Mort de Mahomet.

Primislas, quatrième duc de Bohême par son mariage avec la duchesse Lubissa, qui régnoit seule depuis treize ans, fondoit la ville de Prague.

Le duc de Bohême fonde la ville de Prague.

633.
Nantilde donne le jour à Clovis, fils de Dagobert.

L'année suivante, Nantilde donna un fils à

Dagobert, qui le nomma Clovis. Les évêques et les grands du royaume l'engagèrent à le désigner pour son successeur dans les royaumes de Neustrie et de Bourgogne, et il y consentit.

Déjà le calife Abubèkre étendoit les conquêtes des Arabes dans la Syrie ; mais la mort le surprit : Omar lui succéda.

634.

635. Dagobert étoit occupé depuis quelque temps de la conquête de la Gascogne ; il la soumit, et réunit ce pays à son royaume. Son armée victorieuse revint des bords de la Garonne dans la Bretagne, et mit les Bretons sous sa domination.

Siroès, roi de Perse, mourut cette année ; Adéser, son fils, prit la couronne ; mais une maladie le conduisit au tombeau sept mois après son père. Sarbaras, qui monta sur le trône ensuite, ne fit qu'y paraître, et Borane, fils de Chosroès, qui lui succéda, ne régna que sept mois. C'est ainsi que la mort inexorable mit fin à l'empire des Sassanides dans la Perse.

636.

Hormisdas II fut proclamé roi de Perse ; mais déjà le trône persan étoit bien ébranlé ; le calife Omar avoit pris la Syrie, la Babylonie, la Palestine.

La mort trancha les jours du sage et vertueux Sizenand, roi d'Espagne, qui ne laissoit point de successeur, et les Goths élurent pour roi Chintilane, son général.

Ere chrétienne.

Le calife Omar, comme un torrent impétueux, entraînoit dans ses conquêtes Jérusalem, la Mésopotamie. Les Perses et les Grecs étoient plongés dans une stupide terreur ; plutôt que de se réunir contre ce torrent dévastateur, ils n'osoient jeter aucune digue contre son irruption. Les Chrétiens fuyoient ; des Nestoriens se sauvèrent dans la Chine, et y firent dans la suite plus de douze cent mille Chrétiens.

637.

La religion chrétienne fait des progrès dans la Chine.

C'est dans le fort de cette révolution que mourut à Saint-Denis, près de Paris, le grand roi Dagobert, dans les sentimens les plus vifs de la saine religion. Il avoit recommandé à Égra, maire du palais et aux grands du royaume, Nantilde, sa femme, et Clovis II, son fils.

Mort de Dagobert.

638.

L'histoire du temps dit que depuis la maladie qui le conduisit au tombeau, il ne cessa d'édifier ses peuples par ses austérités et ses sentimens de religion. Tant que ce prince suivit les conseils d'Arnoul, évêque de Metz, et de Pépin de Lauden, on chérit son règne. Il fit rédiger les lois des peuples soumis à son empire. La loi salique étoit en vigueur entre la Meuse et la Loire; la loi ripuaire entre le Rhin et la Meuse; mais ces deux lois différoient peu entre elles; tous les crimes, le vol, l'injure, les indécences y étoient prévus, et la peine étoit proportionnée à la grandeur de l'offense. L'homicide n'étoit puni que par une amende pécuniaire, qui varioit selon le rang de la personne lésée : tel étoit le plus grand vice que ces lois renfermoient. Tout mariage sans le consentement des père et mère étoit de nulle valeur.

Les lois des Allemands et des Bavarois, qui furent rédigées en même temps, étoient conformes en bien des points à celles des Français.

Règne de CLOVIS II, roi de France.

Clovis II n'avoit que cinq ans lorsqu'il monta sur le trône de France, sous la tutelle de la reine Nantilde, sa mère.

La France fut paisible sous son règne; mais Grimoald, ou Erchinoald, que quelques-uns nomment Archambaud, gouverna plutôt que lui. Il devint maire du palais après Éga, seigneur de mérite, qui mourut deux ans après Dagobert.

Rotharis, roi de Lombardie.

La première année du règne de Clovis II, les Lombards détrônèrent Ariovald, et nommèrent Rotharis à sa place.

639.   La seconde année, la mort enleva le pape

Honorius, et Severin, qui le remplaça, ne vécut que trois mois après lui ; alors Jean IV devint souverain-pontife.

Ere chrétienne.
640.

La mort termina aussi le règne de Chintilane, roi d'Espagne, qui mérita le surnom de *Catholique*. Les Goths élurent le vertueux Tulgas, jeune homme rempli de mérite ; mais il ne régna que seize mois, et à sa mort, Chindasuinte s'empara de la couronne d'Espagne.

Tulgas, roi d'Espagne.

Chindasuinte, roi d'Espagne.

Le calife Omar faisoit la conquête de l'Égypte, et bientôt après Amrou, son général, fit celle de la Mauritanie.

Les Arabes s'emparent de l'Egypte.

Héraclius n'avoit plus que le titre d'empereur d'Orient : Constantin, son fils, qu'il avoit fait Auguste, tenoit les rênes du gouvernement. Il avoit épousé Grégoire, fille de Nicétas, dont il eut Héraclius-Constans.

Mort d'Héraclius.

Héraclius meurt, et, quatre mois après, l'empereur Constantin est empoisonné par Martine, sa belle-mère, seconde femme de l'empereur Héraclius, qui fit couronner Héracléonas, son fils, âgé de sept ans. C'est dans ce temps que Pépin, dit de Lauden, parce qu'il y étoit né, mourut ; Grimoald, dont je viens de parler, lui succéda dans ses dignités, et devint maire de Neustrie et d'Austrasie.

Mort de Pépin de Lauden.

Le crime de Martine ne resta pas impuni :

641.

Ere chrétienne.

le sénat de Constantinople lui fit arracher la langue, couper le nez à son fils Héracléonas, et Constans II, fils de Constantin, fut proclamé empereur d'Orient.

Règne de Constans II en Orient.

642. La première année de son règne, la parque coupa le fil de la vie de Jean IV, et Théodore de Jérusalem fut élu pape par le clergé et le peuple. Cette élection fut confirmée par l'exarque de Ravenne, comme lieutenant-général de l'empereur d'Orient, suivant la pratique ordinaire.

Le calife Omar continuoit ses conquêtes dans la Perse, tandis que l'empereur Constans II, plongé dans la débauche à Constantinople, se faisoit abhorrer en violant les dames les plus illustres. Ces impolitiques Grecs voyoient avec plaisir la Perse ravagée par les Musulmans, sans réfléchir que ce torrent dévastateur, une fois grossi, ne pourroit plus être contenu, et se répandroit ensuite sur les terres de l'empire, en changeant la religion des peuples.

Lorsque le calife Omar mourut, la Perse étoit presque entièrement asservie à sa puissance. Othman, qui lui succéda, envahit le reste la première année de son califat. C'est ainsi que ce puissant empire de Perse passa dans les mains des Arabes méprisés avant Mahomet. Isdegerd III, ou Hormisdas, roi de Perse, tomba entre leurs mains trois ans après, et ils le firent périr.

Ere chrétienne.

644.

Les Arabes sont maîtres de la Perse.

La Perse va rester pendant trois cent quatre-vingt-onze ans sous la domination de dix-sept sultans, qui y régnèrent avec une puissance absolue.

L'Italie étoit tranquille. Rotharis, roi des Lombards, laissoit dans ses États une pleine liberté de conscience. Il y avoit deux évêques dans chaque ville, un pour les ariens et un pour les catholiques. Ce prince surpassa la gloire de ses prédécesseurs, en donnant aux Lombards des lois écrites, qui venoient d'être adoptées dans une assemblée générale.

Rotharis donne des lois aux Lombards.

On ne parloit, l'on ne s'occupoit dans le monde que des conquêtes des Musulmans; l'on en parloit; mais aucun prince n'eut l'idée de les borner; cependant, d'après leurs progrès rapides, on devoit juger de leur ambition.

648.

Ere chrétienne.

Le roi de France achète une esclave et l'épouse.

649.

Clovis II, roi de France, acheta cette année de marchands anglais une superbe esclave. Ayant remarqué les rares qualités de son esprit, il la fit baptiser sous le nom de *Batilde*, et se maria avec elle l'année suivante. Il eut trois fils de cette vertueuse princesse : Clotaire, Childéric et Thierri, qui régnèrent les uns après les autres.

650.

Le pape Théodore venoit de mourir ; Martin Ier, né à Todi, en Italie, fut élu souverain-pontife. Quelque temps après son élection, il assembla à Latran, première église de Rome, un concile, qui fut composé de cinq cent cinq évêques. L'on y frappa d'anathême la formule de foi de l'empereur Constans, et l'on y condamna cinq monothélites, Sergius, Paul, Pirrhus, Cirus et Théodore.

L'empereur, outré de ce que ce pape avoit fait condamner les monothélites, le relégua dans la Chersonèse.

653.

Les Arabes s'emparent de l'île de Rhodes.

Quelle stupidité pour un empereur de s'occuper ainsi à des controverses, tandis qu'il voyoit les Arabes morceler ses États, plutôt que de chercher les moyens d'arrêter leurs progrès ! Aussi profitèrent-ils de cette apathie pour étendre leur domination. Moavia, général du calife Othman, s'empara de l'île de Rhodes.

Rodoald succéda à Rotharis, son père, en Italie, et le pape Martin Ier mourut d'ennui dans son exil, chagrin de voir l'église chrétienne ainsi troublée. Eugène, qui tenoit le saint-siége en qualité de vicaire, fut décoré de la thiare.

<small>Ere chrétienne.

654.

655.</small>

Qu'il étoit facile alors aux princes chrétiens d'anéantir les Arabes! ils se faisoient la guerre entre eux avec un acharnement sans exemple. Le parti d'Hali, gendre de Mahomet, poursuivoit à outrance celui d'Osman ou Othman; celui-ci fut défait, et Othman se tua dans la crainte de tomber dans les mains de ses ennemis. Hali devint calife, de préférence à Moavia, et aucun prince ne se mêla de leurs divisions.

<small>Troubles parmi les Arabes.</small>

Clovis, roi de France, étoit tombé en démence depuis quelques années. Il mourut à la fin de 656, âgé de vingt-trois ans. Les Austrasiens, indignés de la trahison de Grimoald, qui avoit voulu les assujétir à son fils Childebert, s'étoient soumis à Clovis depuis quelques mois.

Clotaire III, qui succéda à Clovis II, sous la tutelle de la reine Batilde, sa mère, étoit un enfant de six à sept ans. Le maire Erchinoald, qui gouvernoit l'État depuis long-temps, le maintenoit en paix; mais ce seigneur mourut

<small>Règne de CLOTAIRE III, roi de France.</small>

quelques mois après Clovis, et Ebroin, qui le remplaça, fit abhorrer le gouvernement du jeune monarque.

Au commencement de son règne, Eugêne Ier cessa de vivre, et Vitalien de Ségni, qui fut pape ensuite, étoit un homme de peu de génie, qui ne sut se concilier l'empereur Constant et qui en fut persécuté. Il eût fallu alors à la tête de l'Église un saint Léon, qui auroit fait un appel aux peuples de la chrétienté pour détruire le mahométisme.

L'empereur se livroit à la débauche; le roi d'Italie faisoit de même. Il finit par être tué par un seigneur de sa cour, dont il avoit déshonoré la femme.

659.
Aribert, roi des Lombards.

Aribert, fils de Gondebault, frère de la célèbre Théodelinde, fut élu roi d'Italie; mais il mourut quelques mois après.

661.
Ses fils partagent ses États.

Ses deux fils partagèrent le royaume, et la division s'y mit, comme cela arrive toujours dans ces partages.

Gondebert avoit Pavie pour capitale; Berthier, son frère, lui déclara peu après la guerre, d'après les conseils perfides de Grimoald, gouverneur de Bénévent, qui ne lui donna du secours que pour s'élever au détriment de ces deux frères. Berthier, secondé par Grimoald,

662.

fit une guerre à outrance au malheureux Gondebert.

C'est dans ces entrefaites que la reine Bathilde se retira au monastère de Chelles, qu'elle avoit fait bâtir à quatre lieues environ de Paris, du côté de Vincennes. Vexée par Ébroin, indignée de ses intrigues, elle ne voulut pas rester plus long-temps témoin de ses indignes manœuvres, de son despotisme, de ses exactions.

Cette vertueuse reine, qui avoit fait roi d'Austrasie, depuis trois ans, son fils Childéric, resta dans ce monastère, où elle mena une sainte vie jusqu'à sa mort.

Ébroin, maire du palais, s'empara alors de toute l'autorité dans les royaumes de Neustrie et de Bourgogne. Il ne s'attendoit pas à ce que Childéric vengeroit sa digne mère et le puniroit de son despotisme.

Les Arabes, profitant de l'apathie des princes chrétiens, se rendoient maîtres des deux Mauritanies, et y mettoient tout à feu et à sang.

L'Italie étoit toujours en commotion. Grimoald s'empara de Pavie et fit périr Gondebert. Il se déclara roi des Lombards, et ordonna à Berthier de quitter l'Italie, s'il ne vouloit pas éprouver le même sort que son frère.

On fut quelque temps assez tranquille;

Ere chrétienne.

663.

Childéric, roi d'Austrasie.

Les Arabes s'emparent de l'Afrique.

664.

Grimoald s'empare de l'Italie.

669.

Ere chrétienne.

mais, en 669, le calife Hali fut tué par un de ses valets; Moavia se saisit du califat au préjudice d'Hasen, fils d'Hali, et les Arabes s'entre-tuèrent.

Constans II, empereur de Constantinople, abhorré de son peuple depuis qu'il avoit fait périr son frère Théodose; Constans, qui avoit attiré sur lui la justice divine depuis qu'il avoit fait piller en sa présence la ville de Rome pendant douze jours, fut tué dans son bain avec le vase dont on se servoit pour y verser de l'eau. Constantin *le Barbu*, qu'il avoit associé à l'empire, régna seul.

Règne de CONSTANTIN-LE-BARBU, empereur d'Orient.

Constantin ne ressembloit pas à son père; il étoit très-attaché à la religion, et menoit une vie exempte de reproche; mais c'étoit un prince foible, peu propre à être à la tête des affaires dans les circonstances de ce temps. Un Constantin-le-Grand auroit profité des divisions des Arabes pour les anéantir ou les faire rentrer pour toujours sous ses lois. Constantin-le-Barbu resta oisif, et, malgré leurs divisions, les Arabes se jetèrent sur la Sicile, y mirent tout à feu et à sang, et firent, dit l'histoire contemporaine, plus de quatre-vingt mille esclaves qu'ils vendirent aux Juifs. Ils pillèrent tout, et firent de cette île riche et fertile un vaste désert, qui ne reprit jamais son éclat. Il ne fut plus possible alors d'arrêter ce torrent dévastateur, et Moavia devint le plus puissant potentat du monde. Maître de l'Arabie, de la Syrie, de la Palestine, de la Mésopotamie, de l'empire des Perses, de l'Égypte, de la Nubie, des deux Mauritanies et de plusieurs îles de la Méditer-

Ere chrétienne.

ranée, il fit cesser les divisions des Arabes, et le califat resta près d'un siècle dans sa famille.

Introduction de la musique dans l'Eglise.

Le pape Vitalien, qui introduisit dans l'Église les orgues et les instrumens de musique, venoit de mourir. Adéodat, qui étoit Romain, fut revêtu de la thiare.

La France étoit en combustion depuis la mort de Clotaire III; Ébroin, maire du palais, qui craignoit avec raison Childéric, roi d'Austrasie, fit proclamer roi de France Thierri, son frère puîné; mais Childéric, prince capable de défendre ses droits, marcha aussitôt sur Paris, mit en déroute l'armée d'Ébroin, le prit, le fit raser, reléguer dans un monastère à Luxeuil, et enferma Thierri, son frère, au monastère de Saint-Denis. Childéric, après ce coup d'autorité, se rendit maître de toute la France et voulut régner seul. Il se maria peu après avec Bilechide.

670.

671.

Règne de CHILDERIC II, roi de France.

672.

L'empereur Constantin envoya des troupes dans la Sicile pour repousser les Arabes. Il avoit engagé le roi d'Italie à les attaquer en même temps; mais le cruel Grimoald mourut, et les Grecs furent forcés à prendre la fuite. Les Arabes les poursuivirent et assiégèrent Constantinople.

Garribaut, fils de l'usurpateur Grimoald, s'étoit placé sur le trône d'Italie ; mais le roi Berthier, que son père avoit détrôné, sortit de la Thuringe, où il s'étoit retiré, arriva à Pavie trois mois après la mort de son tyran, et fut reconnu pour légitime souverain. *Ere chrétienne. Berthier rétabli en Italie.*

Réchésuinte, roi d'Espagne, venoit de mourir sans postérité. Les Visigoths forcèrent Vamba, prince du sang royal, à monter sur le trône. *Vamba, roi d'Espagne.*

Constantinople étoit aux abois ; mais ce que n'avoit pu faire Constantin avec son armée, Callinique, célèbre ingénieur et chimiste, le fit seul. Il brûla la flotte des Arabes avec le feu grégeois, fit périr une quantité prodigieuse de Musulmans, et les Grecs reprirent la Sicile.

La France ne fut pas long-temps tranquille. Le roi Childéric, se trouvant un jour de mauvaise humeur, commanda à des soldats d'arrêter un seigneur (Bodillon) qui l'avoit mécontenté, le fit attacher à un pieu et battre à outrance. Bodillon, furieux de cet outrage, résolut de se venger, et en chercha l'occasion. Un jour il surprit le roi à la chasse dans une forêt voisine de Paris, seul avec la reine Bilechide, alors enceinte ; il le tua, et ôta aussitôt *673* la vie à la reine son épouse. Bodillon fut arrêté, et bientôt écartelé.

674.
Règne de THIERRI, roi de France.

Thierri, frère de Childéric, sortit de l'abbaye de Saint-Denis, et fut reconnu roi de France.

Leudèse fut nommé maire du palais; mais Ébroin trouva le moyen de sortir de Luxeuil et de se former un puissant parti. Ce rebelle se mit en campagne avec une armée, défit Leu-

675. dèse, et devint formidable au roi même, malgré Pépin d'Héristal, maire d'Austrasie.

Le pape Adéodat rendit son âme à Dieu l'an-
676. née suivante, et Domnus fut élu souverain pontife.

Primislas, duc de Bohême, mourut dans
Nimislas, duc de Bohême. le même temps, et Nimislas, son fils, ceignit son diadême.

Ebroin gouvernoit la France avec un despotisme inouï; il fit mourir cruellement saint Léger, évêque d'Autun, qui avoit osé lui faire des humbles représentations la même année
678. que mourut le pape Domnus, à qui saint Agathon succéda.

679. Dagobert, roi d'Austrasie, cessa de vivre, et ce royaume, qu'Ebroin osa tyranniser, se révolta. Il voulut avoir des ducs indépendans, et
Pépin d'Héristal est élu duc d'Austrasie. choisit, d'un commun accord, Pépin d'Héris-

tal, digne de la confiance publique. Il étoit fils d'Anchise et petit-fils du duc Arnould, évêque de Metz, et de Begge, fille de Pépin de Lauden.

Ere chrétienne.

On se battit avec des succès inégaux, et, tandis qu'Ebroin désoloit la France, Vamba, le premier souverain d'Espagne qui se fit sacrer, cessa de vivre. On remit les rênes du gouvernement à Ervige, allié de cette famille régnante, qui maria sa fille à Egica, neveu de Vamba. Il abolit l'élection des grands, et déclara le trône héréditaire dans sa famille.

680.

Ervige, roi d'Espagne.

Un concile général (le sixième) se tenoit pour la troisième fois à Constantinople. Il s'y trouva deux cent quatre-vingt-neuf évêques et deux patriarches; l'empereur Constantin s'y rendoit tous les jours. Le concile, après avoir confirmé les précédens, condamna de nouveau les monothélites, et déclara qu'il y avoit deux volontés en Jésus-Christ, une volonté divine et une volonté humaine, malgré que ce dogme surpasse l'intelligence des hommes.

Sixième concile général à Constantinople.

Enfin, après plus d'un an de guerre civile, le rebelle Ebroin fut tué, et la tranquillité revint en France, sous Varaton, maire de Neustrie.

681.

Pépin étoit duc d'Austrasie, et ne reconnoissoit pas le roi de France.

Ere chrétienne.	C'est dans ces entrefaites que mourut le pape Agathon. Léon II lui succéda; mais ce pontife
682.	ne fit que paroître; la mort l'enleva à l'Église,
683.	et Benoît II se chargea de sa direction.
684.	Varaton, maire du palais de Thierri, roi de France, mourut, et fut remplacé par Berthaire, son gendre.
685.	Le parti de Pépin augmenta; il s'empara d'une partie de la Champagne.
686.	Le pape Benoît II mourut pendant les troubles de la France. Jean V ne lui succéda que pour quelques mois; il entra aussi dans une autre vie. Le clergé lui donna pour successeur Conon, originaire de Thrace, prêtre recommandable par ses rares vertus, vénérable par sa vieillesse, par sa modestie.
Mort de l'empereur Constantin.	C'est à cette époque que l'empereur Constantin-le-Barbu cessa de vivre. Justinien II, son fils, lui succéda.

Règne de *Justinien II* en Orient.

Justinien II n'avoit que seize ans lorsqu'il monta sur le trône de Constantinople. Son orgueil, ses cruautés, ses inconséquences politiques lui méritèrent la haine des Romains et des Grecs. Ere chrétienne.

La première année de son règne, Ervige, roi d'Espagne, fut enlevé au monde par une cruelle maladie, et laissa son trône à Égica, son gendre, neveu de Vamba, son beau-père. 687. Egica, roi d'Espagne.

Le pape Conon s'éteignit également, et Sergius lui succéda.

Justinien rompoit la paix que son père avoit faite avec les Bulgares; il fallut se battre, et les Arabes profitèrent de cette occasion pour s'approcher de Constantinople.

Tandis que ce jeune empereur s'attiroit si inconsidérément tant d'ennemis, Thierri, roi de France, aussi impolitique, suivoit les conseils imprudens de Berthaire, maire de son palais, contre Pépin, duc d'Austrasie. Il marche contre lui, accompagné de Berthaire, et les deux armées bientôt se rencontrent. Tertri, village du Vermandois, à trois lieues au sud-est de Péronne, dans la Picardie, fut témoin de leur sanglante querelle.

<small>Ere chrétienne.

Bataille de Tertri, en France, gagnée par Pépin.</small>

L'armée du roi de France étoit plus forte; mais les Austrasiens étoient également Français, et Français qui se battoient pour leur indépendance sous l'égide d'un jeune héros. Jamais on ne s'entre-tua avec autant de rage, avec autant d'opiniâtreté. Enfin Pépin gagna la bataille, et poursuivit le roi Thierri jusqu'à Paris avec les Austrasiens. Il y entra en vainqueur, et le roi fut obligé de recevoir la loi de son sujet, qui s'empara du trésor royal, et ne laissa à Thierri que le titre de roi.

<small>Pépin, victorieux, a le titre de duc et de prince des Français.</small>

Berthaire fut remis à Pépin, qui fut reconnu duc souverain de l'Austrasie, suivant le désir du peuple, et prince des Français, maire de Neustrie. Les Neustriens se soumirent à son autorité; mais qu'étoit la France alors? une réunion de fiefs, dont les propriétaires étoient presque indépendans, et dont les peuples étoient serfs. Dans un tel état de choses, que Pépin favorisa, il étoit plus puissant que le roi.

Justinien venoit de battre, de soumettre les Bulgares, et se disposoit à marcher contre les Arabes.

Au printemps suivant, il leur livra bataille,

et, malgré leurs efforts, leur intrépidité, Justinien les vainquit, en tua une grande partie, et le reste chercha son salut dans une fuite précipitée. Justinien les poursuivit avec ardeur, en extermina un grand nombre et leur reprit la Syrie. Profitant de ses avantages et de la bonne disposition de ses troupes, il s'avançoit sur la Palestine; mais le calife lui demanda la paix, et Justinien la lui accorda, moyennant la cession de Jérusalem et de la Palestine.

Justinien rompit imprudemment le traité, sans se coaliser avec d'autres peuples, passa l'Euphrate, et les Arabes, indignés, se préparèrent à la vengeance. Tandis qu'ils s'occupoient de part et d'autre à entrer en campagne, une maladie cruelle conduisit Berthier au tombeau. Cunibert, son fils, fut reconnu roi d'Italie, malgré les entreprises d'Alachis, duc de Trente, qu'il défit et tua.

Thierri, roi de France, finissoit ses jours à Arras; son fils aîné, jeune enfant qui avoit à peine deux ans, lui succéda sous le nom de Clovis III. Pépin conserva la souveraine autorité; mais qui auroit pu la lui ôter? Le roi étoit trop jeune pour avoir une volonté, et les seigneurs du royaume n'osoient en avoir.

Ere chrétienne.

688.

689.
690.

Cunibert, roi de Lombardie.

691.

Règne de CLOVIS III, roi de France.

Ere chrétienne.

692.
693.

Les Arabes reprirent l'offensive sur Justinien, et bientôt entamèrent ses États.

Les Bulgares, profitant des embarras de l'empereur, se répandirent dans la Thrace, et Justinien ne sut plus où donner de la tête. Il fit des réquisitions en hommes, en argent, accabla ses sujets d'impôts; mais ces ressources forcées furent presque aussitôt dévorées. Les Arabes s'emparoient de la Natolie, prenoient hommes, femmes, enfans, pilloient, brûloient tout : c'étoit une désolation. Enfin ils arrivèrent sur le Bosphore, prenant des mesures pour le franchir.

695.

696.

Justinien, haï de tout le monde, rejeta ses fautes sur Léonce, son général, et eut l'imprudence de le maltraiter. N'étoit-ce pas chercher la guerre civile, ajouter calamités sur calamités et désastres sur désastres? Léonce, qui connoissoit la disposition des esprits, n'eut pas de peine à se faire un parti puissant; il détrôna Justinien, lui coupa le nez, et le relégua dans la Chersonèse.

697.

Léonce fit aussitôt la paix avec les Bulgares, et ayant pris des mesures actives contre les Arabes, il les défit, et les éloigna du Bosphore.

L'année suivante, il les chassa de la Natolie,

et ne voulut pas leur accorder la paix qu'ils demandoient.

Son armée, fatiguée de la guerre, se mutina, déclara empereur le général Absimare, qui fit éprouver à Léonce le même traitement qu'il avoit exercé sur Justinien.

Absimare-Tibère avoit à craindre Philippique Bardanès, illustre par sa naissance, appuyé d'un grand parti ; il le fit arrêter pour s'assurer la couronne, et le relégua dans la Chersonèse de Thrace.

C'est dans ces entrefaites que mourut le jeune Clovis III, roi de France.

Son frère puîné, connu sous le nom de Childebert II, jeune prince de neuf à dix ans, fut proclamé roi de France, sous l'autorité absolue de Pépin d'Héristal.

Egica, roi d'Espagne, venoit de chasser les principaux Juifs de ses États, de rendre esclaves les autres, de confisquer les biens de tous. Ils avoient voulu livrer, en 694, le royaume aux Sarrasins.

VIIIe SIÈCLE.

Ere chrétienne.

L'ambition, la dissolution, les vices des empereurs d'Orient causèrent de grands troubles, de grands crimes dans cet empire : il en fut de même en Espagne. La dissolution du prince, la vengeance d'un seigneur y attirèrent les Musulmans de la Mauritanie, et une grande partie de l'Espagne devint musulmane. Heureusement pour la chrétienté, un héros du sang royal sauva les débris du naufrage ; il en forma un petit vaisseau qui y ramena, dans la suite, le catholicisme. Sans Charles Martel, ces peuples auroient envahi la France, et s'établirent même, malgré ses hauts faits et ses grandes victoires, dans les provinces du midi de ce royaume, dont un de ses descendans les chassa entièrement. Ce fut le plus beau siècle de la France ; elle fut illustrée par les maires du palais, qui éteignirent la race des Mérovingiens, et formèrent une nouvelle dynastie, qui brilla, à son origine, du plus vif éclat.

Les empereurs qui régnèrent en Orient pendant ce siècle furent :

Justinien II, Bardanès, Anastase II, Théodose III, Léon et Constantin-Copronyme.

Les rois de France furent :

Childebert II, Chilpéric II, Clotaire IV, Thierri II, Childéric III.

Absimare-Tibère, usurpateur du trône de Constantinople, se croyant délivré des ennemis intérieurs, voulut encore se faire craindre et respecter des Arabes. Il donna une armée puissante à son frère Héraclius, qui alla les chercher dans la Syrie. La fortune des armes fut d'abord long-temps balancée par des succès divers ; mais enfin les Arabes furent surpris ; Héraclius leur tua près de deux cent mille hommes, et leur fit un grand nombre de prisonniers. Les Arabes demandèrent la paix ; mais les conditions furent si dures qu'ils cherchèrent à temporiser, afin de rassembler de nouvelles forces. Ils furent bientôt dans un état de défense imposante.

Egica, roi d'Espagne, étoit mort depuis trois ans ; son fils Witiza, qu'il avoit associé à la couronne, gouvernoit alors ce royaume, mais avec un despotisme insupportable.

Jean VI dirigeoit l'église chrétienne depuis la mort du pape Sergius.

Luitbert devient roi de Lombardie par la

mort de Cunibert, son père; mais il ne régna que huit mois. Les seigneurs lombards se disputèrent ce royaume et chassèrent Luitbert. Racombert, duc de Turin, fut vainqueur; mais il ne resta que trois mois sur le trône, où la mort vint le surprendre.

Aribert II, son fils, qui lui succéda, fit tous ses efforts pour mériter la protection du pape; et, dans cette intention, il lui rendit les Alpes cotiennes.

Héraclius, après s'être long-temps défendu contre les Arabes, fut enfin obligé de plier et de se retirer dans la Natolie, où les Musulmans le suivirent. A cette nouvelle, Justinien II s'évada de la Chersonèse, et se retira près de Tribellius, roi des Bulgares, qui lui donna une armée; et, tandis que les troupes d'Absimare-Tibère étoient aux prises avec les Musulmans, Justinien rentra dans Constantinople, où il régna de rechef, après avoir fait périr Absimare-Tibère. Au même instant, il envoya des ordres secrets à l'armée; on se saisit d'Héraclius, qui eut la tête tranchée. La vengeance de Justinien ne fut pas apaisée; il exerça ses cruautés contre les partisans de l'usurpateur, et fit même crever les yeux à Callinique, patriarche de Constantinople.

Jean VI étoit mort depuis plusieurs mois ; le vertueux Jean VII étoit devenu souverain-pontife ; il ne vécut que deux ans sept mois dix-sept jours. Il fut remplacé, le 18 octobre, par Sisinnius, vieillard entièrement impotent, qui ne gouverna l'Église que vingt jours. On élut ensuite un Syrien, nommé Constantin, ami de l'empereur Justinien. Ce pape alla le visiter pour l'engager à se conduire avec plus de prudence ; mais, dès que ce pontife fut parti, il se livra de nouveau à une vengeance si injuste et si cruelle, occasionée par sa défiance, que l'armée résolut de le détrôner.

Childebert II, roi de France, enlevé au monde par une maladie inattendue, à l'âge de vingt-six ans, laissoit son trône à Dagobert II, son fils, à peine âgé de dix ans, sous la régence de Pépin.

Witiza, roi d'Espagne, émule en cruauté de Justinien II, s'attiroit également la haine des Visigoths. Il y mit le comble en tuant, d'un coup de massue, Favilla, grand du royaume, qui osa lui faire de sages représentations, et fit crever les yeux à Théodefrède, qui lui reprochoit d'avoir permis aux prêtres de se marier, et aux laïcs d'avoir au-

Ere chrétienne.

708.

710.

Ses cruautés.

711.
Règne de DAGOBERT II, roi de France.

<small>Ere chrétienne.</small>

tant de concubines qu'ils pourroient en entretenir.

En effet, les évêques, maîtres des affaires, plus puissans que les rois, dont ils s'attribuoient l'élection; les évêques, qui leur défendoient d'épouser la veuve d'un roi; les évêques, qui avoient chassé les Juifs du royaume, donnoient l'exemple de la débauche la plus honteuse en prêchant la vertu.

<small>Rodéric, roi d'Espagne.</small>

Ces désordres excitèrent une guerre civile, dont Rodéric profita pour venger son père Théodefrède. Bientôt, à la tête d'un puissant parti, il creva les yeux à Witiza, et s'empara de son trône. Ce jeune homme, loin de profiter de l'exemple de Witiza, se livra à la débauche dès qu'il fut sur le trône. C'étoit la coutume en Espagne d'élever dans le palais du prince les enfans des grands. Les filles étoient élevées sous les yeux de la reine, et devenoient dans la suite femmes des courtisans.

La révolte contre Justinien ne tarda pas à éclater. L'armée grecque se jeta sur les Bulgares, soutiens de ce prince; elle les défit, et, gagnée par les profusions de Philippe Bardanès, elle le proclama empereur.

Bardanès rentre avec cette armée dans la capitale, fait trancher la tête à Justinien II et au jeune Tibère, son fils, et monte sur le trône de Constantinople.

Règne de BARDANÈS en Orient.

Philippique Bardanès étoit un grand parleur, qui avoit peu de jugement. Il fit patrice Théodore, seigneur très-puissant, afin de le mettre dans son parti, et bientôt il devint plus puissant que lui, même ingrat. Bardanès cherchoit par des profusions sans exemple à gagner la bienveillance des grands, qui furent les premiers à le blâmer et à le mépriser.

Peu propre à la guerre, les Bulgares vinrent souvent faire des prisonniers jusqu'aux portes de Constantinople, sans qu'il osât les réprimer.

Les Arabes profitèrent de son impuissance, de sa foiblesse, et entrèrent dans la Cilicie. Les Bulgares et les Lombards s'agrandirent également. L'empereur, qui avoit dépensé tout le trésor en largesses, ne put lever des troupes pour s'opposer à ces entreprises.

C'est ainsi que la dissolution, l'impolitique

Ere chrétienne.

du prince conduisirent à deux doigts de sa perte l'empire d'Orient; elles causèrent des maux bien plus funestes encore à l'Espagne, où Rodéric avoit donné entièrement la bride à ses passions. Devenu amoureux de la fille du comte Julien, l'un des grands du royaume, il prit le prétexte de l'envoyer en Afrique pour les affaires de l'État, et, lorsqu'il fut éloigné, Rodéric déshonora sa fille. Elle s'en plaignit à son père, qui devint furieux; et, comme dans la colère on ne réfléchit jamais, il sacrifia toute l'Espagne, qui ne lui avoit pas nui, pour se venger d'un crime particulier au roi. Il sou-

Le comte Julien introduit les Arabes en Espagne.

leva les Maures et les Arabes mécontens, et franchit avec eux le détroit de Gibraltar.

Rodéric, qui ne manquoit ni de mérite ni de courage, s'empressa, au premier signal, de conjurer l'orage; mais, malheureusement pour la chrétienté, il perdit la bataille de Xérès, et le comte Julien se rendit maître de l'Andalousie avec ces hordes étrangères. Tarif, leur chef, ravagea ensuite les villes et la campagne, le long de la côte; et Méza, qui commandoit en Afrique, sous le calife Vlit ou Valid, passa promptement le détroit pour achever la conquête de l'Espagne.

Rodéric, piqué de l'affront qu'il venoit de recevoir, rassemble une armée, se met à la tête, l'encourage par son exemple, et marche contre les infidèles. L'Espagne, désolée, vouoit à la mort le comte Julien, son destructeur. Bella-Cava, sa fille, la Florinde des romans, se précipita du haut d'une tour, de regret d'avoir été la cause innocente de la désolation de sa patrie, et le furieux Julien, son père, se poignarda de désespoir dès qu'il en apprit la nouvelle; mais ces suicides ne délivroient pas l'Espagne.

Ere chrétienne.

Roderic rencontre bientôt les Maures et les Arabes, leur livre bataille; on se bat long-temps avec un acharnement effroyable; Roderic fait des prodiges de valeur; il assomme, il extermine les infidèles; mais plus il en tue, plus il en revient. Enfin, accablé par le nombre, il perd la bataille et la vie. La race de tant de rois goths fut éteinte avec ce jeune héros, digne, à part sa débauche, d'un meilleur sort. Ce royaume, qu'ils possédoient depuis trois siècles environ, devint la proie des Arabes et des Maures.

Dans cette triste conjoncture, Aribert II, roi de Lombardie, cessa de vivre. Ausprend, son fils, qui lui avoit succédé, ne lui survécut que trois mois, et Luitprand, fils de ce dernier, devint roi de la Lombardie.

Luitprand, roi de la Lombardie.

Ere chrétienne.

713.

Les Maures victorieux inondent toute l'Espagne, y mettent tout à feu et à sang, s'emparent de Séville et des places des environs. Les Espagnols, attérés, n'osoient plus paroître. Pélasge, héros du sang royal, ranima pourtant leur courage abattu; il se mit à la tête des troupes; mais une nouvelle victoire, remportée par les Maures, jeta les Espagnols dans la dernière consternation. Ce qui indigna le plus encore dans cette désolation, ce fut la conduite d'un prêtre espagnol, oncle des enfans de Witiza, l'ancien roi; il ne rougit pas de combattre pour les Musulmans, de les diriger dans leurs attaques, de les exciter, et ce scélérat, qui sacrifioit sa patrie, sa religion à sa haine, étoit archevêque de Séville : c'étoit Oppas.

Les Arabes, victorieux, se dispersèrent par troupes dans l'Espagne, se rendant maîtres des principales villes; d'autres franchirent les Pyrénées, s'emparèrent du Roussillon et du Languedoc, provinces de l'Aquitaine.

714.
Mort de Pépin d'Héristal.

Pélasge demanda du secours à la France, à Pépin d'Héristal, prince pieux autant que brave; mais Dieu, qui vouloit punir l'Espagne de ses dissolutions, attira vers lui Pépin, qui eût été le plus ferme appui de la chrétienté.

Pélasge, voyant qu'il ne pouvoit avoir de

secours de la France, se retira dans les montagnes des Asturies et de Burgos, suivi d'une foule de Chrétiens, emportant avec eux ce qu'ils purent. Il y fonda un petit royaume qu'il maintint par sa valeur, et que son gendre Alphonse agrandit dans la suite. Heureusement pour lui et pour la chrétienté, que, dans cette même France qui ne put le secourir alors, se formoit un héros, qui devoit un jour écraser ces avides, ces orgueilleux Musulmans : c'étoit Charles, que l'illustre Pépin d'Héristal avoit eu d'*Alpaïde*, sa concubine. Ce prince avoit encore laissé un petit-fils, né de Childebrand, que Pépin avoit eu de Plectrude, femme de mérite et de beaucoup de courage. Pépin, avant sa mort, avoit nommé maire du palais ce petit-fils, nommé *Theudoald* ou *Théodald*, à la sollicitation de Plectrude, qui le proclama après la mort de son mari, et le fit conduire à l'armée, quoiqu'il n'eût encore que six à sept ans. Elle vouloit gouverner sous le nom de cet enfant, et, dans la crainte d'être prévenue par Charles, elle avoit trouvé le moyen de le retenir dans une étroite prison à Cologne. Les seigneurs de Neustrie ne voulurent point reconnoître Théodald, et, animés par Rainfroi, gouverneur de Dagobert II, ils

Ere chrétienne.

Pélasge se retire dans les Asturies.

levèrent des troupes pour s'opposer à ce que cette femme ne les retînt encore dans une dure et honteuse servitude. Les deux armées se joignirent dans la forêt de Choisi, portion de celle de Compiègne, et Plectrude ayant été vaincue, les victorieux proclamèrent aussitôt Rainfroi maire du palais.

Plectrude se retira promptement à Cologne avec son petit-fils, emportant les trésors de la France avec ceux de Pépin.

Rainfroi, fier de sa victoire, s'occupa de réunir le royaume d'Austrasie à celui de Neustrie, dont Paris étoit la capitale; mais Charles, fils aîné de Pépin, s'échappa de sa prison, et courut à Metz, où les Austrasiens, attaqués par Rainfroi et par le duc de Frise, son allié, qui pilloient, désoloient leur pays, le reçurent comme un libérateur.

Dagobert II mourut dans ces entrefaites, et le maire Rainfroi fit proclamer roi de France Daniel, prince du sang royal, qui prit le nom de Chilpéric II.

Ce prince, aidé du duc de Frise, marcha avec Rainfroi contre Charles, duc d'Austrasie, le vainquit à Soissons, et se rendit aussitôt sur Cologne, où s'étoit retirée la duchesse Plectrude. Les Arabes s'étoient emparés de la Cilicie, menaçoient de nouveau Constantinople, et les Bulgares avoient la Thrace. L'armée romaine se replia sur Constantinople, commandée par le patrice Théodore, qui fit crever les yeux à Bardanès.

Ere chrétienne.

Le lendemain, Anastase II fut proclamé empereur par le peuple et par le sénat.

En Écosse et dans l'Hibernie, aujourd'hui l'Irlande, les rois n'étoient pas plus fixes sur le trône. Dans la Pologne, gouvernée par des ducs depuis cinq cent cinquante ans, la noblesse élisoit le souverain.

La Bohême avoit des souverains héréditaires, et Minata en étoit duc depuis la mort de Nimislas, son père.

Règne d'Anastase II en Orient.

Anastase trouva l'État épuisé d'hommes et d'argent. Peu propre à la guerre, il n'étoit pas capable de rétablir des affaires aussi délabrées. Pour comble de maux, Théodore perdit la vie dans une bataille qu'il livra aux Arabes.

Chilpéric et les Frisons poussoient avec

716.

vigueur le siége de Cologne ; Plectrude ache-ta leur retraite par une somme assez consi-dérable, et les Frisons se retirèrent dans leur pays.

717.   Charles, duc d'Austrasie, honteux, irrité d'avoir été vaincu, avoit employé l'hiver à rassembler de nouvelles forces. Au commen-cement du printemps, il prit le chemin de Cologne, rencontra Chilpéric qui se retiroit vers Paris, et lui livra bataille près de Stavels, sur l'Emblève, dans les Ardennes. Chilpéric fut mis en déroute, et prit la fuite. Charles poursuit son ennemi, le rejoint le 21 mars sui-vant à Vinci, près de Crève-cœur, dans le Cambrésis, met son armée en déroute, après en avoir massacré la plus grande partie, et lui prit tous ses bagages et son trésor. Tandis que Chilpéric et Rainfroi fuyoient vers Paris, Char-les s'avança à marches forcées vers Cologne, s'en empara, et ravit à la princesse Plectrude tous les trésors qui lui restoient. Il revole vers Paris ; Childéric fuit encore, et Charles pro-clame roi de France Clotaire IV, issu du sang royal, afin de régner, sous son nom, sur les trois royaumes d'Austrasie, de Neustrie et de Bourgogne.

L'armée d'Orient donna, quelques mois après,

la pourpre à Théodose, receveur-général des tailles, et le força à prendre le diadême. Dès qu'il fut à la tête de cette armée, qui cherchoit un bon chef, il s'avança sur Constantinople; Anastase s'enfuit à Nicée dans la Bithynie, et Théodose entra dans Constantinople. Dès qu'il fut reconnu du peuple, il engagea Anastase à se rendre, en lui représentant qu'il étoit de son intérêt de se soumettre à un sort inévitable plutôt que de chercher à l'aggraver. Il lui promettoit de ne rien entreprendre contre ses jours, et de lui procurer une existence conforme au rang qu'il avoit tenu. Anastase se rendit sur sa parole; mais il fut rasé et relégué dans un monastère de Thessalonique, d'après le vœu général.

Règne de THÉODOSE III en Orient.

Théodose III avoit un caractère très-doux; mais, peu propre à la guerre, il engagea lui-même les peuples d'Orient à choisir pour empereur un homme capable de repousser les Sarrasins, qui menaçoient d'envahir tout l'empire,

Ere chrétienne. et les Romains jetèrent les yeux sur Léon, né dans l'Isaurie.

C'étoit le fils d'un cordonnier, qui s'étoit élevé aux premiers grades de l'armée par ses talens militaires. Il fut proclamé empereur, et Théodose lui céda le diadême à la fin de l'année, dans l'intérêt de sa patrie.

Tandis que ces choses se passoient à Constantinople, Omar étoit devenu calife des Musulmans par la mort de Soliman, son oncle.

Pélasge, prince des Visigoths, étoit reconnu roi d'Espagne par la chrétienté. Retiré dans les Asturies, il rassembloit des forces pour marcher contre les Maures.

Règne de LÉON-L'ISAURIQUE en Orient.

Les Grecs et les Romains, en élevant Léon à l'empire, crurent qu'il suffisoit d'avoir des talens militaires pour être empereur : c'est précisément la qualité la moins importante. L'on conçoit que le fils d'un cordonnier peut être brave, et acquérir des talens militaires; mais la science des gouvernemens est une autre chose. Il faut, pour ainsi dire, y être né, en avoir contracté l'habitude dès l'enfance, y avoir été élevé. On n'acquiert pas la politique, la connoissance des hommes et des affaires si facilement que des esprits présomptueux pourroient se l'imaginer. Cette grande science, cette grande tactique, jointe à la bravoure, à l'intrépidité, à la prudence, à la fermeté, à la générosité, à la justice, au travail, au renoncement de soi-même, forme seule le héros. On ne pouvoit que faire beaucoup de mal à l'empire en y élevant un homme de l'espèce de Léon. Il n'avoit ni religion, ni politique, ni aucune de ces qualités que je viens de citer; il avoit encore un caractère despotique, opiniâtre : on ne pouvoit s'attendre à rien de bon d'un homme pareil, qui avança la ruine de l'empire en tourmentant les Chrétiens. Il défendit le culte des images et l'invocation des saints, fit enlever des églises jusqu'à la moindre statue, et cet Iconoclaste fit désirer au peuple un prompt changement.

Ere chrétienne.

Les Arabes vinrent, à la faveur des troubles qu'il excita, mettre le siége devant Constantinople, et s'ils ne s'en sont pas rendus maîtres, c'est que des évènemens extraordinaires, indé-

Les Arabes assiégent Constantinople.

Ere chrétienne.

718.

pendans de la volonté humaine, les en ont empêchés.

Pélasge, au contraire, ce prince sage, politique, intrépide, dévoué à sa patrie, retiré dans les montagnes des Asturies avec les Visigoths échappés aux massacres des Maures, s'en faisoit respecter. Il les attaqua, en fit une boucherie épouvantable; plus de vingt mille restèrent sur le champ de bataille. Il leur fit un plus grand nombre de prisonniers, et leur échange contre les Espagnols augmenta la force militaire du roi d'Espagne. Les Maures se concentrèrent alors dans l'Andalousie, et Cordoue devint leur capitale. Ulit, miramolin d'Égypte, avoit perdu la vie dans cette bataille mémorable, et Zuleyman, son frère, le remplaça.

Pélasge, roi d'Espagne, remporte une grande victoire sur les Maures.

Il y avoit des troubles alors dans presque toute l'Europe.

Chilpéric II, roi de France, renouvela son alliance avec Ratbod, duc de Frise, et s'étant ligués avec Eudes, duc d'Aquitaine, descendant de Clovis, ils marchèrent avec leurs forces réunies contre Charles. Ce dernier, toujours intrépide, les joignit bientôt, les vainquit, les mit en fuite, et Chilpéric se sauva dans les États de Eudes.

Ligue de Chilpéric et de Eudes contre Charles d'Austrasie.

Charles n'étoit pas un prince à en rester là; profitant de sa victoire, il entra dans l'Aquitaine, et s'empara des principales places.

Ere chrétienne.

Clotaire IV mourut peu après, et Charles sentit la nécessité d'avancer ses affaires. Il se porta au-delà de la Loire, reçut l'hommage des peuples, et ne laissa Eudes en liberté qu'en le forçant à lui livrer Chilpéric, qu'il fit enfermer à Noyon, où il resta jusqu'à sa mort, sa bravoure n'ayant pu le faire triompher de Charles, duc d'Austrasie.

719.

Charles enferme de nouveau Chilpéric II.

C'est dans ces entrefaites que Jésid II devint calife des Musulmans, par la mort d'Omar III, et que Léon, empereur d'Orient, eut un fils qu'il nomma *Constantin*, et qu'il associa à l'empire. Ce fils fut surnommé *Copronyme*, parce qu'il gâta les fonts baptismaux lors de son baptême. Le peuple, outré de la conduite de Léon, de sa tyrannie, se souleva à cette promotion, et tira Théodose de son exil, le ramena malgré lui à Constantinople, où les soldats le livrèrent à Léon, qui le fit tuer avec tous ses partisans.

720.

L'empereur Théodose mis à mort.

Ce cruel empereur eut assez de bonheur pour qu'un hiver très-rigoureux fît périr cette année, de froid et de misère, la flotte des Arabes; ils furent contraints de lever le siége de

Constantinople, qu'ils assiégeoient depuis trois ans.

Ere chrétienne.

721.

Règne de THIERRI II, *roi de France.*

Quelques jours après, Chilpéric II, roi de France, cessa de vivre; et Charles, duc d'Austrasie, prince des Français, fit proclamer roi Thierri II, surnommé de *Chelle*. Ce prince, du sang royal, fut surnommé ainsi parce qu'il était, depuis son bas âge, enfermé dans le monastère de ce nom. L'histoire de son temps ne dit rien de lui; il fut un fantôme de roi, et n'en fut que plus heureux.

Les Maures entrent dans la France.

Ce fut vers le milieu de cette année que les Sarrasins se saisirent du pays en-deçà de la Garonne, Eudes, duc d'Aquitaine, n'ayant pas eu la force de leur faire repasser les monts.

Charles, duc d'Austrasie, ne pouvoit le secourir, parce que Rainfroi, ancien maire du palais, venoit de reprendre les armes pour lui faire la guerre. Charles marcha contre lui, le défit, le poursuivit à Angers, où il s'enferma; mais bientôt Charles s'en empara, et fit Rainfroi prisonnier.

Charles enferme Rainfroi.

722.

Isit, neveu de Zuleyman, et miramolin d'Égypte, prit Narbonne, et fit assiéger Toulouse par Zama, son général; mais Eudes, duc d'Aquitaine, arrive; Zama perd la bataille et la vie. Isit nomma Abdérame gouverneur de l'Espagne, et le chargea de venger la défaite des Maures.

Charles, duc d'Austrasie, étoit alors occupé à augmenter sa puissance ; il avoit passé le Rhin vers Cologne, et poussant ses conquêtes jusqu'au-delà du Danube, il soumit tous ces pays à sa domination. Accoutumé à vaincre, son armée, bien disciplinée, marchoit avec plaisir sous les ordres d'un tel chef, qui ne lui laissoit manquer de rien, et qui avoit le talent d'inspirer l'amour de la gloire. Il s'empara de la Frise, dont le duc avoit cherché à lui ravir son autorité et ses États.

C'est pendant qu'il étoit occupé de ces expéditions que l'armée navale de Léon-l'Isaurique se révolta sous Agallien et Étienne, qui la commandoient. Tous les vaisseaux périrent; Agallien se jeta dans la mer de désespoir.

Luitprand, roi des Lombards, profitoit de ces désordres pour agrandir ses États ; il mit le siége devant Rome, et, soutenu par Eutichius, exarque de Ravenne, il y entra bientôt en vainqueur. Le pape Grégoire II l'adoucit pourtant et le fit retirer.

Charles, duc d'Austrasie, de retour de ses expéditions ultra-rhénanes, profita de la détresse d'Eudes, duc d'Aquitaine, pénétra dans

Ere chrétienne.

724. Charles pousse ses conquêtes au-delà du Danube.

727.

728.

729.

730.

ses États, les pilla et se rendit maître de Tours et d'Orléans.

731. C'est dans ce temps que mourut Grégoire II. Un Syrien le remplaça dans la chaire apostolique, sous le nom de Grégoire III.

Tandis que le duc d'Austrasie ravageoit les États du duc d'Aquitaine, Abdérame, gouverneur d'Espagne, entroit dans la France avec une armée puissante. Il rencontra Eudes près d'Arles, tailla son armée en pièces et s'empara de cette ville. Enhardis par leurs conquêtes, des Maures osèrent pénétrer jusqu'à Sens; mais ils furent repoussés par l'évêque Ebbon, et allèrent rejoindre, par le Nivernais, le gros de l'armée, qui, ayant mis tout à feu et à sang dans la Guyenne, s'étoit avancée jusqu'à Tours, en jetant la désolation et la mort dans tout le pays.

Les Maures prennent Arles.

Les Maures s'emparent de la Guyenne.

Charles vit bien qu'il étoit temps de réprimer ces barbares; il engagea Luitprand, roi des Lombards, à se réunir à lui pour arrêter ce torrent dévastateur, qui menaçoit d'inonder toute la chrétienté.

732. L'armée des Lombards passe les Alpes, se réunit à celle du duc Charles, et ce héros, à la tête de ces forces et de celles d'Aquitaine, ne calcula plus le danger.

Charles, duc d'Austrasie, marche contre les Maures.

Les Sarrasins, maîtres de Bordeaux, s'a- *Ère chrétienne.*
vançoient vers Tours avec une armée considérable, sous les ordres de l'émir Abdérame;
ils croyoient vaincre par leur nombre et conquérir la Gaule.

L'intrépide duc vole à leur rencontre, et,
semblable à l'aigle qui, planant dans les airs,
cherchant sa proie, tombe, s'abat sur une ga-
renne, massacre tout ce qui se trouve près d'elle,
poursuit le reste, Charles fond sur les Sarra-
sins, entre Tours et Poitiers, les assomme, tue *Bataille de Tours.*
leur émir, et, sans s'amuser au pillage, pour-
suit l'arrière-garde, qui, cherchant sa vie dans *Charles extermine les Maures et tue l'émir.*
la fuite, passe la Garonne, croyant que ce
fleuve la mettra à l'abri des coups du vainqueur.

L'infatigable guerrier passe le fleuve, et fait,
dans Bordeaux, un carnage effroyable des débris de l'armée musulmane. Charles, tout couvert de poussière, n'est pas encore désaltéré de
sang. Il prévient Pélasge, roi des Asturies,
de sa victoire, fond sur la Guyenne, fait repasser de nouveau la Garonne à cette horde
effrayée. Il s'arrête enfin... Mais les Musulmans fuient toujours avec plus de précipitation,
sans regarder derrière eux, et arrivent aux
Pyrénées. Pélasge leur bouche le passage, les

extermine, et profite de cette occasion pour agrandir son royaume.

Charles, duc d'Austrasie, fut, après cette victoire, surnommé *Martel*.

L'empereur Léon maria cette année Constantin V, son fils, avec l'ambitieuse Irène. Ce prince suivoit les maximes de son père; il étoit même encore plus iconoclaste : aussi les Italiens se révoltèrent. Les Romains ne voulurent plus reconnaître d'autre chef que le Pape ; mais Grégoire III, craignant un voisin tel que Luitprand, roi de Lombardie, engagea Charles-Martel à lui déclarer la guerre. Charles avoit de plus grands intérêts à soigner; il étoit contraire à sa politique de s'attirer un nouvel ennemi, et il s'occupa à réprimer les révoltes de quelques seigneurs bourguignons, qu'il soumit bientôt. Mais, avant d'entreprendre de nouvelles conquêtes, il avoit à rendre la liberté au reste de la France, c'est-à-dire, à en chasser les Musulmans, qui étoient restés dans la Provence et dans le Languedoc, et qui n'attendoient qu'un moment favorable pour s'étendre dans l'ancienne Gaule.

Mogène devenoit roi de Bohême par la mort de Minata, son père. Peu après, Eudes, roi d'Aquitaine, mourut, et Charles-Martel réunit ses États à la couronne de France.

Tandis qu'il faisoit des préparatifs pour en chasser les Musulmans, le brave, le vertueux Pélasge cessa de vivre, et les Espagnols donnèrent leur couronne à Favilla, son fils.

Les enfans de Eudes osèrent appeler les Maures à leur secours ; mais Charles-Martel passe de nouveau la Loire, et, comme un torrent impétueux que rien ne peut arrêter, il arrive à la Garonne : tout fuit devant lui. La Garonne ne peut ralentir sa course rapide; il la traverse à Bordeaux ; il la franchit à Aiguillon : les Maures fuient pour éviter la destruction. Il se répand dans la Gascogne, s'empare de toutes les villes, arrive à Montauban, à Toulouse; rien n'ose lui résister. Il alloit fondre sur le Languedoc; mais le roi Thierri meurt; Charles s'arrête et vole à Paris. Il met ordre aux affaires de l'État; tout se soumet. Il continue à gouverner le royaume sans établir un roi; mais, par suite de son adroite politique, il ne se fait pas proclamer lui-même. En effet, qu'avoit-il besoin du titre de roi ? n'étoit-il pas aussi puissant ? Prince des Français, tous les Français lui étoient soumis. Au printemps suivant, il retourna rejoindre

Ere chrétienne.

735.

736.

Favilla, roi des Asturies.

737.

son armée à Toulouse, où il apprit la fin déplorable de Favilla, roi des Asturies, qui fut mis en pièces par un ours qu'il poursuivoit.

<small>Ere chrétienne.</small>

<small>738.</small>

<small>Alphonse Ier, roi des Asturies, fait alliance avec Charles-Martel.</small>

Alphonse Ier, gendre de Pélasge, qui devint roi de cet État, s'empressa de faire alliance avec Charles-Martel. Ce prince venoit de prendre Narbonne, et de passer tous les Maures qu'il y trouva au fil de l'épée; de là jusqu'à Arles, il en fit une boucherie épouvantable. Une partie de ces barbares s'étoit retirée en foule à Avignon; mais ils n'y furent pas plutôt entrés qu'ils virent sur eux le héros de la France. Ils se retranchèrent: vaine précaution; ce lion furieux franchit tous les retranchemens et ne

<small>Charles-Martel reprend le Languedoc aux Maures, et se fait reconnoître souverain de l'Aquitaine.</small>

donne aucun quartier à cette horde épouvantée; à peine en échappa-t-il un pour reporter aux Maures d'Espagne la triste nouvelle de leur entier massacre.

<small>739.</small>

Charles-Martel se trouvoit maître alors de l'Aquitaine; il l'avoit réunie d'avance à la couronne de France; mais, au grand étonnement de tout le monde, et des enfans de Eudes même, il la rendit à Harald, fils aîné du dernier duc, en s'y réservant, à lui et à ses enfans, le droit de souveraineté. On loua beaucoup en Europe ce trait de générosité de Charles-Martel : aussi se fit-il un grand soutien de Harald.

C'étoit encore un effet de la politique de Charles, qui, depuis long-temps, avoit jeté ses regards sur l'Italie, où le pape Grégoire III l'appeloit par des vues d'intérêt. Ce fut la raison principale qui le détermina à rendre à Harald l'Aquitaine, dont il se réservoit la souveraineté, parce que ce prince étoit intéressé à la défendre des entreprises des Maures. D'ailleurs, Charles, n'étant pas roi de France, se ménageoit un puissant appui dans le cas où il se seroit déterminé à prendre la couronne ou à la mettre sur la tête des siens. On voit par cette fine politique, cette grande science du gouvernement, que Charles avoit profité des leçons que lui avoit données Pépin, son père.

Le Pape écrit à Charles de nouveau, et lui promet le consulat à Rome. Ce héros, avide de gloire, fait ses préparatifs; mais il tombe malade excédé de fatigue, et, craignant d'être au bout de sa carrière, il partage les États qu'il gouvernoit entre Carloman et Pépin, ses deux fils. Il désigna Carloman, l'aîné, pour le remplacer sur le trône d'Austrasie; Pépin, en qualité de duc des Français, de maire de Neustrie, hérita de son autorité dans la France

Ere chrétienne.

740.

occidentale et dans la Bourgogne, comme de sa souveraineté sur l'Aquitaine, dont il lui donna le titre de roi.

Tremblement de terre à Constantinople.

Au mois d'octobre de cette année, un terrible tremblement de terre se fit sentir à Constantinople de la manière la plus épouvantable. Plusieurs maisons furent renversées, ainsi que les statues des empereurs. Beaucoup de gens furent écrasés sous les ruines. Plusieurs villes de la Thrace furent détruites; Nicomédie, Nicée furent extrêmement endommagées. La mer quitta son lit et disparut en quelques endroits. C'étoit vraiment une désolation : le peuple de Constantinople, superstitieux, malgré les efforts des empereurs, disoit que ces horreurs étoient le présage sinistre de la fin du monde; d'autres, qu'on alloit éprouver une grande catastrophe : du moins l'on peut dire qu'il fut le prélude d'une grande révolution dans l'empire : Pépin alloit la commencer, et Charlemagne, son fils, la finir.

741.
Mort de l'empereur Léon et de Charles-Martel.

L'empereur Léon ferma les yeux pour toujours pendant cette secousse; Charles-Martel fut enlevé à la chrétienté et à la France lorsqu'elle fut passée. Il mourut à la fin d'octobre, à Quiersi sur Oise, âgé d'environ cinquante ans.

Grégoire III ne lui survécut que d'un mois; et le pape Zacharie, qui fut mis dans la suite au nombre des saints, lui succéda.

Ere chrétienne.

Règne de Constantin-Copronyme en Orient.

La première année du règne de Constantin, Artabaste, son général, se révolta, et se fit couronner empereur.

Constantin le défit, le prit à Émèse, lui fit crever les yeux ainsi qu'à ses deux fils, et l'on cessa de conspirer contre son autorité.

Carloman et Pépin, suivant la disposition de Charles-Martel, leur père, partagèrent tranquillement ses États.

Charles-Martel avoit donné à Griffon, son troisième fils, mais d'une autre femme, quelques villes sur le Rhin : les deux frères l'en dépouillèrent bientôt.

Pépin étoit marié avec Berthe; il en eut l'année suivante un fils, qu'il nomma *Charles,* et qui fut connu dans la suite sous le nom de *Charlemagne.*

Les deux frères, aussi politiques que Charles-Martel, résolurent de remplir le trône de Neustrie, vacant depuis six mois et demi.

Ils y firent monter un prince de la famille des Mérovingiens, d'après la loi salique, sous le nom de Childéric III; mais ce prince ne fut roi que de nom : Pépin, roi d'Aquitaine, eut toute l'autorité. L'intime union qui régna toujours entre les deux frères fit leur force.

Lorsque, quelque temps après la mort de Charles-Martel, les Frisons vinrent attaquer l'Austrasie, Carloman et Pépin marchèrent contre eux et les exterminèrent.

La Bavière, la Souabe, la Saxe, la Frise, furent forcées à l'obéissance, et Pépin soumit le duc d'Aquitaine, qui avoit osé vouloir se rendre indépendant.

Les Gascons profitèrent de cette occasion pour se soustraire à l'autorité de Harald, duc d'Aquitaine et se révoltèrent; mais Pépin vola à son secours, fit un exemple terrible sur ces peuples, et Harald le reconnut de nouveau pour roi d'Aquitaine.

Carloman convoqua la même année le concile de Lestines, dans le Cambrésis. Il y fut décidé que les ecclésiastiques ne porteroient plus les armes, même pour aller à la chasse, et il fut ordonné aux évêques et aux comtes de réprimer les cérémonies païennes. On autorisa le prince à prendre une partie du revenu des églises, à charge de payer un cens annuel d'un sol par habitation à l'église qui auroit avancé l'emprunt.

Ere chrétienne.

Luitprand, roi de Lombardie, mourut peu après, et son fils Hildebrand lui succéda; mais ses sujets se révoltèrent contre lui six à sept mois après, et proclamèrent roi Rachis, duc de Frioul, qui les avoit soulevés. Dès qu'il fut sur le trône, il ravagea les terres du Pape, qui ne vouloit pas le reconnoître. Zacharie réclama la protection de Pépin, duc des Français, roi d'Aquitaine; mais les Gascons remuoient encore, et Pépin ne voulut pas passer les Alpes sans les avoir réprimés.

744. Hildebrand, roi de Lombardie.

Rachis le détrône.

Il traversa encore la Loire et la Garonne, extermina les Gascons, les désarma entièrement, et donna à des officiers de son armée les emplois de ce pays.

745. Pépin soumet la Gascogne.

Au mois de janvier suivant, un grand tremblement de terre se fit sentir dans la Syrie et dans la Palestine; une infinité de personnes furent ensevelies sous les ruines des bâtimens. Sept mois après, depuis le 4 août jusqu'au 1ᵉʳ octobre, il survint des ténèbres qui éton-

746. Tremblement de terre en Syrie.

nèrent, effrayèrent toutes ces contrées. Les peuples prenoient ces horreurs pour les présages sinistres d'une grande révolution. En effet, Mauvias II se révolta subitement, prit Damas, Émèse, Héliopolis, Jérusalem, et bientôt le califat passa de la famille des Ommiades dans celle des Abassides. Les Arabes alors s'entre-tuèrent.

Carloman, duc d'Austrasie, pénétré depuis long-temps du désir de servir son Dieu dans un état plus saint et plus humble, prit la ferme résolution de se faire moine. Il recommanda à Pépin, son fils, Drogon ou Dreux, qui avoit perdu sa mère, et se rendit à Rome : il y prit l'habit de moine, que lui donna saint Zacharie, et se retira au monastère du mont Cassin, de l'ordre de saint Benoît.

Pépin, d'après les conseils de Carloman, fit sortir son frère Griffon de Neuf-Châtel, où il le tenoit enfermé; il le combla d'honneurs et de bienfaits, croyant s'en faire un appui, conduite qu'il s'étudia à tenir également envers les seigneurs et le peuple Français, afin de gagner leur bienveillance. Griffon, frère naturel de Pépin, ne fut pas long-temps à donner des preuves de son ingratitude, de son mauvais cœur. Brave et intrépide, il prétendit se faire reconnoître roi d'Austrasie.

Pépin marcha contre lui, le défit, et l'ambitieux Griffon se jeta ensuite sur les États d'Odilon, duc de Bavière, qui venoit de mourir, et dont le fils (Tassillon) étoit trop jeune encore pour se défendre. Pépin marcha de nouveau contre lui, le fit prisonnier, et rétablit Tassillon, qu'il laissa sous la conduite de sa mère.

Pépin pardonna encore à Griffon, le traita avec bonté, et lui donna, avec la qualité de duc, un apanage considérable. Pépin n'avoit pas de plus grand désir que de mettre dans ses intérêts ce prince, dont la bravoure pouvoit si bien le seconder; mais il s'évada de nouveau de sa cour, et se retira près d'Harald, duc d'Aquitaine, pour l'engager à se réunir à lui.

Cette conduite contrarioit beaucoup les desseins de Pépin; elle l'empêchoit de se rendre aux pressantes sollicitations du pape Zacharie, qui vouloit le rendre maître de l'Italie. Le rusé prince en profita pour lui proposer un cas de conscience, que l'on ne s'étoit pas encore avisé de soumettre au jugement du Pape. Il lui demanda lequel devoit porter le titre de roi, ou un prince incapable de régner, ou un ministre dépositaire de l'autorité royale, qui l'exerçoit avec honneur.

Ere chrétienne.

748.

749. Pépin sonde le pape Zacharie sur ses intentions.

Ere chrétienne.	Peu après, Rachis, roi de Lombardie, après avoir troublé l'Église, embrassa, à l'exemple de Carloman, la vie monastique, et se retira aussi au mont Cassin.
Rachis, roi des Lombards, se fait moine. 750. Astulfe, roi des Lombards.	Astulfe, son frère, lui succéda, et marcha bientôt contre Rome, menaçant de mettre tout à feu et à sang, tandis qu'Alphonse, roi des Asturies, profitant de la division des Maures, leur reprenoit la Navarre et l'ajoutoit à ses États. Dans ces entrefaites, le pape Zacharie répondit favorablement à Pépin, et ce prince convoqua aussitôt les États de la France au Champ-de-Mars.
751.	
752.	Quelques mois après, le pape Zacharie fut appelé à une autre vie, et Etienne II devint souverain-pontife.
Assemblée des États du royaume de France.	Dès que les États de la France furent assemblés, on leur lut la décision du pape Zacharie, que toute la chrétienté vénéroit. Comme d'ailleurs on redoutoit la puissance de Pépin, les États déclarèrent Childéric III, roi de France, incapable de porter la couronne.
Childéric III est déposé.	
Règne de PÉPIN, roi de France.	Pépin fut élu roi de France à Soissons, d'une voix unanime; aussitôt on tondit Childéric, et Pépin le fit reléguer dans le monastère de Sithieu, nommé aussi *Saint-Bertin*, à Saint-Omer. Thierri, son fils, fut conduit à l'ab-

baye de Fontenelle, autrement dit de *Saint-Vandrille*, en Normandie. Pépin, qui fut surnommé *le Bref* à cause de sa petite taille, fut sacré et couronné roi à Soissons, quelques jours après, par saint Boniface, archevêque de Mayence. Cette cérémonie, jusqu'alors inusitée, fut adoptée par ses successeurs.

Ainsi finit la première race des rois de France, dite des *Mérovingiens*, qui a duré trois cent trente-un ans, sous trente-six rois, dont vingt-deux ont régné à Paris.

On a donné à la seconde race le nom de *Carlovingienne*, du nom de Charlemagne, qui l'a le plus illustrée. On avoit donné à la première celui de *Mérovingienne*, du nom de Mérovée, le premier reconnu roi des Francs par les empereurs et les autres rois contemporains. Le pape Etienne II mourut peu après le sacre de Pépin, et fut remplacé le 30 mai par Etienne III.

Astulfe, roi des Lombards, avoit pris Rome. Le Pape demanda du secours à l'empereur Constantin, qui ne lui répondit pas. Dans cette pressante conjoncture, il eut recours à Pépin, qui l'invita à se réfugier en France jusqu'à ce qu'il pût le rétablir.

Astulfe s'empara ensuite de l'exarchat de

<small>Ere chrétienne.</small>

<small>Conquêtes de Pépin.</small>

Ravenne, et força Eutychius, qui en fut le dernier exarque, à se retirer à Constantinople.

Ce fut à-peu-près dans le même temps que Ansemond, seigneur visigoth, livra à Pépin les villes de Nismes, de Maguelonne, d'Agde, de Béziers, qui faisoient partie de la Septimanie. Alors Pépin fit assiéger Narbonne que les Maures avoient repris, tandis qu'il passa le Rhin pour soumettre les Saxons, qui s'étoient révoltés. C'est pendant cette expédition qu'il apprit que le pape Etienne III arrivoit en France.

<small>753.</small>

Il envoya à sa rencontre son fils Charles, âgé d'environ dix ans, et quitta la Saxe pour le recevoir lui-même à Paris.

<small>Le pape Etienne III arrive en France.</small>

Charles rencontra le pape Etienne III le jour de l'Épiphanie. Il descendit de cheval, se prosterna devant le souverain pontife, et lui présenta cent mille écus d'or.

<small>Pépin le reçoit avec de grands honneurs.</small>

Le Pape arriva à Paris, où Pépin le reçut avec un respect infini; il le conduisit à l'abbaye de Saint-Denis, où il fixa sa résidence.

<small>Il réprime Griffon et le duc d'Aquitaine.</small>

Pépin s'occupa ensuite de réprimer Griffon, son frère, et le duc d'Aquitaine, qui avoit eu la foiblesse de l'écouter. Il somma Harald ou Hunoald, duc d'Aquitaine, de le lui livrer. Sur son refus, Pépin prit de promptes mesures; envoya d'abord une armée vers les débouchés de la Savoie, afin que son frère ne pût s'échapper de ce côté, et pria Alphonse, roi des Asturies, de l'empêcher de franchir les Pyrénées.

Ère chrétienne.

Pépin se jette ensuite sur l'Aquitaine, y met tout à feu et à sang; et Griffon, comme il l'avoit prévu, court en Lombardie y chercher du secours. Pour passer les Alpes, il falloit livrer bataille à l'armée d'observation; l'audacieux duc n'hésita pas; il l'attaque avec sa petite troupe, et perd la bataille et la vie, que Pépin vouloit lui sauver encore.

Mort de Griffon, frère de Pépin.

Pépin fit ensuite ses préparatifs pour passer les Alpes. Le pape Étienne III le sacra et l'oignit de nouveau, avant son départ, le 20 juillet, à Saint-Denis, et le proclama défenseur de l'Église. Il oignit en même temps Berthe ou Bertrade, femme de Pépin, avec ses deux fils, Charles et Carloman.

754.
Pépin est de nouveau sacré par le pape.

Pépin franchit ensuite les Alpes; il en descend comme un torrent fougueux qui entraîne le Piémont et la Lombardie. Il ne s'arrête que devant Pavie, où Astulfe, roi des Lombards, s'étoit renfermé; mais bientôt les murs de la ville tombent, le torrent suit son cours. Astulfe s'enfuit, va prier Carloman et l'abbé du mont Cassin de s'intéresser à ce que Pépin

Pépin passe en Italie, et s'en empare.

Ère chrétienne.

lui laisse seulement l'exarchat de Ravenne ; mais déjà tout étoit envahi, et Pépin avoit même repassé les Alpes, laissant la plus grande partie de son armée en Italie. Carloman vint en France trouver Pépin, intercéder pour Astulfe ; mais ce prince ne put rien obtenir de son frère. Il reprit le chemin de son mo-

Mort de Carloman, frère de Pépin.

nastère, et mourut comme il étoit encore sur les terres de France. Pépin fut vivement touché de sa mort, et lui fit faire des funérailles comme à un roi de France.

755.
Mort du roi Childéric III.

Au commencement de l'année suivante, Childéric III s'éteignit dans l'abbaye de Sithieu ou de Saint-Bertin, où il avoit été forcé de se faire moine. Tout contribuoit à la fortune de Pépin, qui reconduisit le pape Etienne III

Pépin reconduit le pape à Rome, et le met en possession de Ravenne.

à Rome. Il le mit en possession de Ravenne, de Classé, Césarée, de Sinigaglia, du duché d'Urbin, de Forli, de Commachio, etc., conservant la souveraineté sur ces États en qualité de patrice de Rome. Il laissa la Lombardie à Astulfe ; mais il s'en réserva la suzeraineté.

Il ne restoit à l'empire d'Orient en Italie que le royaume de Naples, la Calabre et quelques îles. Depuis ce moment, on ne reconnut plus à Rome les empereurs de Constantinople.

Pépin donna au Pape la puissance temporelle sur les villes qu'il avoit conquises et sur leur territoire, et le peuple romain se mit sous la protection des rois de France.

Ère chrétienne.

Dès que Pépin eut quitté l'Italie, Astulfe chercha les moyens de se relever; mais il n'eut pas le temps d'exécuter ses projets. Il tomba de cheval, étant à la chasse, et la mort le surprit quelques jours après.

Mort du roi lombard.

756.

Comme il ne laissoit point d'enfans, Rachis sortit de son monastère dans l'intention de reprendre sa couronne; mais il fut intimidé par les menaces du Pape, et retourna au mont Cassin.

Didier, duc d'Étrurie, monta, à la faveur d'Etienne III, sur le trône de Lombardie, en se soumettant à payer à la France un tribut annuel.

Les États-généraux du royaume de France s'assemblèrent cette année le premier mai; Pépin ayant reculé à ce mois cette réunion, parce que les députés étoient obligés d'y loger sous des tentes.

Il fut question surtout de la guerre contre les Saxons, qui refusoient de payer leur tribut à la France, d'après la remise que Dagobert leur en avoit faite. On accorda des secours à Pépin pour les soumettre.

Ere chrétienne.

757.

Pépin fit ensuite ses préparatifs, marcha contre eux l'année suivante ; il parut et les soumit. C'est pendant cette expédition que le pape Etienne III descendit au tombeau; Paul Ier lui succéda.

Froila Ier, roi des Asturies et de Galice.

La mort enleva aussi, cette année, Alphonse Ier, le catholique, roi des Asturies ; Froila Ier, son fils, occupa son trône.

Les Arabes pensèrent qu'il ne sauroit pas défendre ses États aussi bien que son père, et pénétrèrent en grand nombre dans la Galice. Froila marcha contre eux, remporta d'abord quelques petits avantages sur des partis détachés ; mais enfin l'on en vint à une affaire générale, et les Maures laissèrent cinquante-quatre mille hommes sur la place. Froila leur reprit la Galice et les chassa encore de la Navarre.

758.

Froila bat les Maures.

759.

Almanzor, prince arabe, s'empare des conquêtes des Maures d'Espagne.

Abdérame ou Almanzor, Arabe, prince de la famille des Ommiades, échappé du massacre de sa famille, aborda en Espagne à la tête d'un puissant parti. Il remporta contre les Maures une victoire éclatante, se fit proclamer roi d'Espagne, et fixa sa résidence à Cordoue. Ce guerrier intrépide retarda l'agrandissement du royaume des Asturies.

Pépin étoit trop bon politique pour ne pas

profiter des circonstances que la fortune lui présentoit. Tranquille dans ses États, il résolut de chasser entièrement les Maures de la France, et s'occupa de grands préparatifs. Au printemps suivant, il assiégea Bourges, la prit d'assaut et la fit démanteler. Il mit ensuite le siége devant le château Thouars, qui passoit pour imprenable ; et, tandis que ses fils dirigeoient à Paris les affaires de l'intérieur avec leur mère, l'intrépide Pépin s'emparoit du Vivarais, du Limosin, de l'Auvergne, de la Guyenne, d'Albi, de Montpellier, y massacrant tout ce qu'il y trouvoit de Sarrasins, et en purgea le sol français. Il réunit tous ces États à sa couronne, sans s'occuper des réclamations du duc d'Aquitaine, qui avoit voulu s'y soustraire à l'aide des Maures. Il ne lui laissa que la Guyenne et la Gascogne, à titre de fief relevant de la couronne de France.

Ere chrétienne.

760.

761.

Pépin s'empare du midi de la France.

762.

763.

Le calife Abu-Jaffar faisoit élever, depuis un an, la ville de Bagdad. Pépin fit bâtir Bouchain, sur les rives de l'Escaut.

Il bâtit Bouchain.

Wenceslas montoit sur le trône de Bohême, vacant par la mort de Mogène, son père.

Prémislas, palatin polonais, gouvernoit cette république depuis trois ans.

Donald III, vingt-septième roi d'Irlande, gouvernoit ce royaume depuis 735.

Eugène VIII, roi d'Écosse, premier fils du roi Mordache, régnoit dans ce pays depuis 761. Il mourut en 764, et fut remplacé par Fergus III, fils du feu roi Etwin.

Cette année fut remarquable par le froid extraordinaire, qui fit geler la mer même; chose que l'on n'avoit jamais vue, et que les peuples regardèrent comme l'augure de quelques grands évènemens : en effet, il s'en préparoit un bien grand. Pépin s'occupa cette année d'organiser son gouvernement dans le midi de la France, et d'y envoyer des prêtres pour y faire refleurir la religion chrétienne.

L'année suivante, il convoqua un concile à Gentilly, à une lieue de Paris, sur la petite rivière de Bièvre.

Pépin, qui portoit le plus grand soin à la religion, le présida. L'on y décida qu'il étoit utile d'honorer les images des saints, d'implorer ces derniers. L'on y déclara que le Saint-Esprit provenoit du père et du fils, et que ces trois personnes divines ne faisoient qu'un seul et même Dieu, créateur de l'univers.

Peu après, Fergus III, roi d'Écosse, cessa

de vivre, et Solvathie, fils du feu roi Eugène VIII, lui succéda.

Ere chrétienne.

L'année suivante, il se passa en Espagne, parmi les princes chrétiens, des scènes abominables et scandaleuses : Froila tua Vimeran, son frère, convaincu de vouloir le détrôner, à l'aide d'un parti d'Arabes. Bientôt Aurélio, son autre frère, tua Froila, et monta sur son trône, secouru de Silon, prince des Sarrasins, à qui il donna dans la suite sa sœur en mariage.

768. Troubles en Espagne.

Pépin ne pouvant plus se reposer sur ce royaume, d'après une pareille conduite, Gaifre ou Vaifarius, duc d'Aquitaine, remuant encore malgré ses promesses, résolut de s'emparer entièrement de l'Aquitaine et de la Gascogne.

Il repassa la Loire, joignit la Vienne, et bientôt rencontrant l'armée du duc de Guyenne et de Gascogne, il l'attaqua vigoureusement : Vaifre perdit la bataille et la vie. Pépin passa la Garonne ensuite, s'empara de Bordeaux ; de là, suivant le cours de la Garonne jusqu'à Montauban, en soumettant tout à son obéissance, il se rendit à Auch et se mit en possession de la Gascogne, qu'il réunit, ainsi que la Guyenne, à la couronne de France. Il s'éten-

Mort du duc d'Aquitaine.

Pépin s'empare de la Guyenne et de la Gascogne.

dit jusqu'aux Pyrénées, passa dans le Béarn, et revint par Bayonne à Bordeaux, et de là en France, après avoir pourvu aux affaires de ces pays conquis. Il tomba malade à Saintes, et se fit transporter à Tours, et de là à Saint-Denis.

Il tombe malade.

C'est dans ces entrefaites que le pape Paul Ier, le père des pauvres, fut appelé à une meilleure vie. Il avoit à peine quitté sa dépouille mortelle, que Toton, duc de Népi, fit sacrer pape Constantin, qui étoit laïque. Le clergé cria; le peuple s'émeuta. On creva les yeux à Constantin, après l'avoir dégradé. On nomma ensuite un prêtre nommé *Philippe*; mais il fut bientôt forcé de céder la chaire apostolique à Étienne IV, qui fut élu par le peuple et par le clergé, le 5 août.

La papauté étoit enviée depuis la puissance temporelle que Pépin lui avoit donnée. Le roi de France, devenu hydropique, mettoit ordre à ses affaires; il partagea ses États entre ses deux fils, et succomba au mal dans le mois de septembre, après avoir couru glorieusement une carrière bien difficile.

Mort de Pépin.

Les États s'assemblèrent aussitôt, et donnèrent à Carloman ce que son oncle avoit eu, l'Austrasie avec les conquêtes au-delà du

Rhin; Charles, qui fut bientôt nommé *Charle-*   Ere
magne, eut le reste.   chrétienne.

Le 9 octobre de la même année, les deux princes, déjà sacrés par Étienne IV, le furent de nouveau, Charles à Noyon, et Carloman à Soissons.

Règne de CHARLEMAGNE, roi de France.

Aussitôt après la mort de Pépin, Hunoald, père du duc Gaifre, avoit repris l'Aquitaine.

Charles, au printemps suivant, passa la Loire, défit le vieux duc, et le força à retourner dans le monastère où il étoit depuis vingt ans. Il établit des ducs et des comtes dans le Languedoc, dans la Guyenne et dans la Gascogne. Il fit bâtir dans cette dernière province le château de Fronsac, et revint à Paris, où il eut quelques brouilleries avec son frère Carloman au sujet de leur partage; mais la reine Berthe pacifia ces choses, et les nuages n'eurent aucune suite fâcheuse.

769.

Charles réunit la Guyenne et la Gascogne à la couronne de France, et établit des ducs et des comtes.

770.

Charles se maria avec Giselle, fille de Didier, roi des Lombards, et quelques mois après, Carloman étant mort âgé d'environ vingt ans, il réunit ses États à la couronne de France.

Les Saxons crurent pouvoir profiter de la jeunesse de ce prince pour s'affranchir de leur tribut; mais Charles marcha contre eux, en fit une terrible boucherie à la bataille d'Osnabruck, et s'empara de leur pays.

Dans ces entrefaites, le pape Étienne IV cessa de vivre; Adrien Ier lui succéda.

Didier, roi des Lombards, crut, parce qu'il étoit beau-père de Charles, pouvoir se saisir de quelques biens de l'Église, et se brouilla avec le pape Adrien, qui eut recours au roi de France. Charles répudia la fille de Didier sous le prétexte qu'il ne pouvoit en avoir d'enfans, et la renvoya à son père.

Didier, outré de cet affront, donna asile à la veuve de Carloman, à ses deux fils, que Charles avoit privés de leurs droits, et attaqua les terres de l'Église. Charles passe les Alpes avec rapidité, prend Véronne, où sa belle-sœur étoit enfermée avec ses fils, enfans de Carloman, et assiége Pavie. Il se rend maître de cette ville, fait Didier prisonnier avec sa femme et ses enfans, les envoie en France sous bonne escorte, et s'étant fait couronner roi de Lombardie, il donna au Pape l'exarchat de Ravenne et les cinq villes.

Ainsi finit le royaume de Lombardie.

Charles fut proclamé unanimement, par le peuple et par le clergé, patrice de Rome.

Aurélio, roi des Asturies, venoit de mourir; il avoit laissé ses États à Alphonse, son neveu, fils de Froila, sous la tutelle de Silon, prince des Sarrasins, son oncle.

Il y avoit tout à craindre que cet Arabe ne se défît de ce jeune prince, et ne rendît toute l'Espagne mahométane. Aussi le pape Adrien fit promettre au roi de France qu'il iroit en Espagne aider Alphonse à en chasser les Maures.

L'empereur Constantin V venoit de remporter une victoire éclatante contre Téléric, roi des Bulgares, qu'il avoit forcé à la paix. Il se disposoit à marcher à de nouvelles conquêtes; mais une fièvre ardente le surprit et trancha subitement le fil de sa vie. On remit sa couronne à Léon IV, son fils.

Le calife Almanzor n'existoit plus; Mohadi lui avoit succédé.

Léon IV fut, de même que son père, un grand

Iconoclaste; mais il étoit brave et plus propre à commander que lui.

Nicéphore, son frère, ayant voulu le détrôner, il découvrit sa conspiration, le fit raser et le relégua dans la Chersonèse avec les Scythes.

Charles se remarie. Le roi de France organisoit la Saxe ; il s'y remaria avec une noble Suève : c'étoit Hildegarde.

776. Il s'occupa ensuite de rendre les Saxons chrétiens, leur envoya des prêtres pour leur prêcher l'Évangile, et convoqua, pour ce sujet, un concile à Paderbornn, ville du cercle de Westphalie, en Allemagne.

Il fait prêcher l'Évangile dans la Saxe.

777. Il s'y tint, tandis que Charles faisoit ses préparatifs pour passer en Espagne avec Rolland, son neveu, fils de Carloman. Il traversa l'Aquitaine avec une armée victorieuse, et,

778. au printemps suivant, il franchit les Pyrénées, prit Pampelune, Saragosse, toute la Navarre, extermina les Maures, leur fit donner des otages et beaucoup d'argent. Il revint en France ; mais Rolland, qui commandoit l'arrière-garde de son armée, fut surpris, dans les défilés de Roncevaux, par une armée de Gascons, et périt dans l'action, après avoir fait des prodiges de valeur et un car-

Il franchit les Pyrénées.

nage affreux de ces mutins. Le roi Charles en fut si irrité qu'il se transporta dans la Gascogne, y mit tout à feu et à sang, sans épargner ni les femmes ni les enfans.

L'empereur Léon, plus heureux, se mit à la tête d'une armée de cent mille hommes, marcha contre Al-Mohadi, califè des Musulmans, et mit son armée en fuite au premier choc; Léon la poursuivit, en fit un carnage effroyable, et reprit la Syrie; mais il tomba malade comme il se disposoit à profiter de ses avantages, et mourut quelques mois après. Constantin VI, son fils, lui succéda, sous la tutelle de l'impératrice Irène, sa mère, qui nomma chancelier Nicéphore, frère de Léon, afin de le mettre dans le parti de son fils.

Constantin n'avoit encore que dix ans : on le surnomma *Porphyrogénète*, parce qu'il étoit né à Constantinople dans un palais de porphyre.

Charles, l'année suivante, forma le dessein de visiter son royaume de Lombardie, et franchit les Alpes dans le mois de mars avec sa femme et ses trois fils, Charles, Pépin et Louis. Il alla ensuite à Rome passer les fêtes de Pâques, y fit baptiser ses enfans par le

Ere chrétienne.

779.

780.

Constantin VI, empereur d'Orient.

781.

pape Adrien, qui sacra Louis roi d'Aquitaine, et Pépin roi d'Italie. Il fit reconnaître ce dernier à son retour à Milan ; et, rendu en France, il établit, dans les églises, le chant grégorien, et y fit célébrer la messe comme à Rome.

Charles avoit incorporé des Saxons dans l'armée française, et ces guerriers, aussi perfides que féroces, égorgèrent leurs généraux et leurs troupes pendant leur sommeil. Le roi, irrité avec raison, en fit décapiter quatre mille cinq cents à Verden. Ce massacre excita le désespoir de ces barbares, qui se réunirent sous les ordres de Witikin, et la guerre devint plus meurtrière encore.

Les Espagnols, qui voyoient avec peine un Arabe à la tête du royaume des Asturies, engagèrent Maurégat, fils naturel d'Alphonse Ier, à se déclarer régent. Ce prince, après s'être fait un puissant parti, chassa Silon ; mais, au lieu de se contenter du titre de régent, il se fit proclamer roi, et s'empressa, pour consolider son usurpation, de faire un traité avec Abdérame, roi de Cordoue, à qui il s'engagea de fournir chaque année un certain nombre de filles. Traité infâme ! mais à quoi l'ambition ne porte-t-elle pas les hommes ?

Le Calife Ma-Hadi mourut l'année suivante, et Hadi, son fils, lui succéda.

Ere chrétienne.

Witikin, vaincu par le roi de France, se rendit enfin à ses conseils, et devint chrétien. Il fit rentrer les Saxons dans le devoir, et Charles, qui s'occupoit alors de donner des lois à ses peuples, de faire fleurir le commerce et les arts en France ; le laissa duc de Saxe, s'en réservant la suzeraineté.

785.
Witikind se fait chrétien et soumet les Saxons.

Charles entra inopinément dans la Bretagne, et la réunit à ses États.

786.

Venceslas, roi de Bohême, venoit de mourir, et Crzezonisle, son fils, d'hériter de sa dignité.

L'impératrice Irène convoquoit un concile général à Nicée, afin de faire décider définitivement l'affaire des images, qui faisoit tant de bruit dans l'Orient.

Le pape Adrien envoya deux légats à ce concile, qui se trouva composé de trois cent cinquante évêques. Ils décidèrent que l'on devoit vénérer les images.

787.
Concile de Nicée.

Solvathie, vingt-cinquième roi d'Écosse, mourut cette année sans laisser d'enfant, et les Écossais donnèrent leur couronne à Anchole, fils du feu roi Etwin.

L'année suivante, les Maures perdirent Ab-

788.

dérame, roi de Cordoue, qui introduisit les arts en Espagne. On trouve encore des preuves de la magnificence de ce prince dans la belle mosquée, devenue la cathédrale de Cordoue.

Cet édifice, qui a six cents pieds de long sur deux cent cinquante de large, est soutenu par plus de trois cent soixante colonnes d'albâtre, de jaspe et de marbre noir.

Les guerres civiles qui survinrent entre ses enfans, après sa mort, procurèrent aux Chrétiens d'Espagne l'occasion de se relever.

789.

Veremond, roi des Asturies.

Maurégat, usurpateur du royaume des Asturies, heureusement pour eux, mourut quelques mois ensuite, et Veremond, ou Beremont Ier, son fils, lui succéda.

Charles envoie une ambassade au calif de Bagdad.

Aaron-al-Rachid devint calife de Bagdad. Charles lui envoya des ambassadeurs, afin de l'engager à bien traiter les Chrétiens qui étoient sous sa domination.

790.

Le calife, prince généreux et magnifique, grand admirateur de Charles, lui déféra la souveraineté de la Terre-Sainte, ne se réservant que le titre de son lieutenant. Il lui envoya ensuite une ambassade chargée de lui remettre plusieurs présens, entre autres:

Ambassade du calife au roi de France.

791.

Un pavillon de fin lin de diverses couleurs, si élevé, qu'un trait lancé par le bras le plus vigoureux n'auroit pu atteindre le sommet; si vaste, qu'il contenoit autant d'appartemens que le plus magnifique palais ;

Ere chrétienne.

Un clepsydre (horloge que l'eau fait aller). Le cadran étoit composé de douze portes, qui représentoient la division des heures. Chaque porte s'ouvroit à l'heure qu'elle devoit indiquer, et donnoit passage à un nombre égal de petites boules qui tomboient en divers temps égaux sur un tambour d'airain.

L'œil jugeoit de l'heure, par la quantité des portes ouvertes, et l'oreille par les coups que les boules frappoient.

Lorsque la douzième sonnoit, on voyoit sortir à la fois douze petits cavaliers qui faisoient le tour du cadran et refermoient les portes.

Les sciences et les arts étoient portés déjà, chez les Arabes, à une grande perfection. Ils étoient très-instruits dans l'horlogerie et les arts mécaniques. Ils possédoient l'astronomie, l'arithmétique, l'algèbre, la géométrie, et la France ignoroit encore ces sciences. Ils étoient versés dans la poésie, et l'on peut en juger par la traduction d'un de leurs poëmes, qui a pour titre : *Les Amours d'Antarah et d'Abla.*

Une compagne d'*Abla* s'y répand en reproches amers contre *Amarh*, riche cavalier, mais trop lâche pour soutenir l'approche d'Antarah.

Amarh, bannis de ton cœur ce fol amour que tu portes à nos jeunes filles. Quels sont tes droits sur la beauté ? Fus-tu jamais redoutable un jour de combat ? Repoussas-tu une seule fois les coups d'un ennemi ? Et tu oses rechercher Abla ! Pense, pense plutôt à la terreur du lion de la vallée.... Des épées qui ne sont pas teintes de sang, des lames rouillées sont indignes d'approcher Abla. Abla méprise un amant qui va se perdre dans l'obscurité des forêts. Amarh, cesse de fatiguer Abla de ta langueur, ou crains qu'Antarah ne verse sur toi la coupe de la mort.

Il n'est qu'un Antarah qui sache vraiment aimer. Lors même que ses regards respirent l'amour, ils ne sont pas languissans. Antarah est un lion qui aime une jeune biche.

Ces vêtemens recherchés qui brillent sous tes armes t'attirent la dérision de nos jeunes filles. Tu es devenu la fable de ceux qui t'écoutent ; l'écho des collines répète aussi ton nom méprisé. Crains que ces railleries amères ne redoublent encore si tu reparois dans le cercle de nos belles. Le lion viendra, ce lion que redoutent même les autres lions de la vallée ; il viendra pour ne te laisser que la honte, qui, seule, t'escortera dans ta fuite. Abla sera présente et te verra humilié ; nos belles te verront et applaudiront.

Ere chrétienne.

Antarah est le héros des héros. Plus courageux qu'un lion, il surpasse la mer en générosité. Nous autres jeunes vierges sommes semblables aux fleurs ; nous avons l'odeur de la violette et de l'anémone. Abla, la belle Abla s'élève au milieu de nous comme un rameau de myrte que couronne la lune ou le premier rayon du soleil. Mais toi, Amarh, tu es le plus vil de ceux qui montent nos coursiers ; tu surpasses en avarice les plus avares ; tu es plus abject que le chien qui aboie. Meurs de honte ou consens à vivre méprisé ! Il n'est personne qui s'élève contre les accens de ma voix.

On voit par ce morceau combien les Arabes estimoient la bravoure et la générosité. Depuis qu'ils ont été subjugués par les Turcs, les arts et les sciences ont quitté leur pays.

On peut dire que les Arabes ont beaucoup contribué à la perfection des arts en Europe, comme il est vrai d'assurer que si les princes de l'Europe s'étoient réunis contre eux, la religion mahométane n'y auroit point fait de progrès.

On peut ajouter encore que s'ils vouloient

Ere chrétienne.

s'allier contre la puissance ottomane, elle seroit bientôt abattue. Mais laissons les réflexions; n'entrons pas dans la politique des rois.

Alphonse II, roi des Asturies, s'adressa à Charles, roi de France, pour l'engager à le rétablir sur le trône. Ce prince y consentit d'autant plus volontiers que les Maures venoient de rentrer en France et de reprendre Narbonne ; mais à la condition qu'il ne s'opposeroit pas à l'établissement des Français à la pointe nord-est de l'Espagne, depuis Girone jusqu'à l'Èbre, au midi ; et à l'ouest, jusqu'à Balbastro et les Pyrénées, afin de fermer entièrement l'entrée de la France à ces Musulmans. Alphonse y consentit. Charles fit

Il fait rétablir Alphonse II sur le trône d'Espagne, par Guillaume au court nez.

aussitôt passer en Espagne une armée qui somma Beremond ou Veremont, au nom du roi de France, de céder le trône à son possesseur légitime.

Beremond fit aussitôt avec Alphonse II un traité par lequel ce prince se chargea de l'établissement de Ramire et de Garcias, ses deux fils, et promit de désigner Ramire pour son successeur, dans le cas où il n'auroit point d'enfant mâle. Beremond se retira ensuite dans un monastère.

Dès qu'Alphonse II fut sur le trône de son

père, les Maures lui réclamèrent le tribut de vierges auquel Maurégat s'étoit soumis ; mais Alphonse II refusa d'obtenir la paix avec eux par un trafic aussi honteux, et le surnom de *Chaste* lui fut décerné.

Ere chrétienne.

C'est dans ces entrefaites que Tassillon, duc de Bavière, voulut de nouveau se soustraire à l'autorité de Charles. Ce prince passa le Rhin, se saisit de ses États, suivit la victoire, qui lui tendoit les bras, et, profitant de l'ardeur française et de l'intrépidité de ses troupes, il alla de la Bavière dans la Pannonie, et emporta Vienne, alors habitée par les Huns. Il leur prit ensuite la Hongrie, et, après avoir châtié le roi de Bohême, il conduisit les Français, toujours victorieux, jusque dans la Poméranie. Mais où ne les auroit-il pas conduits? Ils auroient fait le tour du monde avec ce foudre de guerre, qui voloit aussi vite que la victoire : les Français, couverts de lauriers, prenoient plaisir à courir sur ses traces.

Il s'empare de la Bavière.

792.

Il prend la Pannonie, la Hongrie, soumet la Bohême et la Poméranie.

793.

Toutes ces guerres (car ses troupes étoient en Espagne et au nord de l'Europe) n'étoient pour Charles que des parties de chasse. Ce génie extraordinaire s'occupoit en même temps des lois, des mœurs, des lettres et de la religion. Il convoquoit un concile à Francfort-

Il convoque un concile à Francfort.

Ere
chrétienne.

sur-le-Mein, et donnoit des ordres pour joindre le Danube au Rhin, par un canal de deux lieues, depuis Valtmulh à la Rezat. Il correspondoit, de cinq cents lieues, avec Guillaume-au-Court-Nez, fils de Théodoric, qu'il avoit nommé, depuis deux ans, duc de Toulouse et d'Aquitaine, à la place de Chorson, destitué, pour crime de félonie, par l'assemblée de Worms. Pendant que Charles subjuguoit le nord de l'Europe, Guillaume, l'intrépide Guillaume, lui soumettoit la Septimanie, avec les braves troupes qu'il lui avoit confiées. Il chassoit les Sarrasins ou Maures de Narbonne ; il leur reprenoit Nismes et Orange.

Charles revint des bords de la mer Baltique présider le concile de Francfort, laissant ses troupes victorieuses, commandées par des chefs émules de sa gloire, dans ses nouvelles conquêtes.

794.
Il préside le
concile de Francfort.

A peine le concile étoit-il assemblé, que ce héros magnanime y arriva. Son air de grandeur, sa taille majestueuse, sa religion, sa puissance, son vaste génie inspirèrent inopinément un respect mêlé de crainte aux trois cents évêques réunis de l'Italie, des Gaules, de l'Allemagne, et aux deux légats du Pape.

Il monte sur un trône qu'on lui avoit préparé, et ouvre le concile.

Ère chrétienne.

Je vous ai fait assembler, dit-il, *pour vous entretenir de la doctrine de Félix d'Urgel et d'Elipand de Tolède, évêques espagnols. Ils publient que Jésus-Christ, en tant que homme, n'étoit que le fils adoptif de Dieu, et qu'il y avoit en lui deux personnes. Cette opinion est ridicule; s'il y avoit deux personnes en Jésus-Christ, Dieu n'auroit pas souffert pour racheter les crimes de l'homme. Cependant décidez; je vous laisse libres.*

Le concile déclara qu'il n'y avoit que Dieu qui pouvoit racheter le crime commis contre Dieu, et condamna la doctrine des évêques espagnols. L'on y désapprouva ensuite le conciliabule de Constantinople, tenu, en 754, contre les images, sous Constantin V, et l'on frappa d'anathême les évêques Félix et Hélipandus, ainsi que les Iconoclastes.

Charles quitte aussitôt le concile et vole en Espagne pour en faire exécuter les dispositions, avec défense de parler jamais d'une pareille doctrine. Il fit à Alphonse II des complimens de ce qu'il s'étoit soustrait au traité infâme de Maurégat avec les Maures, et de ce que, aidé de ses troupes, il avoit su remporter sur eux une si grande victoire, qu'il les avoit chassés des As-

Il passe en Espagne pour en faire exécuter les dispositions.

turies, du Portugal et de Lisbonne. *Je vais, ajouta-t-il, avant de vous quitter, vous en débarrasser d'un grand nombre.*

Aussitôt il fit rassembler par Guillaume, duc de Toulouse, dans la Navarre, ses troupes avec beaucoup d'éclat, afin d'en prévenir les infidèles. Charles paroît avec Alphonse au lieu du rendez-vous : ce fut pour les Français le plus beau jour de revoir leur roi, qu'ils croyoient à plus de six cents lieues d'eux. Je ne suis pas assez éloquent pour peindre cette entrevue inopinée, dont on a le sentiment sans pouvoir la retracer. Dès qu'ils eurent essuyé leurs larmes de joie, Charles leur dit :

Mes enfans, j'avois besoin de vous revoir, et j'ai bientôt franchi l'espace qui nous séparoit. Vous avez assez fait pour moi ; je viens vous récompenser. Je vous donne le pays à l'est jusqu'aux Pyrénées, et qui s'étend jusqu'à l'embouchure de l'Èbre. Vous allez y trouver de l'or, de l'argent, beaucoup de subsistances, des chevaux, des bestiaux en quantité, de beaux meubles, du linge, de belles maisons. A la vérité, il faut le prendre aux Maures, mais ils sont vaincus avant de combattre. Vous aurez la peine de tuer ces infidèles ; je vais vous aider : suivez-moi.

Aussitôt Charles prend le chemin de Huesca,

une des plus fortes places des Maures ; Alphonse le suit ; le duc Guillaume vole sur ses pas avec l'armée. Ils arrivent devant la place : l'ennemi ne paroissoit pas. *J'avois raison*, dit Charles, *ils sont vaincus : ils n'osent paroître.*

Une partie de l'armée reste éloignée de la place à une portée de fusil ; l'autre monte à l'assaut de tous côtés : la place est enlevée. Les Français y entrent. L'on passa au fil de l'épée tout ce qui s'y trouva, hommes, femmes et enfans.

Charles laisse une bonne garnison dans la place, et prend avec le reste de l'armée, conduite par Guillaume, le chemin de l'Èbre, dont ils suivent la rive gauche. Le lendemain seulement ils aperçurent les ennemis, à moitié chemin de Huesca à Lérida. Charles aussitôt appuie la droite de son armée sur le fleuve ; Alphonse se met au centre ; le duc Guillaume, avec l'aile gauche, s'étend du côté de Balbastro, afin d'attaquer l'ennemi en flanc et de le tourner. Les Maures ne bougeoient pas ; mais bientôt l'on voit de grands mouvemens à leur droite ; le centre aussi s'en mêle ; il n'y eut plus lieu de douter que Guillaume les avoit attaqués. Alphonse se jette sur leur centre déjà occupé ; leur gauche y court. Charles les attaque en flanc et sur les derrières ; leur déroute est complète. On n'eut plus que la peine de les poursuivre jusqu'à Lérida, en assommant tout ce qu'on put joindre. Il se trouva que la cavalerie française avoit été plus leste que les Maures; elle étoit entrée dans Lérida, dont les portes étoient ouvertes, et où il n'y avoit qu'une foible garnison. Les Français y sabrent tout ce qu'ils y trouvent, et, lorsque les vaincus y arrivèrent, ils furent rejetés par la cavalerie française sur l'armée victorieuse. Les Maures mettent bas les armes, et se rendent. Charles préféra les faire prisonniers, plutôt que d'exciter leur désespoir par la destruction et la mort.

Le lendemain les Français arrivèrent à Tortose; la garnison se rendit à la première sommation, mit bas les armes et prit le chemin de Valence.

Charles enleva Tarragone, Barcelonne et alla attaquer Girone. Cette place, déjà assiégée par des Français, fut bientôt emportée d'assaut malgré les efforts et la bravoure des Musulmans. C'est une chose presque incroyable que tout ce pays, hérissé de places fortes, fut évacué dans si peu de temps. Charles le donna aux Catalans, qui for-

moient son armée, sous condition de le dé- *Ere chrétienne.*
fendre contre toute attaque : cette province fut
nommée, de leur nom, la *Catalogne*. Une   *Il donne aux Catalans qui formoient son armée, la province nommée Catalogne de leur nom.*
chronique du temps dit que l'on y tua plus de
quatre cent mille Maures. Cette conquête cou-
vroit entièrement le royaume de France et celui de Navarre. Ce furent ces colonies fran-
çaises qui formèrent dans la suite le royaume
d'Aragon, dont les rois sont devenus rois de
Castille.

Des troubles survenus en Allemagne y rap- *Charles retourne en Allemagne.*
pelèrent bientôt le héros du siècle. Il se trou-
voit par-tout, au nord, au midi, à l'est comme
à l'ouest, lorsqu'il y jugeoit sa présence nécessaire. Il paroissoit : il n'y avoit plus ni trouble
ni obstacle.

C'est dans ces entrefaites que mourut le pape
Adrien. L'on nomma, le 26 décembre, pour
le remplacer, un Romain qui prit le nom de
Léon III. Il se hâta d'envoyer à Charles l'éten- 796.
dard de Rome, en le priant de députer quelqu'un pour recevoir le serment de fidélité des
Romains.

Pendant l'hiver, le roi trouva dans le pays *Il bâtit Aix-la-Chapelle.*
de Juliers des bains chauds, près desquels il
fit bâtir un palais magnifique, décoré de marbre d'Italie, et élever une chapelle en l'hon-

Ere chrétienne. neur de la sainte Vierge : ce qui fit nommer ce lieu *Aix-la-Chapelle*. Il fit démolir les murs romains de Verdun pour construire sa nouvelle ville, et y fit dans la suite sa résidence, afin d'être plus près de ses conquêtes en Allemagne.

797. L'année suivante, l'Orient donna encore au monde un exemple cruel des crimes atroces où l'ambition peut conduire la race humaine.

On vit une furie, envieuse du commandement, faire arracher les yeux à son fils Constantin VI, qui en mourut bientôt.

798. Que de perversités, lorsque la religion ne dirige plus les actions des hommes ! Des prêtres en donnèrent à Rome cette année une preuve malheureusement trop éclatante. Des parens du dernier pontife, jaloux de l'élévation de Léon, après l'avoir calomnié, l'attaquèrent en pleine rue, l'accablèrent de coups, l'enfermèrent à demi-mort dans une prison monastique.

799. Le pontife s'échappa, et alla trouver le héros de la France, qui le renvoya comblé d'honneurs, devancé par des troupes. Il lui promit de passer bientôt en Italie.

Les îles Majorque, Minorque se donnent à la France. Les îles Baléares, Majorque et Minorque se donnèrent cette année à la France, pour en être protégées contre les pirates sarrasins.

IXᵉ SIÈCLE.

Ce siècle n'auroit eu aucune illustration sans Charles, roi de France, qui reçut le titre d'empereur d'Occident, et le surnom de *Maximus*, *très-grand*. Il le mérita non-seulement par le grand éclat de ses victoires, mais plus encore par la sagesse de son gouvernement et la connaissance parfaite qu'il avoit des choses et des hommes. Personne ne protégea plus que lui les lettres et les arts; personne ne prit plus de soin à étendre la religion : c'est elle qui lui fit entreprendre la guerre avec les Saxons et les autres peuples de l'Allemagne, qui lui donnèrent tant d'embarras; c'est elle qui le conduisit deux fois en Espagne et plusieurs fois en Italie.

Ere chrétienne.

Jamais prince n'honora autant les évêques : il les faisoit manger à sa table, et les servoit à l'autel.

Il établit la dîme sur toutes les propriétés, et la divisa en trois parts; l'une pour l'entretien des Églises ; l'autre pour celui des pauvres; la troisième pour la subsistance des pasteurs. Ceux-ci, après lui, s'arrogèrent le tout.

Charlemagne illustra aussi ce siècle par le rétablissement des lois. Il ordonna des peines plus sévères contre les crimes. L'adultère, le viol furent sévèrement punis; l'homicide emporta la mort; le voleur eut l'œil arraché; on lui coupa le nez en cas de récidive, et le troisième larcin attira la peine de mort; le parjure eut la main coupée, peine qu'on pouvoit racheter par argent.

Lorsque ce prince fut mort, Louis, son fils, qui lui succéda, gâta tout par sa trop grande bonté et sa trop grande foiblesse pour sa femme et ses enfans. Son empire fut divisé, morcelé pour les satisfaire, et ces enfans ingrats le détrônèrent ensuite.

Dans l'Orient, ce ne fut que troubles et meurtres.

Les Normands vinrent désoler la France, et la division des princes du sang royal enleva le trône à la race de Charlemagne.

Pareille chose arriva aux Sarrasins sous le règne d'Alamin. Quatorze tyrans s'établirent sur les ruines du califat dans les premières années de ce siècle; le premier à Bagdad; le second, qui prit l'Égypte, demeura au Caire; le troisième, qui se saisit d'une grande partie de l'Afrique, résida à Cairoven; le quatrième à Maroc. *Ère chrétienne.*

Les autres, moins considérables, régnèrent à Tunis, à Alger, à Tripoli, à Fez, dans la Mauritanie, en Espagne, en Sicile.

On vit s'élever en Espagne plusieurs royaumes chrétiens, celui de Navarre, celui d'Aragon.

Les rois des Asturies s'agrandirent par la divison des Maures; ils leur reprirent la vieille Castille, l'ancien pays des Vaccéens, si fertile en blé, en pâturages. Un royaume se forma dans la Grande-Bretagne sur les débris des sept principautés des Anglo-Saxons : on le nomma royaume d'Angleterre.

Presque toute l'Europe devint chrétienne par les soins de Charlemagne, qui fut mis dans la suite au nombre des saints; mais aussi l'on vit le clergé profiter de l'ascendant que lui donnoit la piété des princes pour se rendre puissant et despote, oser même soutenir la révolte des enfans des princes contre leurs pères.

Au commencement de ce siècle, Charles passa les Alpes, arriva à Rome dans le mois de décembre, et eut pendant six jours des conférences secrètes avec le Pape, qui, dans une assemblée de pontifes, tenue quelques jours

800.

après, se purgea par serment de son accusation.

Le Jour de Noël, Charles va entendre la messe dans l'église de Saint-Pierre (1). Le Pape, au milieu des cérémonies de l'Église, descend inopinément de l'autel, va vers ce prince, met une couronne sur sa tête, et le peuple, qui s'y étoit rendu en foule, autant à cause de lui qu'à cause de la grandeur de la cérémonie, s'écria de toutes parts, sans être prévenu :

Vie et victoire à Charles-Auguste, couronné de la main de Dieu, grand et pacifique empereur des Romains!

Lorsqu'il fut élu empereur, il se trouvoit maître des Gaules, de l'Espagne jusqu'à l'Èbre, de la Lombardie, de la Rhétie, de la Norique, de l'Istrie, de la Liburnie, de la Pannonie (Autriche) jusqu'aux confins de la Bulgarie et de la Thrace, de la Valachie, de la Moldavie, de la Transylvanie, de tout le pays entre le Rhin et la Vistule, le Danube et la

---

(1) L'année commençoit à cette époque le jour de Noël : voilà pourquoi des auteurs datent de 801 le couronnement de Charlemagne comme empereur, au lieu de le dater de 800.

mer Baltique. Il possédoit Trèves, Arles, Milan, Ravenne, qui avoient été les résidences des empereurs d'Occident; il étoit maître à Rome.

Il ne restoit à l'empereur d'Orient en Italie que Naples et la Sicile. Charlemagne pouvoit facilement s'en saisir; mais l'impératrice Irène, usant de politique, le reconnut empereur, envoya le complimenter, et le héros respecta Naples et la Sicile.

Il établit Bernard comte de Barcelonne, et tourna ensuite ses regards du côté de la Grande-Bretagne.

Les Anglo-Saxons, peuples d'Allemagne, que les Bretons avoient appelés à leur secours contre l'incursion des Écossais ou des Pictes, des Irlandais ou Hiberniens, avoient donné le nom d'*Angleterre* à ce pays, qu'ils avoient divisé, vers l'an 449, en sept principautés, ainsi que nous l'avons dit déjà.

Celle de l'ouest, dont Cerdicius prit la qualité de roi en 520, devint la plus forte, depuis Cédovalla, qui reçut le nom de *Pierre* lorsqu'il fut baptisé à Rome par le pape Sergius. Sept successeurs de sa race, dont le dernier étoit Egbert, avoient toujours augmenté leur puissance. Egbert venoit de réunir ces sept

Ere chrétienne.

Il est reconnu par Irène.

801.
Il établit Bernard comte de Barcelonne.

Monarchie anglaise.

petits royaumes, dont il s'étoit déclaré roi.

Les Écossais en conçurent de l'inquiétude, et réclamèrent la protection de l'empereur Charlemagne, qui la leur accorda, et fit un traité avec Anchole, leur roi. Ces peuples étoient braves, intrépides; l'empereur sentit combien cette alliance pouvoit lui être utile à maintenir les Anglais, et à les empêcher de faire des courses vers la France.

La même année, l'impératrice Irène, désirant s'affermir sur un trône souillé du sang de son fils Constantin, fit proposer à Charlemagne de l'épouser, afin de remettre dans ses mains tout l'empire romain.

Charlemagne envoya des députés pour négocier ce mariage : il étoit conclu, lorsque le chancelier, le patrice Nicéphore, découvrit à l'armée et aux grands de l'empire ce projet, qui alloit les faire passer sous la domination d'un prince français.

Les grands, qui abhorroient Irène depuis son crime, irrités de son dessein, conseillèrent à Nicéphore de se laisser proclamer empereur; le peuple, l'armée se réunirent à ce vœu, et il fut couronné. Il fit enfermer aussitôt l'impératrice Irène dans un monastère de l'île de Lesbos, près de la Troade, où elle ne vécut qu'un an, et fit arrêter également les députés de Charlemagne. Ce prince, indigné de la conduite de Nicéphore, lui ordonna de rendre la liberté à ses ambassadeurs, s'il ne vouloit pas bientôt le voir à Constantinople. Nicéphore s'empressa de les lui renvoyer avec une ambassade solennelle, qu'il reçut à Saltz, sur la Sala, en Thuringe. Ces ambassadeurs furent grandement étonnés de la magnificence de sa cour et de ses seigneurs, qu'ils prenoient pour autant de rois.

Bientôt il y eut un traité de partage entre ce prince et l'empire grec, qui ne garda dans l'Occident que la Calabre, la Sicile, la côte maritime de Naples, la Dalmatie et Venise; mais Venise encore lui échappa : elle se déclara indépendante.

Quelque temps après, Nicéphore, prince lâche et cruel, fit couronner son fils Staurace, plus méprisable encore.

Bélam devint roi de Bohême par la mort de son père Crzezonisle.

Charlemagne convoqua ensuite une grande assemblée de ses peuples à Thionville, et partagea ses États entre ses trois fils, qu'il avoit eus d'Hildegarde, sa troisième femme. Ce fut la plus grande faute de ce prince.

Ere chrétienne.

803.

804.

806.

Ère chrétienne.

807.

L'année suivante, les Normands, peuples du nord de la mer Baltique, vinrent exercer leurs pirateries sur les côtes de la Neustrie, et furent réprimés.

Charlemagne, pendant la paix, soignoit avec la plus scrupuleuse vigilance l'intérêt de ses peuples. Non content de faire fleurir chez eux la religion chrétienne, il y invitoit, par ses ambassadeurs, tous les princes de l'Europe, tel que Biorn, roi de Suède, où il avoit envoyé, en 802, Ébon, prêtre très-pieux, qui établit un évêché dans la ville de Lincopen; tel qu'Egbert, roi d'Angleterre. Il engagea ce dernier à assujétir son royaume à payer, par chaque feu, un sterling à saint Pierre, en la personne des papes, ses successeurs.

808.

Il fut très-affecté de la mort du calife Haroun-al-Raschid, parce que ce grand homme, qui eut pour successeur Ibrahïm, ne contrarioit pas les Chrétiens.

810.
Mort de son fils Pépin, roi d'Italie.

811.
Bernard lui succède.

Les dernières années de Charlemagne ne furent pas heureuses; on eût dit que le partage qu'il avoit fait à ses enfans n'étoit pas agréable à Dieu. Pour l'affliger et l'éprouver, il lui enleva d'abord son fils Pépin, roi d'Italie, à qui succéda Bernard, son fils.

L'année suivante, il perdit Charles, l'aîné

de ses enfans, prince qui donnoit les plus belles espérances, et qui devoit le remplacer sur le trône impérial : c'étoit celui que Charlemagne aimoit le plus.

<small>Ere chrétienne.
—
Mort de Charles, fils aîné de Charlemagne.</small>

Ce sont de terribles leçons pourtant que Dieu donne aux plus grands potentats de l'univers : il leur apprend qu'ils tiennent tout de lui, que tout est entre ses mains, et qu'ils ne sont, comme les autres, que des instrumens dont il se sert pour remplir ses vues !

Charlemagne fut très-affligé de ces pertes ; mais il se résigna à la volonté divine, et n'en murmura pas.

Il y avoit deux empereurs en Europe : Charlemagne en Occident ; Nicéphore en Orient. Ils formoient entre eux un contraste bien frappant.

Charlemagne étoit bon, juste, ne régnoit que par les lois ; Nicéphore étoit cruel, injuste, tyran. Charlemagne avoit beaucoup de politesse, beaucoup de religion ; Nicéphore étoit rude, sauvage, infidèle, et n'avoit ni honneur ni religion. Charlemagne enfin étoit magnanime, aimé de ses peuples ; et Nicéphore étoit lâche, abhorré de tous ses sujets. Il fut tué avec la plus grande partie de ses généraux dans une guerre qu'il entreprit contre les Bulgares.

Staurace, empereur d'Orient.

Staurace, son fils, lui succéda ; mais il ne régna que deux mois, et fut déposé, rasé, mis dans un cloître.

Michel, empereur d'Orient.

On proclama empereur Michel, capitaine du palais, qui avoit épousé Procopie, sœur de Staurace.

Peu après, Edan V devint roi d'Hibernie par la mort de Donchad, son père.

L'empereur Michel Curopolate écrivit à l'empereur Charlemagne pour obtenir son amitié ; mais Crumnus, roi des Bulgares, avoit juré la perte de l'infâme Nicéphore, de toute sa famille, et ne voulut jamais entrer en négociation avec son gendre.

812.

L'empereur Michel, après avoir associé à l'empire son fils Théophilacte, marcha contre les Bulgares, et ses fausses manœuvres firent

813.

massacrer son armée, dont presque tous les généraux furent tués. Les peuples se révoltè-

Léon, empereur d'Orient.

rent contre lui, proclamèrent empereur Léon d'Arménie, et Michel fut obligé de se retirer dans un monastère avec son fils.

La même année, Charlemagne associa à l'empire Louis, roi d'Aquitaine, le seul qui lui restoit de ses trois fils. Il lui ordonna de prendre la couronne sur l'autel, pour faire entendre qu'il ne la tenoit que de Dieu.

Une fièvre maligne priva, le 28 janvier, la France et l'empire de ce grand et vertueux monarque, qui étoit âgé de soixante-douze ans, et avoit régné quarante-six ans.

Ère chrétienne.

Il avoit eu trois femmes et autant de concubines ; mais il ne faut pas en conclure que c'étoit un prince débauché, menant une vie licencieuse. Sa maison, au contraire, étoit un modèle d'ordre. Il donnoit l'exemple de la simplicité, de l'économie, de la véritable grandeur. Il étoit ordinairement vêtu de peau de loutre sur une tunique de laine, tandis que les seigneurs de sa cour se paroient d'étoffes de soie, de pelleteries précieuses, dont les Vénitiens faisoient déjà un grand commerce. Il avoit pour chaussures des bandes d'étoffes de diverses couleurs.

814.

C'est lui qui a introduit la méthode de compter par livres, sols et deniers. Il fit tailler, dans une livre d'argent, vingt pièces qu'il nomma *sols*, et, dans un de ces sols, douze pièces qu'il nomma *deniers* : il y avoit donc deux cent quarante deniers dans la livre, comme aujourd'hui ; mais elle n'est plus qu'idéale et numérique, à cause de l'alliage des monnaies.

Jamais prince ne fut plus attentif que lui

Ere chrétienne.

au soin de ses peuples ; il faisoit consister la véritable grandeur à les rendre heureux et à veiller à ce que la justice leur fût rendue exactement.

Des envoyés royaux parcouroient, chaque trimestre, les provinces, pour examiner la conduite des gouverneurs, celle des magistrats et gens du roi, surveiller les receveurs des deniers publics, et recevoir les plaintes des sujets. Il leur étoit défendu de loger et manger chez les fonctionnaires publics, et ordonné de se rendre accessible à tout le monde.

Charlemagne aimoit les femmes ; mais jamais elles ne lui firent commettre d'injustices; jamais elles ne l'ont détourné de ses devoirs ni de l'honneur, et jamais il n'a été prodigue envers elles.

Règne de LOUIS-LE-DÉBONNAIRE, roi de France, empereur d'Occident.

Louis Ier, surnommé *le Débonnaire*, à cause de sa douceur et de sa trop grande bonté, étoit roi d'Aquitaine depuis trente-deux ans, lorsque la mort lui enleva Charlemagne, son père.

Ere chrétienne.

Dès qu'il fut empereur, il réforma la cour, renvoya les femmes qui n'y étoient que pour le divertissement, et ordonna que cette charte fût déposée dans les archives du palais.

Le pape Léon III avoit l'intention de passer en France pour le sacrer; mais il tomba malade et mourut l'année suivante.

816.

Le pape Étienne V lui succéda au mois de juin, et vint sacrer l'empereur Louis, ainsi qu'Hermangarde, son épouse, à Rheims en Champagne.

Le pape Étienne V, vient sacrer Louis à Rheims.

Peu après, Louis fit rois ses trois fils. Il associa Lothaire, son fils aîné, à l'empire, donna l'Aquitaine à Pépin, et la Bavière à Louis.

817.

Il associe Lothaire à l'empire, et fait rois ses deux autres fils.

D'après des plaintes qui lui furent portées, il défendit aux ecclésiastiques d'accepter au-

Il défend au clergé d'accepter des donations des proches.

cunc donation au préjudice des proches parens ou des enfans, et les déclara nulles. Cette loi juste et sage lui attira la haine du clergé, qui ne contribua pas peu à la mauvaise conduite de ses enfans envers lui.

A peine le pape Étienne V fut-il de retour à Rome qu'il mourut, et Pascal Ier lui succéda.

Bernard, petit-fils de Charlemagne et roi d'Italie, irrité du partage de Louis, son oncle, leva des troupes et marcha contre lui ; mais, lorsque les deux armées furent en présence, celle de Bernard le livra à Louis, qui eut la barbarie de lui faire crever les yeux, et ce valeureux prince en mourut trois jours après.

818. L'année suivante, Louis eut un nouveau chagrin : il perdit l'impératrice Hermangarde, qu'une maladie chronique lui enleva, et donna à son fils Lothaire le royaume d'Italie. Il se trouvoit seul, isolé, plongé dans la mélancolie. Des courtisans cherchèrent à l'en tirer, en lui présentant le portrait de Judith, fille du duc Velpon, l'un des grands seigneurs de Bavière, descendant des anciens ducs ; elle plut à l'empereur, qui l'épousa à la fin de l'année.

819. Gongale III venoit de succéder à Anchole,

son père, roi d'Écosse, allié de Louis, et renouvela cette alliance. {Ère chrétienne.}

C'est dans ces entrefaites que Michel *Traule* ou *le Bègue*, homme sans naissance, sans religion, comme sans esprit, conspiroit contre les jours de l'empereur Léon l'Arménien.

L'empereur le fit condamner au feu; mais malheureusement l'impératrice fit retarder l'exécution après les fêtes de Pâques, et Michel menaça ses complices de les découvrir s'ils ne tuoient pas l'empereur. Poussés par cette crainte, ils se rendirent à l'église, où Léon psalmodioit avec les chantres, le percèrent de coups, lui tranchèrent la tête. Ils allèrent ensuite à la prison, en firent sortir Michel, et le proclamèrent empereur sous le nom de *Michel II*. Le peuple et les grands furent effrayés de cette étrange révolution, et personne n'osa s'y opposer. {820. Michel II usurpe le trône d'Orient.}

Lothaire eût pu facilement se saisir de la Calabre et du royaume de Naples; il n'y avoit pas de mesures à prendre avec un brigand; mais tel étoit le caractère des descendans de Charlemagne, qu'ils préférèrent se nuire plutôt que de maintenir leur puissance.

L'empereur Louis, tout occupé de la religion, dont Charlemagne avoit profondément gravé dans son âme les principes, se laissoit conduire et diriger par les prêtres, qui ne cessoient de lui parler de la mort de Bernard, son neveu, et des cruels traitemens qu'il lui avoit fait éprouver. Tourmenté continuellement de cette mort, l'empereur fit assembler un concile à Attigny.

Ere chrétienne.

822. Il décida que Louis devoit faire une pénitence publique de ce crime, et ce bon et vertueux prince se dépouilla des ornemens impériaux, se soumit à cette pénitence, afin d'obtenir du ciel le pardon de ses fautes.

Louis se soumet à une pénitence publique.

823. Les Arabes, plus attentifs aux événemens que lui, plus politiques, prirent l'île de Crète à la faveur des troubles qui désoloient l'empire d'Orient.

Louis se consoloit auprès de Judith, sa seconde femme, qui lui donna cette année un fils, qu'il nomma Charles. Il restoit dans l'inaction, jouissant paisiblement des grandeurs que

824. lui avoit laissées son père. Peu après, le pape Pascal mourut.

Un Romain, qui prit le nom d'Eugène II, lui succéda, malgré les intrigues de Zizinnus, qui se fit proclamer par le peuple.

Ramire I er, roi des Asturies.

Ce fut cette année que la mort donna à Ramire, fils de Beremont, le royaume des Asturies, en tranchant le fil de la vie du vertueux Alphonse II, qui ne laissa point de postérité.

Gongale III, roi d'Écosse, mourut aussi sans héritier; Dongale, fils du feu roi Solvathie, lui succéda, et renouvela l'alliance des Écossais avec la France.

Les Maures, toujours prêts à profiter des circonstances, essayèrent Don Ramire, roi des Asturies, pénétrèrent dans ses États: ce prince les repoussa et remporta sur eux plusieurs avantages.

Ils revinrent en plus grand nombre; mais Ramire s'étoit disposé à les recevoir. Après plusieurs petits combats, où il eut toujours la supériorité, l'on en vint à une affaire générale. Les Mahométans y furent exterminés, et laissèrent sur la place plus de soixante mille hommes. Ce carnage effroyable, à la suite duquel Ramire leur prit plusieurs villes, les rendit plus circonspects, et ils n'osèrent plus l'attaquer.

Quelques mois après cette victoire, le pape Eugène, qui avoit ordonné des prières publiques pour en remercier Dieu, fut appelé à une autre vie. Valentin devint souverain-pontife; mais il fut retiré de ce monde quarante jours après son élévation.

On élut, malgré lui, Grégoire IV, pour le

Ere chrétienne.

825.

826.

Il extermine les Maures.

827.

remplacer. C'est lui qui établit la fête de tous les Saints, tandis que Anselme, archevêque de Milan, faisoit faire un recueil de canons et de lois.

828. L'empereur Louis, toujours occupé des soins de la religion, assembloit plusieurs conciles pour réformer les mœurs et les abus, à Mayence, à Paris, à Lyon, à Toulouse.

Les Gascons s'emparent de la Navarre.

Pendant qu'il étoit occupé de ces objets et qu'il présidoit lui-même le concile de Paris, les Gascons se révoltèrent, s'établirent dans la Navarre, en nommèrent roi *Eneco*, un de leurs principaux seigneurs qui les commandoient.

Ses successeurs furent Ximénès Innigo et Innigo Ximénès, dont l'histoire ne nous laisse que les noms. Leurs descendans se rendirent maîtres du royaume d'Aragon. L'ambition de l'impératrice Judith empêcha l'empereur Louis-le-Débonnaire de réprimer leurs entreprises.

829. Elle le força à donner à Charles, son fils, la Rhétie et une partie du royaume de Bourgogne : ce qui révolta les fils de Louis. Ils s'armèrent contre leur père et l'obligèrent à exiler Judith. Pendant ces divisions, Eneco se fortifia dans son usurpation, et il ne fut plus possible de le faire ensuite rentrer dans le devoir.

C'est cette année que mourut, en Orient, l'empereur Michel-le-Bègue.

Ere chrétienne.

Théophile, son fils, lui succéda, et commença son règne par faire mourir ceux qui, avec son père, avoient conspiré contre la vie de l'empereur Léon, crime pour lequel ils croyoient bien ne plus être recherchés.

Théophile, empereur d'Orient.

L'année suivante, Dongale, roi d'Écosse, mourut sans enfant, et les Écossais proclamèrent roi Alpin, fils d'Anchole, qui renouvela l'union avec la France.

830.

L'empereur Louis rappela l'impératrice Judith, exila Vala, son premier ministre, et déshérita, en faveur du jeune Charles, Pépin, son fils, roi d'Aquitaine, coupable d'une seconde révolte.

831.

Bientôt la guerre civile se ralluma. Les trois frères se liguèrent contre leur père; Grégoire IV, trompé, soutint leur révolte. On se battit avec acharnement. Louis enfin succomba et tomba entre les mains des rebelles, qui le déposèrent; mais les deux frères Pépin et Louis, pénétrés de remords, jaloux d'ailleurs de la grande autorité de leur frère Lothaire, qui la leur faisoit sentir, s'unirent contre lui, et rétablirent leur père sur le trône impérial, après lui avoir fait promettre qu'il s'en rapporteroit à

833.

834.

eux pour l'établissement de Charles, son jeune fils.

Mutazem avoit succédé à Almamum, calife de Bagdad.

Alpin, roi d'Écosse, avoit été tué dans un combat qu'il avoit livré aux Pictes. Kenette II, son frère, qui les avoit battus et chassés du royaume, venoit d'être proclamé roi.

836. La mort d'Édan V, roi d'Irlande, mit, cette année, Coconcobar sur le trône, et Hel-
837. volde monta sur celui d'Angleterre l'année suivante, Egbert, son père, ayant fini de vivre.

838. La mort de Pépin, roi d'Aquitaine, causa bientôt de nouveaux troubles en France. Le trop foible empereur se laissa encore séduire par Judith, et partagea l'Aquitaine entre Charles, qui avoit déjà la Neustrie, et Lothaire, remis en possession de son royaume d'Italie.

Louis, roi de Bavière, outré d'un partage dont il se voyoit exclu, reprit les armes contre son père, aidé de Nostrice, roi de Bohême, qui avoit succédé à son père Bélam. Le malheureux empereur, dévoré de chagrins, marchoit contre son fils rebelle, déjà abandonné de son allié, et fut effrayé d'une éclipse de soleil qui
839. survint pendant qu'il étoit en route : il la prit pour un présage de sa fin prochaine, et rien ne

put lui ôter cette sinistre pensée. Il fut attaqué, peu de jours après, d'une fluxion de poitrine, près de Mayence, et, malgré tous les efforts de l'art, il y succomba le 20 juin, âgé de soixante-quatre ans, trop frappé de l'idée de sa mort, qui avoit donné de la force à cette maladie.

Ere chrétienne.

840.

Règne de LOTHAIRE, empereur d'Occident.

L'empereur Lothaire, roi d'Italie, crut que la qualité d'empereur le rendoit le souverain de ses frères, et oublia bientôt les sermens qu'il avoit faits de défendre le jeune Charles. Il entreprit, au contraire, de le dépouiller, de rétablir Pépin, son neveu, dans l'Aquitaine. Louis, roi de Bavière, prit le parti de Charles, et ces frères, petits-fils de Charlemagne, armèrent de part et d'autre.

Pépin étoit déjà reconnu roi d'Aquitaine par ces peuples, qui chérissoient la mémoire de Pépin, son père, fils de l'empereur Louis.

Les deux armées se rencontrèrent le 24 juin

841.

à Fontenai, près d'Auxerre ; et le lendemain, samedi 25 juin, il se donna, entre les quatre rois, le combat le plus sanglant, le plus opiniâtre que l'on ait jamais vu dans la monarchie française. Il périt cent mille hommes dans cette funeste journée ; la victoire resta à Charles et à Louis, roi de Bavière. Lothaire et Pépin prirent la fuite : heureusement pour eux que les vainqueurs ne les poursuivirent pas.

842. Les trois frères rois se réconcilièrent ensuite par des préliminaires, qui fixèrent la ratification du traité à Verdun, sur la Meuse, au mois d'août de l'année suivante. Charles, reconnu roi de France, se maria dans son palais de Quierci sur Oise, avec Hermantrude, fille de Vodon, comte d'Orléans, et il y eut à cette noce de magnifiques tournois, où chaque seigneur de la cour y avoit pris des bannières distinctives, qui donnèrent naissance aux armoiries.

Règne de CHARLES-LE-CHAUVE, roi de France.

Origine des armoiries.

C'est cette année que Théophile, empereur d'Orient, mourut de la dyssenterie, et Michel III, son fils, lui succéda sous la tutelle de Théodora, sa mère. Les enfans de Louis-le-Débonnaire s'assemblèrent à Verdun, comme il avoit été convenu, et firent leur partage à l'amiable.

Michel, empereur d'Orient.

843.

Lothaire, outre l'Italie et le titre d'empereur, eut la Provence, le Lyonnais, la Franche-Comté, le Hainaut, le Cambrésis, et le pays compris entre le Rhin et l'Escaut.

Louis eut le pays au-delà du Rhin, avec les villes et territoires de Worms, de Spire et de Mayence ; ce qui lui donna le surnom de *Germanique*. Depuis ce moment l'Allemagne a eu des souverains particuliers.

Charles-le-Chauve eut l'île de France, la Neustrie, et l'Aquitaine jusqu'aux confins de l'Espagne.

Pépin n'eut rien ; il fit beaucoup de mal à Charles, sous la puissance duquel il succomba dans la suite.

Ere chrétienne.

Partage des enfans de Louis-le-Débonnaire.

Au commencement de l'année suivante, le pape Grégoire IV cessa de vivre, et Sergius II lui succéda le 10 février.

844.

Pépin se soutenoit en Aquitaine contre les armes de Charles-le-Chauve, et remporta même contre lui de grands avantages.

845.
846.

C'est pendant cette guerre injuste de Charles que mourut le pape Sergius II, qui eut pour successeur Léon IV.

847.

Les Normands, peuples du Nord, qui, des bords de la mer Baltique, venoient, depuis cinq ans, ravager la Neustrie, favorisoient

Pépin, en forçant Charles à diviser ses forces.

Ramire, roi des Asturies, cessa de vivre; Ordogno, son fils, lui succéda. La seconde année de son règne il fit une si grande boucherie des Maures, que les Musulmans n'osèrent plus paroître.

Les peuples de l'Aquitaine, révoltés du despotisme de Pépin, l'abandonnèrent, et il tomba au pouvoir de Charles, son oncle, qui le relégua dans le monastère de Saint Médard à Soissons. Charles fit ensuite trancher la tête à plusieurs seigneurs de son parti, prévenus d'avoir favorisé les pirateries des Normands sur les côtes de la Neustrie et de la Bretagne. Le roi de France, devenu maître du royaume d'Aquitaine, pensa à reprendre la Navarre; mais Garcias Ier, qui occupoit ce trône depuis deux ans, étoit un prince intrépide qu'il n'osa jamais attaquer.

L'église chrétienne étoit troublée depuis la même époque en Orient, par l'orgueil et l'ambition de Photius, patriarche de Constantinople, qui enseignoit que le Saint-Esprit ne procédoit pas du fils. Il soutenoit que la translation de l'empire romain dans l'Orient donnoit la suprématie au patriarche de Constantinople, comme si la religion chrétienne étoit dépendante du caprice des hommes, comme si la translation d'une cour à une autre ville influoit sur la successibilité apostolique. Ce fut pourtant avec ces raisonnemens spécieux et sophistiques qu'il parvint à séparer l'église grecque de l'église latine.

Ere chrétienne.

L'église grecque se sépare de l'église latine.

Les Écossais se battoient toujours avec l'Angleterre. Donald V, roi d'Écosse, fut vaincu; poursuivi par les vainqueurs, il termina ses jours dans la crainte de tomber entre leurs mains, et Constantin II, fils de Kenette, lui succéda; mais Charles II, son allié, attaqué par les Normands, ne put lui donner de secours.

853.

L'empereur Lothaire étoit tranquille dans ses États : cependant, dégoûté du monde, il fit couronner Louis II, son fils, mit Lothaire, son autre fils, en possession des provinces entre le Rhône, la Saône, la Meuse, l'Escaut, le Rhin, et lui donna le titre de roi de Lotharingia, d'où est venu le nom de *Lorraine*.

854.

Il laissa à Charles, son troisième enfant, le royaume de Provence, situé entre le Rhône, la Méditerranée et les Alpes.

Charles-le-Chauve, aux prises avec les Normands, qui venoient faire des courses jusqu'à Paris, n'étoit pas en état de s'opposer à ces partages qui démembroient la monarchie française : sa foiblesse dirigea donc sa conduite.

855. L'empereur se retira ensuite dans l'abbaye de Prum, où il mourut la même année.

Léon IV lui survécut peu, et eut pour successeur Benoît III.

Règne de Louis II, empereur d'Occident, roi d'Italie.

L'empereur Louis étoit un prince de beaucoup de bravoure : personne n'osa l'attaquer.

856. La première année de son règne, Borrivorge, duc de Bohême, embrassa la religion chrétienne, tandis que Michel III, empereur de Constantinople, le Néron, le Sardanapale de son siècle, chassoit Théodora, sa mère, de la cour, et faisoit périr ceux qui lui déplaisoient.

C'est dans ce temps que Noménoë, duc de Bretagne, profitant des embarras de Charles II, s'arrogea le titre de roi.

857. L'année suivante, Éthelbald succéda à Éthelvod, roi d'Angleterre, son père.

Benoît III mourut peu après, et l'on donna la thiare à Nicolas Ier, *le Grand*.

Cette année, l'esprit de révolte troubla toute la France, et les grands engagèrent Louis-le-Germanique à s'emparer du trône. Il arriva à la tête de ses troupes, reçut l'hommage de la plupart des seigneurs, et Vénillon, archevêque de Sens, s'empressa de favoriser ses desseins. Louis renvoya ensuite, croyant être affermi dans son usurpation, une grande partie de son armée; mais les archevêques de Rheims et de Rouen prirent le parti de Charles, lui procurèrent des troupes, et Louis fut forcé de se retirer précipitamment dans la Germanie. Charles eut la foiblesse de pardonner au factieux Vénilon, qui garda ses dignités.

Avec un peu plus de précaution et moins de sécurité, Louis-le-Germanique auroit détrôné Charles; car les Normands infestoient la Neustrie, l'Isle-de-France, et y mettoient tout à feu et à sang. Ils pillèrent et brûlèrent la ville de Bayeux, qui ne se releva que quand Rollon devint comte de Neustrie. Charles n'avoit pour lui que Baudoin, dit *Bras-de-Fer*, qui força Louis à la retraite avec les troupes qu'il avoit déjà. Charles, pour récompenser

Ere. chrétienne.

858.

859.

860.

son zèle, érigea, en sa faveur, la Flandre en comté relevant de la couronne.

L'empire d'Orient éprouva de plus grands maux encore : indépendamment de ce qu'il étoit désolé par les cruautés, les débauches de Michel III, une peste charbonnée, qui commença dans la Calabre et dans la Sicile, pénétra à Constantinople, y fit des ravages effroyables. Les malades ne voyoient que des croix et des diables. Cette peste, qui dura trois ans, emporta presque tous les habitans de Constantinople.

Il paroît que c'est dans cette calamité que Michel associa à l'empire Basile de Macédoine.

Éthelbert devint roi d'Angleterre par la mort d'Éthelbald, son frère, qui n'avoit point d'enfant.

Ordogno Ier, roi des Asturies, mourut peu après ; Alphonse III, son fils, qui fut surnommé *le Grand*, lui succéda.

Ce fut cette année que les papes commencèrent à vouloir essayer leur autorité sur les puissances temporelles.

Lothaire, roi de Lorraine, avoit été autorisé, par un concile, à répudier sa femme, à cause de sa vie scandaleuse, et avoit épousé ensuite Valdrade. Le pontife, malgré les conciles, malgré l'empereur Louis, frère de Lothaire, vouloit forcer ce roi à reprendre sa première femme, qui refusoit d'habiter avec lui. Lothaire s'y soumit à Vendenesse, diocèse de Rheims; sa seconde femme se retira dans un couvent, et la première ne voulut plus retourner avec ce prince.

Charles, roi de Provence, mourut dans cet intervalle, et le Pape donna ses États à l'empereur Louis, avec défense à Charles-le-Chauve de le troubler, sous peine d'excommunication. L'orgueil ne faisoit-il pas perdre la tête à tout le monde?

Charles-le-Chauve, voulant se donner un appui contre les Normands, érigea la Hollande en comté, relevant de sa couronne, en faveur de Thierri. 863.

Alphonse, roi des Asturies, fit crever les yeux à ses quatre frères, qui conspiroient contre lui, et marcha contre les Maures, qui devoient les appuyer. Il en fit un massacre effroyable, et, profitant de sa victoire, il se rendit maître du royaume de Léon, de tout le Portugal, qu'il ajouta aux Asturies et à la vieille Castille. 864. 865.

L'année suivante, il s'avança vers l'Estramadure, fit élever des places fortes pour garantir ses conquêtes. 866.

C'est dans ces entrefaites qu'Ételred succéda à Éthelbert, roi d'Angleterre, son frère.

Peu après, le pape Nicolas cessa de vivre; Adrien II, qui lui succéda, marcha sur ses traces.

L'empereur Michel voulut imprudemment déposer Basile de Macédoine, qu'il avoit associé à l'empire : Basile le prévint et en délivra le monde.

Lothaire II, roi de Lorraine, pressé par le pape Adrien II de venir à Rome pour se justifier sur son divorce, s'y rendit; le pontife le reçut à la pénitence; mais ce prince retournant dans son royaume, mourut subitement à Plaisance.

Le Pape donna ses États à l'empereur Louis II; mais Charles II, le Chauve, appuyé d'Hincmar, évêque de Rheims, se saisit du royaume de Lorraine, en laissant à Louis-le-Germanique, son frère, ce qui étoit voisin de lui. Le Pape fulmina; l'évêque de Rheims lui écrivit qu'il n'avoit pas le droit de disposer des royaumes; que les peuples pouvoient choisir pour rois ceux qu'ils désiroient; mais le pontife s'obstina et ne voulut entendre aucune observation. Charles, soutenu de Louis-le-Germanique, n'en garda pas moins la Lorraine ; car l'empereur Louis, occupé à réprimer les Arabes, qui s'étoient rendus maîtres de Tarente et de la terre de Bari, ne put faire valoir ses droits par les armes. Au reste, il tomba bientôt dangereusement malade, et l'orgueilleux pontife, usant de politique, se raccommoda avec Charles-le-Chauve, en lui promettant le titre d'empereur.

Garcias Ier, roi de Navarre, mourut dans ce temps ; mais les princes français étoient trop divisés pour s'opposer à ce que Garcias II, son fils, lui succédât. Ils consommèrent, par cette inaction, la révolte des Gascons, et souscrivirent tacitement à leur usurpation.

Alfred succéda à Éthelred, son frère, roi d'Angleterre.

Adrien II cessa de vivre ; Jean VIII, son successeur, nomma empereur Charles II, le Chauve, à la mort de Louis II.

Charles passa aussitôt les Alpes avec une armée, et, après avoir donné de grands présens au Pape, il en reçut la couronne impériale.

Règne de CHARLES II, empereur d'Occident et roi de France.

Ere chrétienne.

876. L'ambition de Charles II ne fut pas encore satisfaite. Lorsque Louis-le-Germanique, son frère, succomba à ses souffrances, il arma pour dépouiller ses neveux de l'héritage de leur père. Ils marchèrent tous trois contre Charles, leur oncle, peu propre à la guerre, mirent son armée en déroute, et partagèrent tranquillement la succession de leur père.

Carloman eut la Bavière, Louis fut roi de Saxe, et Charles de la Souabe.

Les Arabes, toujours aux aguets, profitèrent de l'embarras de l'empereur Charles II

877. pour s'étendre en Italie. Ce prince étoit en guerre avec ses neveux et avec les Normands, qui étoient dans ses États; il eut l'imprudence de se rendre aux sollicitations du Pape, et passa les Alpes. Aussitôt l'intrépide Carloman,

878. son neveu, roi de Bavière, entre en France, et y fait des progrès rapides.

L'empereur, à cette nouvelle, quitte l'Italie;

mais il tombe malade sur le mont Cénis et meurt dans une chaumière.

Ere chrétienne.

Tout-à-coup Carloman abandonne la France, au grand étonnement des Français, qui apprirent en même temps et la mort de leur roi, et l'arrivée en Italie de Carloman, qui reçoit à Pavie l'hommage des Italiens. Le pape Jean se retira aussitôt en France, et déclara empereur d'Occident Louis II, dit le *Bègue*, fils de Charles II.

Règnes de Louis II, roi de France, empereur d'Occident, et de Louis III.

La première année du règne de Louis, Beaudoin Ier, comte de Flandre, gendre de Charles II, cessa de vivre, et Beaudoin II, son fils, lui succéda.

Louis II mourut l'année suivante à Compiègne, âgé de trente-cinq ans, laissant deux fils, Louis III et Carloman, qu'il avoit eus d'Ausgarde, femme d'une origine obscure. Alix, sa seconde femme, princesse anglaise, étoit enceinte de Charles (le Simple).

879.

Louis III et Carloman, rois de France. Louis III et Carloman, par le secours de Boson, comte de Provence, beau-père de Carloman, montèrent sur le trône de France, et la reine Alix retourna en Angleterre, avec son fils, qui n'eut aucune part à la succession de son père.

880. Les deux frères rois, pour récompenser Boson, le déclarèrent roi d'Arles ou de Provence. Il fut couronné à Vienne par l'archevêque de Lyon, qui étoit dans ses intérêts; mais Charles III, dit le Gros, roi de Souabe, fit sentir aux jeunes rois leur défaut de politique, et ils s'unirent avec lui pour détrôner Boson.

881. Charles III, fils de Louis-le-Germanique, arriva bientôt en France avec son armée, et marcha avec les deux rois contre Boson; ils mirent son armée en déroute, et l'ayant forcé à prendre la fuite, il se retira dans les montagnes de la Savoie.

Les Normands, profitant de la conjoncture, s'étoient jetés sur la France, désoloient la Neustrie, la Picardie, et s'étendoient jusqu'à Tours; les trois rois furent obligés d'abandonner leur entreprise pour les repousser.

Louis III se rendit à Tours avec son armée, tandis que Charles et Carloman revinrent par le Nivernais dans l'Isle-de-France. Sans s'arrêter, ils marchent contre les Normands, les rencontrent à Saucourt, dans le Ponthieu, les attaquent avec fureur, et en font une boucherie épouvantable.

Ère chrétienne.

Bataille de Saucourt.

La joie de ces victoires fut bientôt troublée par la maladie dangereuse qui surprit, à Tours, Carloman, qui fut transféré à Saint-Denis. Carloman, roi de Bavière et d'Italie, devenu paralytique, céda dans ce moment ses droits à son frère Charles III, qui fut proclamé empereur d'Occident.

CHARLES III, roi de Souabe, empereur d'Occident, et CARLOMAN, roi de France.

Louis III succomba à sa maladie au mois d'août, et Carloman resta seul roi de France.

882.

Jean VIII mourut quelques mois après, peu regretté de l'Église à cause de sa foiblesse. Ses ennemis disoient que c'étoit une femme sous un habit d'homme. Il y a tout lieu de croire que c'est cela qui a donné naissance au conte de la papesse Jeanne, que les ennemis de l'Église ont depuis embelli. On élut, pour le remplacer, le 19 décembre, un Toscan, qui prit le nom de Martin II, et qui, plus ferme que son prédécesseur, ne consentit pas au rétablissement de Photius sur le siége patriarchal de Constantinople; mais le mal étoit fait, l'impulsion étoit donnée : la foiblesse et l'incapacité de Jean VIII furent cause de la durée du schisme grec. D'ailleurs, Martin II fut bientôt attaqué d'une maladie qui le conduisit au tombeau, après avoir tenu le saint-siége un an vingt-neuf jours. On lui donna, le 21 janvier, Adrien III pour successeur.

L'intrépide Carloman, roi de France, fut blessé à la chasse par un sanglier qu'il poursuivoit, et mourut de cette blessure. D'après la loi salique, Charles, son frère, fils d'Alix, devoit monter sur le trône de France; mais il étoit en Angleterre, et personne ne soutenoit ses droits.

Charles III, qui avoit rendu des services à la France, ayant gagné par des promesses et des présens les principaux seigneurs du royaume, ils déclarèrent que, dans l'état de trouble où étoit la France, attaquée, ravagée par les Normands, il seroit imprudent de confier les rênes du gouvernement à un enfant de cinq ans. D'autres observèrent que la minorité d'un prince ne pourroit qu'attirer de nouveaux troubles sur l'État, et Charles III, qui étoit empereur, roi d'Italie et de Germanie par la mort ou la paralysie de ses frères, fut proclamé roi de France.

Ère chrétienne.

L'empereur Charles III, roi de France.

Ainsi ce prince réunit sous sa puissance tous les États de Charlemagne, excepté la Navarre, dont les Gascons s'étoient emparés, et la Provence, que Boson retenoit toujours.

Lorsqu'il fut élu roi de France, les Normands assiégeoient Paris, désoloient la France. Il acheta honteusement leur retraite, en leur promettant un tribut annuel et en leur cédant la Frise.

Quelques mois après, le pape Adrien III perdit la vie, et il fut remplacé par Étienne VI, digne pontife, qui réforma beaucoup d'abus.

885.

Les Normands, à qui l'empereur Charles III ne tenoit pas parole, se jetèrent de nouveau sur la France, ravagèrent, pillèrent tout dans la Picardie, s'emparèrent de Pontoise qu'ils brûlèrent, et vinrent remettre le siége devant Paris. C'étoit une désolation ; la France étoit aux abois. Eudes, comte de Paris, duc de France, et son frère Robert, descendans de

886.

Les Normands mettent le siége devant Paris.

Eudes et Robert le défendent.

Childebrand, firent des prodiges de valeur pour défendre cette ville ; mais les Normands, malgré leurs pertes, tenoient bon.

C'est dans ces entrefaites que l'empereur Basile de Macédoine mourut d'une chute de cheval ; Léon VII, son fils (le philosophe), devint empereur de Constantinople. Basile, par le soin qu'il avoit pris de son éducation, en fit un philosophe. Il lui disoit, quelque temps avant sa mort :

« Ne négligez rien, mon fils, pour vous
» rendre familière l'histoire des anciens. Vous
» y verrez avec plaisir et sans difficulté ce que
» les autres ont écrit avec beaucoup de soin et
» de travail. Le gouvernement des peuples,
» qui est si pénible et si périlleux, et dont on
» n'apprend l'art que par un usage fâcheux et
» une expérience très-difficile, est enseigné par
» l'histoire avec tout l'agrément possible. On y
» reconnoît les vertus des uns et les vices des
» autres. On y voit les divers états de la vie, la
» vicissitude et l'instabilité perpétuelle des cho-
» ses humaines, l'établissement, les révolu-
» tions et la décadence des empires. Enfin vous
» y remarquerez que les crimes ne demeurent
» jamais impunis ; que les actions de vertu trou-
» vent toujours la récompense qui leur est due,

» et que, par conséquent, il faut prendre le parti
» de marcher dans la droiture et l'innocence
» pour arriver à cette gloire qui en est insépa-
» rable, et s'éloigner du vice, auquel la main
» vengeresse de Dieu a attaché l'infamie en ce
» monde, et préparé des supplices dans l'au-
» tre. »

Enfin l'empereur Charles III, après avoir as- 887.
semblé une puissante armée dans la Germanie,
vint au secours de Paris, assiégé depuis plus
d'un an. Les Français se joignirent à lui; les
Normands devoient tous être exterminés. Si
Eudes et Robert, qui défendoient Paris, eussent eu cette armée à leur disposition, jamais
aucun Normand n'auroit reparu en France;
Boson eût été forcé ensuite de quitter la Provence, et les Gascons eussent évacué bientôt
la Navarre.

Charles III étoit attaqué d'un mal à la tête
qui accabloit son moral. Il eut la foiblesse
d'acheter la paix, et permit aux Normands *Charles III achète la paix*
d'aller dans la Bourgogne, qui n'avoit pas en- *des Normands.*
core souffert, en attendre le paiement. Elle
fut pillée, ravagée par ces brigands, et voilà
ce que gagnèrent les Français à avoir préféré,
pour les gouverner, un prince étranger à leur roi
légitime. Ils murmurèrent; mais le mal étoit fait.

La maladie de l'empereur Charles augmenta; il fallut lui faire des incisions à la tête, et il en perdit l'esprit.

Charles III étoit un prince très-despote, très-jaloux de son autorité. Les seigneurs allemands ne l'aimoient pas, parce qu'il vouloit abolir l'hérédité des fiefs; les évêques italiens l'avoient en horreur depuis le procès qu'il avoit fait à celui de Verceil, qu'il avoit accusé d'un commerce illicite avec l'impératrice, et il fut déposé dans une diète qui nomma empereur Arnoul, fils naturel de Carloman, roi de Bavière.

L'empereur Charles III est déposé.

L'Italie se soumit à Bérenger, duc de Frioul, et à Gui, duc de Spolette, tous deux de la maison de France par leurs mères, et Charles III en mourut de chagrin au mois de janvier, dans le plus grand dénuement.

L'Italie se soumet à Bérenger et à Gui.

888.

L'empereur meurt.

Les États du royaume de France s'assemblèrent aussitôt à Compiègne, et élurent pour roi Eudes, duc de France, comte de Paris, fils de Robert-le-Fort, duc de France, petit-fils de Louis-le-Débonnaire.

Eudes est élu roi de France.

En même temps, les peuples qui occupoient le pays entre le Mont-Jou et les Alpes, c'est-à-dire, la Suisse et la Savoie, proclamèrent roi Raoul ou Rodolphe, fils du jeune

Raoul est élu roi de la Bourgogne transjurane.

Conrad, duc de Franconie, et petit-fils de Hugues-l'Abbé. Il fut couronné roi de la Bourgogne transjurane à Saint-Maurice en Valois.

Les Français, pour éviter des troubles, engagèrent Eudes à se faire couronner, et il fut sacré par Gonthier, archevêque de Sens.

Eudes, voulant se montrer digne du choix que l'on avoit fait de lui, marcha contre les Normands, les attaqua le jour de la Saint-Jean, et en tua dix-neuf mille près du bois de Montfaucon, dans la banlieue de Paris.

Quelques mois après, Boson, roi de Provence ou de la Bourgogne cisjurane, mourut dans sa retraite; et sa femme, qui, depuis sa fuite, avoit gouverné cet État, fit couronner son fils dans un concile tenu exprès à Valence.

C'est dans cet intervalle que Formose remplaça Étienne VI dans la chaire apostolique, malgré les intrigues du pape Sergius.

Les seigneurs de Neustrie, gagnés par la reine Alix, soutenoient Charles IV, roi légitime de France, et ne vouloient pas reconnoître Eudes. Les rois de Bourgogne ni les princes de Germanie ne l'avoient pas également reconnu. Donald VI, roi d'Écosse, qui

Ere chrétienne.

889.

Bataille de Montfaucon.

890.

Louis, fils de Boson, est élu roi de Provence.

Ere chrétienne.

venoit de succéder à Grégoire, son père, avoit reconnu Charles IV, renouvelé avec lui l'alliance de l'Écosse avec la France, et le roi d'Angleterre le protégeoit naturellement.

Les rois de Bourgogne attaquèrent le royaume, et les Normands revinrent dans l'Isle-de-France, tandis que les seigneurs de Neustrie allèrent chercher Charles IV en Angleterre. Il fut couronné à Rheims le 27 janvier; mais celui qui pouvoit le soutenir le plus efficacement, Arnoul, roi de Germanie, s'en trouva empêché par les entreprises des Moraves. Il venoit d'être forcé lui-même d'appeler à son secours, contre ces peuples, les Hongrois, nation des rives du Wolga, qui s'étoit fixée depuis peu dans la Valachie. Guidée par l'appât du pillage, cette nation s'étoit rendue aux vœux impolitiques d'Arnoul, et portoit la désolation et la mort dans la Moravie. Elle démembra ce royaume, l'ajouta en grande partie à ses possessions, et forma dans la suite le royaume de Hongrie. Charles fut donc forcé de composer avec Eudes, qui devint duc d'Aquitaine.

893.

Naissance du royaume de Hongrie.

Eudes, duc d'Aquitaine.

Règne de CHARLES IV, roi de France.

Le royaume de France étoit bien démembré alors ; les rois de Bourgogne en tenoient une grande partie ; Eudes venoit d'obtenir l'Aquitaine, et il y avoit un roi de Lorraine. Une grande partie de ce qui restoit à Charles étoit encore ravagée par les Normands.

Ere chrétienne.

L'Italie étoit divisée, agitée par des troubles : Bérenger, et Lambert, fils du duc de Spolette, se la disputoient.

Arnoul, empereur de Germanie, venoit d'être débarrassé de la guerre des Moraves ; il faisoit des préparatifs pour passer en Italie, tandis qu'Édan VI succédoit à Malachie, son père, roi d'Irlande.

894.

Enfin Arnoul, roi de Germanie, aidé des Hongrois, passe en Italie, soumet Lambert et Bérenger, et marche sur Rome. Il s'en empare, et se fait couronner empereur par le pape Formose.

895. Arnoul, roi de Germanie, empereur.

Bientôt une maladie le força à repasser les Alpes avec précipitation ; Lambert et Béren-

Ere chrétienne.

ger se rapprochèrent, partagèrent l'Italie entre eux.

896. Quelques mois après, le pape Formose mourut. Boniface VI lui succéda malgré les brigues; mais il ne vécut que quinze jours.

897. Étienne VII, le plus cruel ennemi du pape Formose, s'empara de la chaire apostolique, abolit ses décrets, le fit déterrer, couper les doigts sacrés, et jeta son corps dans un lieu profane.

898. L'année suivante, la mort de Eudes mit fin aux troubles qui agitoient la France, dont les Normands profitoient.

Bientôt une assemblée, tenue en l'abbaye de Gorze, près de Metz, affermit la paix entre Charles IV, l'empereur Arnoul, et Zuendibold, roi de Lorraine. Elle ne fut pas de

899. longue durée. L'empereur Arnoul fut empoisonné, quelques mois après, par un de ses domestiques, ensuite des intrigues d'Agiltrude, mère de Lambert, usurpateur d'une partie de l'Italie. Le poison le fit dormir pendant trois jours, et, lorsqu'il se réveilla, il étoit paralytique. Enfin le poison pourrit ses entrailles, les vers s'y mirent, et il périt à Ottinghenn, en Germanie, à la fin de l'année.

Louis IV, son fils, fut proclamé roi de Germanie et empereur à l'âge de sept ans ; mais il ne fut jamais couronné à Rome, parce que les Hongrois, que son père avoit appelés à son secours, le retinrent toujours dans ses États, qu'ils ravagèrent. Il fut le dernier empereur de la famille de Charlemagne ; mais ce n'étoit déjà plus qu'un vain titre, puisque la puissance de l'empereur étoit bornée à la Germanie.

Ere chrétienne.

Louis IV, empereur de Germanie.

X.e SIÈCLE.

Ère chrétienne.

Ce siècle a été nommé le *siècle de fer* et le *siècle de plomb* :

Siècle de fer, à cause des guerres continuelles et sanglantes qu'il y eut entre les princes chrétiens, des incursions des Normands, des Hongrois, des Arabes ;

Siècle de plomb, à cause de l'ignorance dans laquelle on tomba, et du déréglement des mœurs.

Il y eut des papes d'une conduite si licencieuse, qu'ils firent honte au nom chrétien. Cela pouvoit-il être autrement ? la plupart ne furent élus que par force, par cabales ou par intrigues. Les élections de ce genre n'occasionent-elles pas toujours des troubles ? peuvent-elles procurer de bons choix ? Aussi les empereurs d'Allemagne furent forcés de passer plusieurs fois à Rome pour châtier les factieux.

Le trône de France sortit des mains des princes descendans de Charlemagne par les crimes d'une reine et les intrigues d'un prince du sang, qui prit les intérêts d'un empereur d'Allemagne, pour détrôner son frère, roi de France. Ce trône fut déféré par les États de la France, assemblés à Noyon, à la race capétienne, dont Hugues Capet, duc d'Aquitaine et de Bourgogne, fut le chef et la tige.

Ère chrétienne.

Les empereurs d'Orient furent, pendant ce siècle :

Léon VII, Alexandre, Constantin VII, Romain Porphyrogénète, Nicéphore Phocas, Jean Zimiscès, Basile et Constantin.

Les empereurs d'Occident furent :

Louis IV, Conrad Ier, Henri Ier, Othon Ier *le Grand*, Othon II, Othon III.

Les rois de France furent :

Charles IV, Raoul (usurpateur), Louis IV (d'outre-mer), Lothaire, Louis V.

Les rois d'Espagne furent :

Alphonse-le-Grand, Garcias, Ordogno II, Froila II, Alphonse IV, Ramire II, Ordogno III, Ordogno IV, Sanche Ier, Ramire III, Veremond II, roi des Asturies et de Léon.

Les rois de Navarre furent :

Garcias II, Garcias III, Sanche II (Abarca), Garcias IV, Sanche III *le Grand*.

Les rois d'Angleterre furent :

Édouard, Adelstan, Edmond, Eldred, Edwin, Edgard, Édouard II et Ethelred II.

Ere chrétienne.	
900.	Les Huns ou Hongrois, aussi féroces que leurs ancêtres, furent, après la mort de l'empereur Arnould, les fléaux de ceux qu'ils étoient venus secourir; profitant de la jeunesse de Louis IV, son fils, ils ravagèrent la Bavière, la Souabe, la Franconie, toute l'Allemagne. Lorsque l'empereur se soumit ensuite à un tribut pour s'en délivrer, ils fondirent sur l'Italie, et la mirent au pillage.
Alfred, roi d'Angleterre, meurt; Édouard lui succède.	Alfred, roi d'Angleterre, mourut au commencement de ce siècle; Édouard, son fils, lui succéda.
901.	Le cruel Étienne VII, mis en prison, y fut étranglé, et Jean IX, cardinal de Tivoli, fut décoré de la thiare.
902.	Louis, fils de Boson, roi de Provence, voyant l'empereur si jeune, accablé par les Hongrois, chercha à se rendre maître de l'Italie.
903.	Constantin III, fils du feu roi Ethe, devint roi d'Écosse, Donald VI n'ayant pas laissé d'héritier.
904.	Thierri II succéda à Thierri, son père, comte de Hollande, et bientôt après Spitigne devint roi de Bohême.
905.	Garcias III succéda paisiblement à Garcias II, son père, roi de Navarre.

Le pape Jean IX mourut cette année, après avoir scandalisé la chrétienté : que l'on me pardonne si, pour l'honneur de l'Église, je me tais sur sa conduite. *Ere chrétienne.*

Benoît IV le remplaça ; mais il ne survécut que quelques jours à son élection.

On élut Léon V ; Christophle, son domestique, quarante jours après son élection, le chassa et se déclara pape. Ma plume se refuse à décrire toutes les horreurs dont se rendit coupable ce scélérat pendant les sept mois qu'il osa occuper la chaire apostolique. Le moindre de ses crimes fut de faire mourir Léon V par les mauvais traitemens qu'il lui fit. *906.*

Le cruel Sergius III chassa Christophle, le fit enfermer pour le reste de ses jours, et se fit souverain-pontife. Il fit déterrer aussitôt le pape Formose, jeter son corps dans le Tibre, d'où des pêcheurs le retirèrent dans la suite, et le portèrent dans l'église de Saint-Pierre. *907.*

Il y eut cette année une révolution dans la Chine, toujours en troubles ; l'empereur, sur le point d'être dépossédé, se démit lui-même en faveur de l'usurpateur, pour sauver ses jours ; mais dès que *Tchu-Ouen* fut sur le trône, il fit *Révolution en Chine. Quatorzième dynastie, des Héon-Léang.*

Ere chrétienne.	périr ce prince. Il donna à sa dynastie, qui fut la quatorzième, le nom de *Héou-Léang*.
908.	Louis, roi de Provence, exécuta ses projets sur l'Italie, et se saisit cette année du Piémont.
909.	Au printemps suivant, il poursuivit son entreprise et s'avança jusqu'à Véronne ; il y fut surpris par Bérenger, qui lui fit crever les yeux ; mais il n'en resta pas moins en possession du Piémont.
910.	L'année suivante, Flann, fils du feu roi Malachie, devint roi d'Irlande par la mort d'Edan IV, qui ne laissa point d'héritier.

Alphonse III, *le Grand*, roi des Asturies, de Léon et de Castille, prévenu du projet que Garcias, son fils, avoit formé, de s'emparer de son trône, s'en démit en sa faveur, pour éviter à son fils un parricide, ou du moins dans la crainte qu'il ne lui fît crever les yeux, comme lui-même l'avoit fait envers ses quatre frères. Lorsqu'on donne de pareils exemples, surtout à ses enfans, peut-on gagner l'estime, la bienveillance ? On doit encore moins commander le respect. Alors un prince, dans une pareille position, n'a-t-il rien à craindre pour ses jours, puisqu'avec des vertus, il doit se tenir en garde contre l'ambition des grands ou les entreprises des méchans ? |

Le cruel Sergius III avoit cessé de vivre; il avoit été remplacé, au mois d'avril, par un digne cardinal, qui prit le nom d'Anastase III.

Ere chrétienne.

Raoul, roi de la Bourgogne transjurane, mourut l'année suivante, et laissa ses États à Raoul II, son fils. Les troubles d'alors favorisoient ces usurpations; mais les ducs et les comtes du Languedoc se rendoient bien indépendans.

Léon VII, empereur d'Orient, mourut cette année; Alexandre, son frère, lui succéda.

Alexandre, empereur d'Orient.

La mort du pape Anastase III vint de nouveau troubler l'Église, et Théodora, Romaine puissante, fit nommer pape Lando, son favori.

La France étoit encore au désespoir; Rollon, un des principaux chefs des Normands qui ravageoient l'Angleterre, avoit enlevé Rouen, qu'il avoit fait sa place d'armes. Il se rendit si redoutable que Charles IV lui envoya offrir en mariage sa fille Gizelle, par un évêque, qui n'exigea d'autre condition que celle de se faire chrétien. Gizelle lui donnoit en dot les pays qu'il dévastoit, la Neustrie et la Bretagne, à titre de duché relevant de la couronne de France. Rollon, qui trouvoit son avantage dans cette offre généreuse, l'ac-

Ere chrétienne.

cepta bientôt, et se fit chrétien. Cette action fit donner à Charles IV le surnom de *Simple* ; mais si quelqu'un étoit à blâmer, ce n'étoit assurément pas lui. Abandonné des grands, du peuple, qui avoient laissé envahir la Bourgogne, la Provence, l'Aquitaine, la Lorraine et d'autres provinces, que pouvoit-il faire seul contre les forces des Normands, que les rois, les princes ses prédécesseurs, bien plus puissans que lui, n'avoient pu réprimer ? Ne sacrifioit-il pas sa fille, son intérêt, à la tranquillité du foible royaume que ses sujets avoient bien voulu lui laisser ? On en murmura cependant, et surtout Robert, duc d'Aquitaine, frère de Eudes, qui s'étoit peu soucié de l'aider contre les Normands. Il excita les seigneurs français à la révolte, à le détrôner, afin de lui ravir encore le peu qui lui restoit. Les grands, plutôt que de se réunir à leur roi pour écraser l'ambitieux Robert, suivirent pourtant son impulsion. Il leur faisoit des promesses, sans doute. C'est ainsi que l'intérêt fait sortir les hommes des bornes de leur devoir et de l'honneur.

Dès que Rollon fut duc de Neustrie, qui fut nommée depuis *Normandie*, les Normands cessèrent de faire des courses contre la France.

La Normandie devint la province de France la plus florissante ; le commerce et les arts l'enrichirent. L'agriculture y fit des progrès rapides ; les Normands, confondus avec les Neustriens, s'empressèrent d'effacer les traces de la guerre. On rebâtit Bayeux, les villes, les villages ; on éleva de nouvelles villes, et surtout Caen, que Rollon prenoit plaisir à embellir.

Les deux empereurs moururent cette année: celui d'Orient, Alexandre, mourut de débauche. Constantin VII, son neveu, fils de Léon VII, régna sous la tutelle de Zoé, sa mère.

Louis IV, empereur d'Occident, ne laissa point d'héritiers ; la couronne impériale appartenoit de droit à Charles IV ; mais les Allemands n'en voulurent point, et élurent unanimement Othon, duc de Saxe. Ce seigneur refusa, sous prétexte qu'il étoit trop âgé, et proposa Conrad, duc de Franconie, gendre de l'empereur Louis IV, qui fut accepté.

Depuis cette époque, l'empire, ou plutôt le royaume de Germanie, fut électif.

Garcias, roi d'Espagne, se montroit le digne fils d'Alphonse-le-Grand par sa bravoure et son intrépidité. Les Maures voulurent l'essayer; mais ils en furent cruellement maltraités, et leur roi Ayola fut fait prisonnier.

Ere chrétienne.

913.

Ce fut un malheur pour l'Espagne que Garcias ne vécut que trois ans, et sans laisser de postérité. Ordogno II, son frère, qui lui succéda, étoit un prince cruel et injuste; mais il ne manquoit pas de bravoure; il en donna plusieurs fois des preuves très-éclatantes aux Maures.

Ordogno, roi d'Espagne.

Cette année, Tchu-Ouen, usurpateur du trône de la Chine, reçut la punition de ses crimes, de son usurpation; il fut tué et remplacé par Mo-Ti, prince de sa dynastie.

L'usurpateur de la Chine est assassiné.

L'État le plus tranquille de la chrétienté alors étoit la Bohême; les rois se faisoient remarquer par leur piété, leurs sujets les imitoient. Venceslas II, qui succéda à Uladislas Ier, à l'âge de huit ans, sous la régence de Drahomire, sa mère, mérita le titre de saint.

916.

Le roi d'Espagne faisoit des prodiges de valeur contre les Maures; il agrandit tellement ses États qu'il en fit deux royaumes: celui des Asturies, qu'il laissa à Alphonse IV, son fils, et celui de Léon, qui comprenoit la Castille. Il fit tuer quatre comtes de Castille

917.

qui lui déplaisoient ; le peuple conçut une telle horreur de cette cruauté qu'il se révolta contre Ordogno, et se gouverna par des juges, entre lesquels se trouvoit Runius Rosaranus, dont descendit Ferdinand Gonzalès, qui se rendit si illustre.

Ere chrétienne.

La Castille se révolte.

918.

C'est dans cet intervalle qu'Arnoul-le-Grand devint comte de Flandre, à la mort de Beaudouin II.

L'empereur Conrad étant tombé dangereusement malade, envoya les marques de la dignité impériale à Henri, fils d'Othon, duc de Saxe, et mourut quelques jours après. On trouva Henri qui s'amusoit à prendre des oiseaux, et il fut surnommé l'*Oiseleur*.

919.

Henri, empereur d'Allemagne.

Charles IV perdit Rollon, duc de Normandie; Guillaume, son fils, qu'il avoit eu de Gizelle ; Guillaume, qui, dans la suite, fut surnommé *Longue-Epée*, lui succéda; mais il étoit trop jeune pour secourir Charles IV. Haganon, ministre de ce roi, faisoit respecter son autorité, et les Français le détestoient par cette raison. Robert, frère de Eudes, duc d'Aquitaine, excitoit tous les grands du royaume contre lui. Haganon le gênoit; il n'osoit rien entreprendre. On se plaignit tant que Charles eut la foiblesse de renvoyer son mi-

926.

nistre, et, peu après, l'archevêque de Rheims eut la perfidie de couronner Robert roi de France.

Charles IV, aussitôt, lève des troupes; les Normands se rangent sous ses étendards; au printemps suivant, il se met à leur tête et marche contre l'ambitieux Robert. Les deux armées se rencontrent, et Charles attaque vigoureusement son adversaire. On se battit avec opiniâtreté pendant long-temps; mais enfin les troupes de Robert plient, et, comme il cherche à les rallier, Charles fond sur cet usurpateur et le tue. Ce prince, rempli de bonté, s'effraya de sa victoire; il prit la fuite et abandonna tout aux vaincus. Voilà le seul trait qui auroit pu faire donner le surnom de *simple* à ce bon et vertueux prince, qui se retira chez Herbert, comte de Vermandois, descendant comme lui de Charlemagne, obligé naturellement et par honneur à le défendre.

Hugues-le-Grand ou l'Abbé, fils de Robert, qui pouvoit prendre la couronne, puisque Charles avoit disparu, préféra la laisser à Raoul, duc de Bourgogne, fils du roi Raoul II, son beau-frère, et gendre de Robert.

Herbert, comte de Vermandois, eut la bassesse, la perfidie de livrer le roi à son ennemi, pour le comté de Laon; et Raoul l'enferma dans le château de Péronne. Sa femme, la reine Ogine, se sauva en Angleterre avec son fils Louis.

Dans ceci, il n'y a point de simplicité de la part de Charles IV; car que pouvoit son habileté trop confiante contre les entreprises d'un traître ambitieux?

Édouard, roi d'Angleterre, venoit de mourir; Adelstan, son fils naturel, lui avoit succédé. Ce jeune prince avoit trouvé les provinces de ce royaume garnies de places fortes, les Écossais soumis, la religion chrétienne révérée dans ses États. On ne pouvoit prendre les rênes du gouvernement dans des circonstances plus favorables.

L'Espagne, au contraire, étoit en proie aux factions; la parque venoit de trancher le fil de la vie au cruel Ordogno II, qui régnoit depuis un an et six mois. Alphonse IV, son fils, fut aussitôt détrôné par Froila II, son oncle, fils d'Alphonse-le-Grand, qui s'empara de tous ses États, et le força à se faire moine. Froila révolta tellement les seigneurs espagnols par ses cruautés envers ceux qu'il soupçonnoit être du parti de son neveu, qu'ils le tuèrent l'année suivante. Ils retirèrent Alphonse IV de son monastère et le proclamèrent roi.

L'Orient n'étoit pas plus tranquille que l'Occident.

Romain Lécapène, beau-père de l'empereur Constantin, fit enfermer l'impératrice Zoé dans un cloître, où elle termina ses jours. Il gouverna d'abord, en qualité de gardien de l'empereur, titre inusité, l'empire sous Constantin VII, qui ne s'occupoit que de sciences et de littérature; mais le fourbe, l'ambitieux Lécapène ne tarda pas long-temps à prendre les titres de César et d'Auguste.

Lécapène usurpe le titre d'Auguste en Orient.

Une quinzième dynastie s'établissoit à la Chine par le meurtre et le carnage.

Quinzième dynastie chinoise.

925.

L'année suivante, on vit un pape (Jean X) commander une armée, que lui avoit envoyée Lécapène, et chasser les Sarrasins de la Calabre et du royaume de Naples. Ce pontife guerrier, de retour à Rome, lâcha la bride à ses passions, et ses crimes révoltèrent tant les Romains, qu'ils s'en saisirent et l'étouffèrent entre deux matelats.

Le pape Jean X marche contre les Maures et les défait.

928.

Un Romain, qui prit le nom de Léon VI, parut à la tête de l'Église; des factieux l'enlevèrent six mois après, le mirent en prison, et lui ôtèrent bientôt la vie. On élut ensuite

Étienne VIII, cardinal d'une douceur admirable, et zélé pour le bien de l'Église. C'est dans cet intervalle que le chagrin tua le malheureux Charles IV dans sa prison de Péronne.

Ere chrétienne.
929.
Mort de Charles IV.

Alphonse IV avoit été forcé de donner le royaume de Léon à Ramire II, son frère, pour faire face aux Maures, qui vouloient profiter de leurs divisions. Ramire, aidé de Ferdinand Gonzalès, marche contre eux, en fait un carnage effroyable, et les chasse loin de ses États. Ramire donna en récompense à Ferdinand Gonzalès la Castille, à titre de comté relevant de sa couronne.

930.

La Castille est érigée en comté, en faveur de Gonzalès.

Harold devenoit roi de Danemarck, dont les peuples continuoient leurs pirateries, comme en 844 et en 868, sur les côtes de France, ce qui avoit forcé le roi Charles II à défendre l'abbaye de Saint-Denis par des tours et des murailles.

L'empereur d'Allemagne, Henri-l'Oiseleur, étoit en guerre avec les Vandales, qui occupoient le Brandebourg. Depuis six ans, le sort des armes avoit varié; l'empereur les vainquit enfin dans une bataille générale, où ils furent exterminés, sans espoir de se relever. Henri, après les avoir chassés de ce pays, y établit un marquis pour garder cette frontière. Telle fut l'origine de l'érection de ce marquisat dans l'Allemagne.

Les troubles, les divisions éclatèrent de nouveau entre les deux frères rois d'Espagne. Ramire II, non content du royaume de Léon, vouloit tout envahir. Enorgueilli depuis ses conquêtes sur les Maures, comptant sur le secours de Ferdinand Gonzalès, à qui il avoit donné la Castille, il déclara la guerre à Alphonse IV, son frère. Les deux rois se mirent, au printemps, à la tête de leurs troupes, et Ferdinand Gonzalès, commandant le centre de l'armée de Ramire, se jeta avec tant de fureur sur les troupes d'Alphonse IV qu'elles ne purent en soutenir le choc. Ramire, profitant de leur déroute, se jeta, avec une colonne, sur son frère, le fit prisonnier, et, l'ayant renvoyé dans son monastère, il réunit le royaume de Léon à celui des Asturies.

L'intrépide Ramire, encouragé par ses succès, par l'ardeur de ses troupes et par l'appui de Ferdinand Gonzalès, tourna ses armes de nouveau contre les Maures, qui, vaincus dans divers petits combats, se réunirent ainsi qu'il désiroit, et furent exterminés.

Le pape Étienne VIII fut enlevé à l'Église

à la fin de l'année, et l'on vit renaître les intrigues et les cabales pour l'élection d'un nouveau pape. Elles ne rougirent pas de porter dans la chaire apostolique le fils que Sergius III avoit eu de la belle Marozia de Rome; cependant, il est juste de dire que ce pape, qui prit le nom de Jean XI, montra beaucoup de patience et de vertu dans la prison où Gui, son frère, le fit mettre, et que, dès qu'il en fut sorti, il fit fleurir la religion chrétienne, surtout en Angleterre, et la fit adopter dans la Norwège.

Ere chrétienne.

Jean XI est élu pape par une cabale.

Louis, fils de Boson, roi de Provence, avoit laissé Hugues, son frère, en Italie, pour soigner ce qu'il y avoit conquis, et s'étoit fixé à Arles, où il gouvernoit le royaume de Provence ou de Bourgogne cisjurane. Il y mourut, laissant un fils, Charles-Constantin; mais comme il étoit en bas âge, les Provençaux donnèrent la couronne à Hugues, déjà roi d'Italie. Il se brouilla, aussitôt après son élection, avec Raoul II, roi de Bourgogne, et la guerre revint troubler ces contrées. Enfin, les deux rois s'arrangèrent; Raoul renonça au royaume d'Italie, et Hugues lui céda ce qu'il tenoit dans la Bresse, dans le Viennois et la Provence. Raoul réunit ces États au royaume

933.

934.
Les deux royaumes de Bourgogne réunis.

de Bourgogne transjurane, que l'on nomma *royaume d'Arles*, quoique cette ville ne fût pas la résidence des rois.

La Chine fournit encore cette année un trait cruel de l'ambition des hommes, mais, en même temps, un exemple frappant de courage guidé par l'honneur. Kao-Tsou se révolta contre Lou-Ang, son empereur, prince intrépide et courageux, qui, se voyant trahi, s'enferma, avec sa femme et ses enfans, dans une tour, avec le sceau de l'empire et les marques de sa dignité, et y mit ensuite le feu, qui consuma tout, lui et les siens.

Ce Kao-Tsou fonda la seizième dynastie chinoise, celle des Tçin postérieurs, qui ne dura pas long-temps. Dès l'année suivante, on conspira contre lui, et il fut forcé de soutenir son usurpation par les armes.

Raoul ou Rodolphe, usurpateur du royaume de France, étoit tombé dangereusement malade dans la ville d'Auxerre; cette maladie le conduisit au tombeau le 15 janvier suivant, et il fut inhumé à Sainte-Colombe de Sens.

Ce prince ne laissoit point d'enfant. Hugues-le-Grand, son beau-frère, auroit pu s'emparer du trône de France; mais il se contenta des duchés de Bourgogne et d'Aquitaine, et rappela Louis, fils de Charles IV, d'Angleterre.

Ere chrétienne.

Règne de Louis IV, roi de France.

Louis IV, roi de France, qui fut surnommé d'*Outre-Mer*, rentra dans le royaume au milieu des acclamations des seigneurs et du peuple, et fut sacré, le 20 juin, à Laon, par l'archevêque de Rheims. Louis étoit accompagné de Hugues-le-Grand, son ministre, surnommé *le Blanc*, à cause de la blancheur de son teint, et *l'Abbé*, parce qu'il possédoit les abbayes de Saint-Denis, de Saint-Germain-des-Prés et de Saint-Martin-de-Tours, dont les revenus étoient très-considérables.

Peu après le retour de Louis IV, l'empereur d'Allemagne, Henri-l'Oiseleur, cessa de vivre, et la diète nomma empereur Othon, son fils, qui fut couronné à Aix-la-Chapelle, par Hildebert, archevêque de Mayence.

Othon, empereur d'Allemagne.

Le pape Jean XI mourut presque en même

Ere chrétienne.

temps; et Léon VII, digne pontife, qui édifia l'Église par ses vertus, fut son successeur.

937.

Louis IV, oubliant ce qu'il devoit à Hugues-le-Grand, son protecteur, l'éloigna bientôt des affaires, d'après le conseil du roi d'Angleterre, et voulut gouverner par lui-même, avec sa mère, la reine Ogine, qu'il fit venir à Laon. Hugues, indigné, arma contre Louis, l'arrêta, et ne lui rendit la liberté qu'en se faisant céder le comté de Laon, qui étoit presque tout le domaine de la couronne. L'empereur Othon les réunit, et le roi et le ministre agirent alors de concert.

Conrad, roi de Bourgogne.

Raoul II, roi de Bourgogne, étoit mort; et Conrad, son fils, encore enfant, lui avoit succédé sous la tutelle d'Othon-le-Grand, empereur d'Allemagne.

Les peuples du Nord, que les Français et les Anglais nommoient *Normands*, laissoient l'Angleterre et la France tranquilles. Ils s'étoient jetés sur l'empire d'Orient, où ils étoient nommés *Roux*, d'où sont venus les noms de *Rousses*, de *Russes*, de la couleur de leurs cheveux. Ils ravageoient l'Épire et la Grèce, et les Slaves, peuples de la Tartarie, reportoient leurs butins dans la Moscovie, leur patrie.

Ramire II, roi d'Espagne, et l'intrépide Ferdinand Gonzalès ne donnoient aucun repos aux Maures, qui se réunirent, et marchèrent contre eux avec une armée nombreuse, et les rencontrèrent près de Simenças, dans la Castille même, où ils avoient osé pénétrer, espérant remporter la victoire à cause de leur grand nombre. Ils attaquèrent les Espagnols avec une furieuse audace ; mais bientôt l'intrépide Ferdinand Gonzalès les tourna, s'empara de leur camp, et les attaqua par les derrières, tandis que Ramire soutenoit leur choc avec une bravoure rare ; alors la confusion, le trouble, le désespoir se jetèrent parmi eux ; et malgré qu'ils mirent bas les armes, implorant la clémence des Espagnols, ils furent massacrés sans pitié. Ceux qui prirent la fuite pour retourner dans le camp, n'y trouvèrent également que la mort, et il n'y eut que la nuit seule qui mit fin au carnage, pendant lequel Ramire lui-même avoit fait prisonnier Abénayre, un de leurs rois. Le lendemain, on compta, parmi les morts et les mourans, plus de quatre-vingt mille Mahométans, tandis que les Espagnols avoient perdu seulement quelques cents hommes. Les deux guerriers, profitant de leurs succès, massacrèrent tout

Ere chrétienne.

Bataille de Simenças.

938.

ce qu'ils rencontrèrent, et rejetèrent cette multitude jusqu'au-delà de la Guadiana. Ramire étendit ses États depuis les caps Ortegal et Saint-Ander jusqu'à Lisbonne, à l'ouest, et jusqu'au-delà de la Guadiana au midi. En reconnaissance de cette victoire, il enrichit, embellit la fameuse église de Saint-Jacques-de-Compostelle en Galice. Il consentit à donner la paix aux Maures ; mais, par le traité, ils s'assujettirent à lui payer un tribut annuel très-considérable.

Les montagnes de la Sierra-Morena servirent de bornes à leurs États, qui s'étendoient, au midi, jusqu'à Gibraltar et Almeria, et, à l'ouest, jusqu'à l'Aragon.

939. Quelques mois après, le vertueux Léon VII cessa de vivre, et l'empereur Othon fit élire un Allemand, qui prit le nom d'Étienne IX ; mais les Romains ne le virent qu'avec un dépit jaloux.

Saint Odilon, abbé de Clunys, étoit, dans ce temps, un modèle de vertu ; c'étoit dans son monastère, en Bourgogne, qu'il falloit aller pour apprendre à être chrétien. Il y avoit établi, depuis long-temps, la fête de tous les Saints, qui fut ordonnée ensuite dans toute la chrétienté. Les peuples les moins chrétiens étoient les séditieux Romains; ils firent éprouver au pape Étienne IX les plus cruels traitemens, et le défigurèrent à un tel point qu'il n'osoit plus paroître en public. Othon-le-Grand fit châtier les coupables; mais n'étoit-il pas bien honteux pour des peuples qui avoient chez eux le siége apostolique, qu'un prince éloigné fût obligé de venir réprimer de pareils scandales? Ce qu'il y avoit de plus douloureux encore, c'est que ces émeutes populaires étoient excitées par des ecclésiastiques, des parens des papes décédés.

La Grande-Bretagne perdit, dans cette conjoncture, son roi Adelstan, et Edmond, son fils légitime, fut aussitôt proclamé roi de ce royaume, qui commençoit à devenir florissant. Ce nouveau roi le mit encore, dans la suite, sur un pied plus respectable, par le massacre qu'il fit des Nort-Hombres, qui cherchoient à s'en emparer.

La mort enleva au roi d'Espagne l'illustre Ferdinand-Gonzalès, et son fils Garcias-Fernandès lui succéda au comté de Castille.

Louis IV, roi de France, faisoit des préparatifs pour reprendre aux Normands la province de leur nom et la Bretagne.

Constantin III, roi d'Écosse, quittoit le

Ere chrétienne.

940.

941.
Edmond, roi d'Angleterre.

942.

943.

trône, où il régnoit depuis quarante ans, pour se retirer dans un cloître, le laissant à Malcolme, fils de Donald VI. Ainsi un roi d'Écosse donnoit l'exemple du christianisme au clergé de Rome.

Baudouin III succédoit à son père, Arnoul III, comte de Flandre; et Martin III remplaçoit le pape Étienne IX, qui venoit d'être appelé à une meilleure vie. Ce nouveau pontife s'occupa, aussitôt après son élection, de réformer les mœurs du clergé. Il eut assez de bonheur pour raccommoder Othon-le-Grand avec Lothaire, roi d'Italie, qui étoit sur le point de succomber sous les forces de l'empire, qui devenoit de jour en jour plus puissant.

Déjà Louis IV, roi de France, avoit donné des marques de sa valeur aux Normands, et leur avoit repris beaucoup de villes, lorsqu'ils reçurent un renfort considérable. Rien ne rebute Louis; il marche contre eux, fait des prodiges de valeur; mais enfin les Normands, bien supérieurs en nombre, sont victorieux, et font Louis IV prisonnier. Des seigneurs français voulurent profiter de l'absence du roi pour se rendre indépendans; mais Hugues-le-Grand fit face à tout, soumit ces seigneurs, poursuivit les Normands, les battit, leur reprit beaucoup de villes, et les força enfin à rendre la liberté au roi de France. Le traité leur assura de nouveau la Normandie et la Bretagne ; mais que pouvoit Louis avec des seigneurs qui préféroient leur ambition à l'intérêt de la patrie ? Il fallut l'autorité du pape Martin III pour les forcer à obéir à leur roi.

Ere chrétienne.
945.
Hugues-le-Grand lui rend la liberté.

Ce pontife mourut peu après, regretté généralement, et un Romain lui succéda sous le nom d'*Agapit II*. Ce pape, aidé d'Othon-le-Grand, qui avoit poussé les bornes de l'empire d'Allemagne jusqu'à la mer Baltique, décida Frolon, roi de Danemarck, à recevoir le baptême, et à appeler dans ses États de vertueux ecclésiastiques, pour prêcher l'Évangile à ses sujets.

946.

Edmond, roi d'Angleterre, donna à Malcolme, roi d'Écosse, le Northumberland, s'en réservant le droit de souveraineté, en reconnoissance de ce qu'il l'avoit aidé à dompter les peuples de ce pays. Les Anglais furent si mécontens de cette générosité de leur roi, qu'ils le tuèrent dans un festin, et proclamèrent Eldred, son frère.

Eldred, roi d'Angleterre.

Les meurtres, les assassinats, suites funestes

947.

des guerres civiles, continuoient à désoler la Chine. Le factieux *Kot-Tsou* y fonda la dix-septième dynastie, celle des Han postérieurs, qui ne rendit pas la tranquillité à cette grande contrée.

Thierri succéda, cette année, à son père, comte de Hollande. Niell devint roi d'Irlande, par la mort de son père, et peu après Guillaume, duc de Normandie, descendit au tombeau, et laissa ce duché à Richard *sans peur*, son fils.

Ramire II, roi d'Espagne, mourut ensuite, et Ordogno, son fils, lui succéda.

Conrad, roi de Bourgogne, commença à régner seul, et s'occupa de réprimer les Maures, qui désoloient la Provence.

Un autre ambitieux détrônoit l'usurpateur de la Chine, et y fondoit la dix-huitième dynastie, celle des *Tcheou* postérieurs.

L'empereur Othon se disposoit à passer les Alpes pour punir Bérenger II; il entra en Italie au printemps suivant, et le défit bientôt: cependant, à la sollicitation du Pape, il lui laissa ses États, à titre de fiefs dépendans de l'empire d'Allemagne. Il se rendit ensuite à Rome, où il fut couronné. Les Danois, qui n'osoient faire des incursions ni dans l'empire germanique ni dans la France, s'étoient jetés sur les côtes d'Angleterre et d'Irlande. Niell III, roi d'Irlande, marcha contre eux; mais il perdit la bataille et la vie près de Dublin, et Donchad II, son fils, son successeur, ne se débarrassa de ces pirates qu'en consentant à leur payer un tribut annuel.

Le roi de France Louis IV perdit son fils aîné à Laon, et le chagrin qu'il en eut le força à quitter ce séjour pour se fixer à Rheims. Ce prince alloit souvent à la chasse, afin de se dissiper; mais un jour qu'il poursuivoit un loup, il tomba de cheval, et mourut bientôt de cette chute. Lothaire, son fils, lui succéda; ou plutôt Hugues-le-Grand, duc d'Aquitaine, qui étoit plus puissant que lui, voulut bien lui laisser le titre de roi, en s'en réservant tout le pouvoir.

Ere chrétienne.

953.

954.

Règne de LOTHAIRE, roi de France.

Lothaire étoit un grand prince, qui auroit fini par se rendre puissant s'il eût vécu.

Une multitude de Hongrois s'étoit jetée sur la Bavière et désoloit la Germanie. L'empereur

Othon ne les avoit pas plutôt vaincus d'un côté qu'ils paroissoient d'un autre : on eût dit que ces brigands vouloient exciter sa bravoure, car il fut toujours victorieux. Il finit pourtant par leur ôter l'envie de venir de nouveau éprouver la force de ses armes. Ludolphe, son fils, qui lui avoit attiré ces ennemis, mourut de chagrin de n'avoir pu détrôner son père.

Il plut à Dieu de retirer du monde le vertueux pape Agapit II, et les brigues se renouvelèrent aussitôt pour l'élection d'un nouveau pape. On répandit de l'argent, et, à la honte de l'Église, on vit porter sur le siége apostolique un jeune homme de dix-huit ans, petit-fils de la fameuse *Marozia*, concubine de Sergius III : c'étoit un seigneur cruel et débauché, fils d'Albéric, marquis de Toscane. Deux de ses cardinaux écrivirent à l'empereur Othon pour se plaindre de l'infamie qui l'avoit porté à la souveraine-pontificature, en dérision de la religion, et dès que Jean XII, c'est le nom que prit ce jeune homme, fut instruit de ces plaintes, et qu'il en connut les auteurs, il fit enfermer les uns, couper le nez à un de ses cardinaux et la main à l'autre. Othon, qui avoit des embarras, ne pouvoit passer en Italie, et dissimula, lorsqu'il vit le Pape réclamer sa protection et lui offrir la sienne.

Eldred, roi d'Angleterre, mourut dans ce temps, laissant sa couronne à Edwin, son neveu, fils du roi Edmond.

L'Espagne étoit en proie à la guerre civile; le roi Ordogno III étoit abhorré de ses sujets par les cruautés qu'il commettoit. Ordogno, fils d'Alphonse IV, parvint à le détrôner, à lui ôter la vie, et prit le nom d'*Ordogno IV*. Sanche, frère du roi détrôné, arma aussitôt contre l'héritier légitime du trône, et le tua dans une bataille qu'il gagna contre lui près de Cordoue.

C'est la même année que mourut Hugues-le-Grand, comte de Paris, duc des Français, d'Austrasie et d'Aquitaine. Il laissa trois fils: Othon, Hugues Capet, Eudes, que l'on appeloit aussi Henri. Hugues Capet hérita de ses abbayes, de ses dignités et de sa puissance en France.

Hugues-le-Grand n'eut pas plutôt fermé les yeux, que le roi Lothaire chercha à abaisser la puissance de son fils et à s'y soustraire. Il leva avec la plus grande activité une armée, et passa la Loire à Tours, pour s'emparer de l'Aquitaine. Tout plia sous ses armes; il n'éprouva

Ere chrétienne.

Edwin, roi d'Angleterre.

Ordogno IV, roi d'Espagne.
956.

de la résistance qu'à Poitiers, qu'il fut forcé d'assiéger. Il en poussa le siége avec la plus grande vigueur, et brûla le fort de Sainte-Radégonde. La résistance des Poitevins donna le temps au fils de Hugues de rassembler des troupes, dont la masse considérable n'empêcha pas Lothaire de suivre son entreprise ; mais il fut prévenu que l'empereur Othon avoit pénétré dans la Lorraine, s'avançoit dans ses États, et il fut contraint d'abandonner pour l'instant le siége de Poitiers, afin de courir au plus pressant. Lothaire repoussa Othon et lui reprit le duché de Bar. Hugues Capet offrit son secours au roi, qui se réconcilia avec lui.

Pendant cette guerre de la France avec l'empereur, dans laquelle les succès furent long-temps variés, malgré les forces supérieures d'Othon, Indulfe, fils de Constantin, ancien roi d'Écosse, succéda à Malcolm, roi de ce royaume, qui mourut sans héritier, et Constantin VII, empereur de Constantinople, fut empoisonné par Romain, son fils, qui se fit proclamer empereur. Quelques mois après, Edgard succéda à Edwin, son père, roi d'Angleterre.

Déjà Othon étoit maître de la basse Lorraine ; ses armes victorieuses, malgré les efforts de Lothaire, faisoient trembler Nancy, dont il se rendit maître l'année suivante. Il associa son fils Othon II à l'empire et lui donna le gouvernement de la Lorraine, tandis que Garcias IV succédoit à Sanche II, son père, roi de Navarre, en dépit de la France, que ses embarras empêchoient de reprendre ce pays.

Tai-Tsou s'emparoit du trône de la Chine; il y formoit une dix-neuvième dynastie, celle des Song, qui pourtant dura jusqu'en 1209, époque où le dernier empereur mourut sans enfant.

Nicéphore-Phocas, général des Romains, empereur d'Orient, venoit d'enlever la Candie aux Sarrasins; bientôt il marcha contre eux, leur livra bataille, les mit en déroute après en avoir tué un grand nombre, et les jeta loin de la Cilicie.

La tyrannie de Bérenger, roi d'Italie, et de son fils Adalbert, excitoit l'esprit de révolte dans cette contrée. Le pape Jean XII, pontife d'une conduite très-scandaleuse, mais hardi, entreprenant, sollicitoit toujours l'empereur Othon à venir les réprimer. Lothaire, roi de France, étant occupé après Richard, duc de Normandie, Othon profita de cette occasion pour repasser les Alpes, tandis que l'em-

Ere chrétienne.

961.

Dix-neuvième dynastie chinoise.

962.

pereur d'Orient réprimoit, par la valeur de Phocas, les Maures, qui avoient osé s'avancer sur Antioche.

963. Othon fond sur les troupes de Bérenger, les met en fuite, et dépose le père et le fils. Il se rendit ensuite à Rome, où Jean le couronna roi d'Italie, et il confirma aux papes les donations faites par les princes français : ainsi l'intérêt, l'ambition poussèrent ce grand homme à reconnoître cet intrus, qu'il auroit dû déposer pour l'honneur de la religion.

Nicéphore-Phocas ne donnoit pas un moment de repos aux Arabes; il les poursuivit jusque dans le fond de la Syrie, leur gagna encore là une victoire complète, et les chassa de cette province. Peu après, l'empereur romain Porphirogénète succomba aux excès, à la débauche de toute espèce où il s'étoit plongé, et l'armée proclama Nicéphore-Phocas, son défenseur, au préjudice de Constantin et de Basile, fils de Romain, qui furent exilés.

Nicéphore-Phocas, empereur d'Orient.

Jean XII oublia bientôt, par intérêt, ses engagemens envers l'empereur Othon. Il s'unit contre lui avec Adalbert, et ils rassemblèrent des troupes. Othon repasse les Alpes : tout se soumet ou fuit; il marche sur Rome; les Romains lui prêtent un nouveau serment de fidélité, et s'engagent à n'élire jamais aucun pape sans son consentement. Othon assemble un concile, et fait faire le procès à l'infâme Jean XII, accusé de crimes inouïs. On le cite deux fois; mais il ne répond au concile que par des menaces d'excommunication. On le dépose enfin, et l'on élit Léon VIII, diacre de Latran, pour tenir la chaire apostolique, tandis que Arnoul II, le jeune, succédoit à Baudouin III, son père, comte de Flandre.

Ère chrétienne.

L'empereur Othon fait faire le procès au pape.

Jean XII, déposé, ne perdoit point courage. Il fit révolter, après le départ de l'empereur, les Romains, par les intrigues de femmes de crédit, rentra dans Rome, et assembla un concile, composé de ses partisans, qui déposa Léon VIII. Jean XII fut tué peu après par un Italien, dont il avoit débauché la femme. Le récit de ces dissolutions, de ces crimes, ne rebuteroit-il pas un païen raisonnable? Le devoir que je me suis imposé me force à les taire.

964.

Le pape Jean XII est tué.

L'empereur Othon, ayant appris les progrès de Lothaire, s'élança comme un éclair des bords du Tibre sur les rives du Rhin, et défit l'armée française. Il divisa, afin d'assurer sa nouvelle conquête, la Lorraine en haute et

Othon s'empare de la Lorraine.

basse, établit duc de la basse Brunon, archevêque de Cologne, et donna la haute à Frédéric, frère d'Adalbéron, évêque de Metz.

965. Il retourna bien vite en Italie, où l'on avoit élu, sans le consulter, Benoît V, pour remplacer Jean XII. Il détrôna de nouveau Bérenger, l'envoya en Allemagne à la disposition de son fils, et marcha sur Rome. Il l'assiégea, la réduisit aux abois ; mais les Romains se soumirent et obtinrent grâce. Il assembla de suite un concile, où Benoît s'avoua coupable et se dépouilla des habits pontificaux. Othon le relégua à Hambourg, où il finit ses jours. Alors Jean XIII fut élu pape en présence des commissaires impériaux, et bientôt après les Romains le chassèrent de Rome.

Othon retourne à Rome. L'empereur Othon, justement irrité, retourne pour la quatrième fois à Rome, punit sévèrement les séditieux, exila les consuls, fit pendre les tribuns, et fouetter le préfet de Rome

966. dans toutes les rues de cette ville. Il rétablit le pape Jean XIII, et lui confirma la seigneurie de Ravenne. La politique y entra pour beaucoup ; car le but de cet intrépide empereur, en retournant à Rome, ne s'étoit pas borné au rétablissement de Jean XIII ; il avoit bien d'autres vues. Il avoit fait demander pour son

fils, à l'empereur d'Orient, la princesse Théophanie, et pour dot le royaume de Naples et la Calabre; on la lui refusa. Outré de cet affront, il fit entrer ses troupes dans ces provinces, dont bientôt il fit la conquête.

Ère chrétienne.
———
Il s'empare du royaume de Naples.
967.

Ce grand prince étoit tranquille du côté de la Germanie : il avoit conféré aux évêques des duchés et des comtés ; il avoit déclaré les fiefs civils héréditaires : n'étoient-ils pas tous, seigneurs et évêques, intéressés à défendre son autorité, à soutenir sa puissance ? Aussi, avant d'y retourner, il fit sacrer, couronner son fils Othon II empereur par le pape Jean XIII.

Il fait couronner Othon II, son fils.

Pendant que cela se passoit, Boleslas II succéda à son frère Boleslas, seizième duc de Bohême, et Duphe, fils du feu roi Malcolm, devint roi d'Ecosse par la mort d'Indulfe.

Duphe, roi d'Ecosse.

Sanche Ier, roi d'Espagne, venoit de faire la paix avec le roi maure de Cordoue; il alla inconsidérément dans cette ville, pour se faire traiter de son excessive grosseur par un médecin arabe, et le médecin, sous prétexte de le faire maigrir, lui fit prendre des herbes qui le conduisirent au tombeau. Ramire III, son fils, lui succéda.

Ramire III, roi d'Espagne.

Lothaire, roi de France, venoit de marier sa sœur, Mathilde de France, avec Conrad, roi de Bourgogne. Il lui donna en dot la ville et le comté de Lyon, qu'il réunit au royaume de Bourgogne; mais Conrad s'étoit engagé par un traité à aider le roi de France à reprendre la Normandie.

L'impératrice Théophanie, mère de Basile et de Constantin, fils de Romain, avoit été forcée de donner sa main à l'empereur Nicéphore-Phocas, qu'elle ne pouvoit souffrir. Ses mauvais procédés envers ses fils, envers elle, l'avoient outrée contre lui. Elle conspira sa perte, en chercha l'occasion. Elle mit dans ses intérêts Jean Zimiscès, et saisit le premier moyen qui se présenta.

Lorsque Nicéphore-Phocas vit Othon-le-Grand maître de la Pouille et de la Calabre, il reconnut sa dignité impériale, et fiança sa fille Théophanie au fils de ce prince. Lorsque les ambassadeurs d'Othon vinrent la chercher, Nicéphore n'eut-il pas la lâche cruauté, l'insolente barbarie de les faire assassiner. La guerre s'alluma de rechef entre ces deux princes.

L'empereur Othon, qui, depuis le traité de mariage, avoit retiré par bienséance ses troupes de la Calabre, attendit paisiblement la princesse à Rome. Dès qu'il connut l'assassinat de ses ambassadeurs, et qu'une nouvelle armée grecque étoit rentrée dans la Calabre, il fondit sur elle, et en fit un carnage épouvantable : le reste se rendit, à défaut de moyen de fuir. Othon fit couper le nez à tous les prisonniers, dont le nombre étoit considérable, et les renvoya ainsi mutilés à Constantinople. A leur arrivée, l'armée, les grands, le peuple maudirent, menacèrent l'empereur. L'impératrice et Zimiscès profitèrent de l'occasion, et firent tuer Phocas. Zimiscès s'empara du trône, mais pour y faire monter avec lui les princes Basile et Constantin, fils de Théophanie.

<small>Ere chrétienne.</small>

969.

Jean Zimiscès envoya faire des excuses à l'empereur Othon, le satisfit et lui céda la souveraineté de Capoue, pour le dédommager des frais de la guerre.

Le nouvel empereur marcha ensuite contre les Slaves ou les Russes, qui ravageoient l'Epire et la Grèce, et en fit un massacre effroyable, qui devoit les empêcher d'y rentrer si vite.

970.

Les Bulgares, dans cette conjoncture, s'étoient jetés sur l'empire avec les Scythes, et Jean leur fit éprouver le même châtiment qu'aux Russes. L'on eût dit que tous les peuples vouloient le tâter, l'essayer. Les Turcs, s'étant jetés sur la Cilicie, furent presque tous passés au fil de l'épée.

971.

972.

<small>Ere chrétienne.</small>

Le pape Jean XIII mourut dans ce temps, et Domnus II, son successeur, l'ayant suivi au tombeau peu après, on donna la thiare à Benoît VI, tandis que Calène, fils du roi Indulfe, succédoit à Duphe, roi d'Ecosse. La parque inhumaine prouvoit encore une fois aux hommes qu'elle n'épargne pas plus les puissans que les foibles, et moissonna aussi l'intrépide Othon.

973.

Elle jeta dans la tombe ce grand conquérant, qui, pendant sa vie, y en avoit envoyé tant d'autres. Othon II, son fils, lui succéda à l'âge de dix-huit ans.

<small>OTHON II, empereur d'Allemagne.</small>

<small>Guerre de la France avec l'Allemagne.</small>

Lothaire, roi de France, conçut aussitôt le dessein de se ressaisir de la Lorraine, et y entra, soutenu de Hugues Capet, des troupes de Bourgogne et d'Aquitaine, et reprit Bar et Nanci. Il assiégea, au printemps suivant, Metz. Othon II arrive, livre bataille à Lothaire, et la perd.

974.

Crescentius ou Cincius, fils de Théodora, et, suivant la chronique du temps, du pape Jean X, voyant les deux empereurs occupés, crut l'occasion favorable de rendre Rome indépendante. Il souleva le peuple, mit le pape Benoît VI en prison, se fit nommer consul de la république romaine, et assembla une armée.

975.

Il fit ensuite étrangler Benoît VI dans la prison

où il l'avoit fait jeter, et fit proclamer pape un nommé Boniface, homme méchant et rempli de vices. Les circonstances encourageoient les désordres des factieux romains. Jean Zimiscès, empereur d'Orient, venoit d'être empoisonné par son chambellan, dont il avoit voulu réprimer les excès, et les rênes de l'État étoient dans les mains de deux jeunes princes, fils de Romain, que l'on croyoit peu propres à les tenir, et qui, pour cette raison, étoient attaqués par les Bulgares, qui osèrent marcher sur Constantinople; mais Basile, l'un des deux empereurs, se jeta avec intrépidité sur eux, les tailla en pièces, et leur fit quinze mille prisonniers. Il leur fit crever les deux yeux, excepté à cent cinquante, que l'on priva seulement d'un œil, afin que chaque borgne pût reconduire cent aveugles au roi, qui avoit pris la fuite dans le fort du combat.

Othon II remporta aussi dans cet intervalle une victoire éclatante sur les troupes de Lothaire, lui reprit la Lorraine, et profita de la défaite du roi de France pour voler à Rome. Boniface, à son approche, s'enfuit à Constantinople avec tous les trésors du saint-siége; l'alarme se répand dans Rome; la peur glace subitement les sens des factieux, comme s'il fût

> Ere chrétienne.

survenu un tremblement de terre, accompagné de grands coups de tonnerre ; ils se cachent ou vont chercher leur salut dans les bois, dans les campagnes, et il ne resta dans Rome que les femmes, les vieillards, les enfans, et ceux qui n'avoient pris aucune part à la révolte. Ils allèrent au-devant de l'empereur, se jetèrent à ses genoux, implorèrent sa clémence, et le jeune prince pardonna. Il fit aussitôt assembler le clergé et le peuple, qui élurent pape, en sa présence, Benoît VII ; mais, pendant cette irruption, le roi de France reprit la Lorraine avec la rapidité de l'éclair ; et Othon fut forcé de quitter Rome. Il repasse promptement les Alpes, vole sur le Rhin, et l'on se bat le reste de l'année avec un acharnement et une opiniâtreté inconcevables.

> Édouard II, roi d'Angleterre.

Édouard II venoit de succéder à Edgard, roi d'Angleterre. L'empereur, vaincu par Lothaire, eut recours à l'intrigue, et séduisit par les plus brillantes promesses Charles de France, frère du roi, qui osa armer contre son frère. Lothaire se remet en campagne au printemps, fond inopinément sur Aix-la-Chapelle, où Othon alloit se mettre à table, le force à la fuite, et le roi de France se fit servir à l'instant le dîner préparé pour son ennemi. L'em-

> 976.

pereur, sans perdre de temps, rassemble une armée de soixante mille hommes, marche sur Paris, où le perfide Charles lui avoit ménagé des intelligences; mais le roi quitte l'Allemagne, arrive à Paris, livre bataille à Othon, met son armée en déroute, tue un de ses neveux, et force cet empereur à une fuite précipitée et honteuse. Le perfide Charles reprenoit dans cet intervalle la Lorraine pour Othon, qui, pour s'en assurer la possession, lui donna la basse Lorraine à titre de duché relevant de l'empire.

Congalach venoit de succéder à Donchad II, roi d'Irlande, et Alfrède, belle-mère d'Édouard II, roi d'Angleterre, qui donnoit dans son royaume l'exemple de la plus belle piété, sous la direction de saint Dunstan, archevêque de Cantorbéri, fit bientôt massacrer ce vertueux roi, afin de faire régner son fils Éthelred II, qu'elle avoit eu du roi Edgard.

L'Espagne étoit également dans une position alarmante; les Normands en ravageoient les côtes, les rois chrétiens se faisoient la guerre, et les Maures, profitant de ces troubles, se jetèrent sur la Castille. Ramire III, roi de Castille et des Asturies, indisposoit encore ses sujets par ses vices, et la révolte éclata. Ce débauché fut déposé, et les Espagnols donnèrent sa cou-

Ere chrétienne.

977.

979.
Éthelred II, roi d'Angleterre.

Ere chrétienne.

981.

Vérémond II, roi des Asturies.

Othon II, châtie les factieux de Rome.

982.

ronne à Vérémond II, son cousin-germain, fils d'Ordogno III. C'étoit jeter de l'huile sur le feu dans un moment critique, et la guerre civile reprit une nouvelle fureur dans ces belles contrées, qui avoient si besoin de paix et d'union.

Othon, tranquille du côté de la France, repassa les Alpes, se rendit à Rome, y fut reçu au milieu des acclamations ; mais il ne se fioit plus aux Romains ; il étoit revenu dans l'intention de punir les factieux avec sévérité, afin de leur ôter toute idée de révolte pour l'avenir, et ces démonstrations de joie, de respect, d'amour ne le firent pas changer. Il invita à dîner les principaux de Rome avec les factieux. Au milieu du repas, éclairé par une multitude de bougies, des soldats entrèrent dans la salle, se saisirent de ceux qu'on leur désigna, les tuèrent dans une salle voisine, sans qu'Othon ait voulu discontinuer son repas, et sans que les convives aient osé donner le moindre signe d'improbation.

L'empereur retourna en Allemagne, après avoir mis ordre aux affaires de l'Italie ; et les Grecs, aidés des Maures, cherchèrent, après son départ, à reprendre la Pouille et la Calabre.

Othon revient à Rome à grandes journées,

court sur ses ennemis ; mais il étoit trop tard. Ceux-ci, en grand nombre, s'étoient fortifiés ; l'armée d'Othon, après divers combats variés, fut taillée en pièces, et il fut forcé à se sauver à la nage, pour ne pas être pris. Il en mourut de chagrin, à Rome, à la fin de l'année, comme il se préparoit à reprendre sa revanche sur les Maures.

Othon III succéda à son père ; mais l'aïeule et la mère de ce prince, encore enfant, se disputèrent la régence, et le feu de la guerre civile embrasa toute la Germanie..

Benoît VII survécut peu à son protecteur, et l'on donna la thiare au cardinal-évêque de Pavie, qui prit le nom de *Jean XIV.*

Crescentius, de retour à Rome, renouvela ses projets de liberté, rappela Boniface de Constantinople, fit arrêter Jean XIV, à qui l'on creva les yeux, et rétablit Boniface ; mais, quatre mois après, l'infâme, le cruel Boniface fut tué par un de ses valets, et traîné tout nu à la voierie.

Les brigues, les cabales firent monter dans la chaire apostolique un homme peu digne de l'occuper, et qui prit le nom de *Jean XV.*

Lothaire, roi de France, venoit de marier Blanche, princesse d'Aquitaine, cousine-germaine de Hugues Capet, avec son fils Louis. Il le fit couronner la même année, sous le nom de *Louis V*, pour le faire régner avec lui.

Almanzor, vice-roi de Cordoue, harceloit les Chrétiens d'Espagne, à la faveur de leurs divisions. Il remporta sur eux, vers les frontières de la Catalogne, une victoire éclatante, qui leur enleva Barcelonne, et d'autres entamoient le royaume de Léon.

Tandis que Kenette III, fils du roi Malcolm, montoit sur le trône d'Écosse, vacant par la mort de Culène, Lothaire, roi de France, faisoit des préparatifs pour reprendre la Lorraine et la Normandie. Tout-à-coup, il fut attaqué de coliques affreuses, qui le conduisirent au tombeau, le 12 mars, à l'âge de quarante-cinq ans.

On soupçonna la reine Emme, fille du roi d'Italie, de l'avoir empoisonné; Louis V le crut de même, et ne put souffrir sa mère depuis ce moment.

Règne de Louis V, roi de France.

Louis V, âgé de vingt ans et déjà roi de France, régna sous la protection de Hugues Capet, son cousin-germain; mais peu après il fut empoisonné, et Emme, sa mère, fut cruellement soupçonnée. Il paroît que les soupçons du jeune roi planèrent également sur Charles de France, son oncle, duc de Lorraine, car il désigna Hugues Capet pour lui succéder, au préjudice de son oncle, qui étoit l'héritier légitime de sa couronne, à défaut d'enfant mâle.

Les seigneurs français, qui abhorroient le prince Charles depuis les maux qu'il avoit causés à la France, et qui ne le considéroient plus comme Français depuis qu'il s'étoit fait sujet de l'empereur, confirmèrent le choix de Louis, leur prince chéri.

D'un autre côté, la France devoit son existence politique à la famille de Hugues, et les grands du royaume, qui s'attendoient à beaucoup de reconnoissance de sa part, craignoient, au contraire, le despotisme de Charles,

Ere chrétienne.

987.

Ere chrétienne.

qui avoit l'empereur et l'Allemagne pour lui. Hugues fut proclamé par les États assemblés à Noyon, et sacré à Rheims, au mois de juin, par l'archevêque Adalberon.

Le prince Charles arma, attaqua la France; mais cette querelle dura peu. L'Allemagne ne pouvoit le défendre alors; elle étoit en proie à la guerre civile, au sujet de la régence du jeune empereur, et les Romains étoient en pleine révolte.

Wlodimir, grand-duc de Russie, qui faisoit sa résidence à Kiow, venoit d'épouser Anne, sœur de Constantin, empereur des Grecs.

Règne de HUGUES CAPET, roi de France.

Troisième dynastie française, celle des Capétiens.

Hugues descendoit de Charlemagne par les femmes. Il étoit petit-fils de Robert, duc d'Anjou, comte de Paris, petit-neveu de Eudes, qui fut couronné roi de France, et qui étoit petit-fils de Louis-le-Débonnaire. Sa maison, depuis Eudes, soutenoit le royaume de

France : Hugues en étoit le plus puissant seigneur; il étoit comte de Paris, duc de France, de Bourgogne et d'Aquitaine. Il étoit souverain depuis Paris jusqu'au royaume de Navarre, excepté de la Bretagne et de la Normandie. Comme duc de Bourgogne, il régnoit sur les pays qui s'étendoient depuis la Lorraine jusqu'aux Alpes; enfin, sur le Dauphiné, la Provence et le Languedoc. Louis V n'avoit presque rien. La Meuse, alors, servoit de limite à la France vers l'Orient.

Hugues se concilia tous les seigneurs français par quelques concessions, et tout le clergé, en lui rendant ses riches abbayes, surtout celles de Saint-Denis, de Saint-Martin-de-Tours et de Saint-Germain-des-Prés à Paris. Il lui laissa encore le droit d'élection aux emplois de l'Église, qui étoit une justice réclamée inutilement par le clergé depuis bien des années, et en fit un corps puissant dans l'État.

Il supprima la dignité de maire du palais, suivant le désir de tous les seigneurs français, et il établit maréchaux de France les plus grands seigneurs, pour exécuter ses ordres : c'étoit leur donner part au gouvernement sur la ruine des maires du palais.

Il ordonna que le titre de roi ne seroit donné

Ere chrétienne.

qu'à l'aîné des enfans du monarque, et que les enfans naturels des rois ne seroient pas considérés comme enfans de France.

Six mois après son sacre, il assembla les États du royaume à Orléans, en obtint que son fils Robert lui seroit associé à la royauté, et il fut sacré le 1er janvier suivant.

988. Charles, duc de Lorraine, s'étoit emparé de Soissons, de Laon, de Rheims, etc.; mais il fut trahi par Ancolin, évêque de Laon, qui l'envoya au roi Hugues.

Charles fut enfermé à Orléans, où il mourut quatre ans après.

Les Anglais-Saxons et les Danois se disputoient l'Angleterre, tandis que Donald IV régnoit en Écosse.

Wlodimir, czar, grand duc de Moscovie, embrassoit la religion chrétienne, et avoit reçu le nom de *Basile* à son baptême.

L'année suivante, Arnould succéda à Thierri III, son père, comte de Hollande, et Baudouin IV devint comte de Flandre.

989.

La guerre civile, les conquêtes des Maures troubloient toujours l'Espagne: c'est dans cette conjoncture que Sanche succéda à Garcias-Fernandès, son père, au comté de Castille.

990.

Malgré leurs divisions, les princes d'Espagne se défendoient ; mais le foible roi d'Angleterre, au contraire, acheta la retraite des Danois : c'étoit faire la même faute que l'empereur Charles III. En effet, n'étoit-ce pas les engager à revenir à la charge ? La suite n'en donna que trop la triste preuve aux Anglais. Mais pourquoi les princes ne profitent-ils donc pas des fautes de leurs prédécesseurs, pourquoi ne les évitent-ils pas ? on ne les instruit donc pas de l'histoire ? Est-ce que, bornés à écouter les flatteries des grands, à tenir leur cour, on ne les rendroit pas politiques, on ne leur donneroit connoissance ni des choses ni des hommes?

Ere chrétienne.

991.

Les Espagnols sentirent la nécessité de se réunir, et firent de grands préparatifs ; ils accablèrent les Maures, les chassèrent de la Castille, et les rejetèrent sur les montagnes de la Sierra-Morena.

993.

Ce fut cette année que Thierri IV succéda à Arnoul, son père, comte de Hollande.

Peu après, Raoul III succéda à Conrad, son père, roi de la Bourgogne transjurane, de l'Helvétie, etc.

994.

Les Anglais étoient en guerre avec les Écossais, au sujet du Northumberland. L'armée écossaise, commandée par Constantin IV, roi

995.

d'Écosse, livre bataille aux Anglais : elle perd la bataille et son roi, qui se battoit comme un soldat.

Grimme, roi d'Ecosse. Grimme, fils du feu roi Duphe, qui succéda à Constantin, soutint cette guerre et fit respecter les droits de l'Écosse.

Les Espagnols faisoient, depuis leur dernière victoire, de grands préparatifs pour reprendre le Portugal aux Maures; ils remportèrent d'abord quelques avantages; mais le vice-roi Almanzor, qui avoit fait venir des secours d'Afrique, les mit dans une pleine déroute.

996. L'année suivante, il prit Léon d'assaut, saccagea Compostelle, pilla les trésors de l'église de Saint-Jacques, et en fit transporter à Cordoue les portes d'argent sur les épaules des vaincus. Les Chrétiens d'Espagne étoient dans la plus grande désolation.

Les troubles recommençoient à Rome; les factieux arrêtèrent le pape Jean XV, le jetèrent dans un horrible cachot; et Othon, tranquille en Germanie, se décida à passer en Italie pour y réprimer les désordres. Il arriva trop tard; les factieux, qui avoient pris la fuite à son approche, oublièrent le Pape dans son cachot, et lorsque l'empereur arriva, il y étoit mort de faim.

Il fit nommer à sa place un Allemand de ses parens, qui prit le nom de *Grégoire V*, et qui le couronna pendant son séjour à Rome, où il convoqua un concile. Ere chrétienne.

Dans l'intervalle de la convocation, l'impératrice Marie, d'Aragon, qu'il avoit épousée depuis quelques années, s'éprit d'un jeune comte, qui résista à sa passion. L'impératrice, outrée de son mépris, le dénonça à l'empereur comme un séducteur. Othon le condamna à perdre la tête, et, le jour même, il fut exécuté; mais, avant de périr, le comte fit appeler sa femme, et, lui ayant exposé la vérité, cette comtesse accusa publiquement devant Othon l'impératrice, qui ne put se défendre. Othon fut si irrité de ce double crime, qu'il la fit brûler vive.

Ce prince, dont l'âme étoit déchirée d'avoir été forcé de donner un tel exemple de justice, s'enferma, pieds nus et couvert d'un cilice, pendant quatorze jours dans une grotte de l'église Saint-Clément à Rome, pour implorer la miséricorde divine.

C'est dans ces entrefaites que Sanche III succéda à Garcias IV, roi de Navarre, son père; que Richard II devenoit duc de Normandie, et que la France perdit Hugues Capet. Ce Sanche III, roi de Navarre.
Mort de Hugues Capet.

Ere chrétienne.

prince, qui n'étoit âgé que de cinquante-cinq ans, fut généralement regretté, surtout des ecclésiastiques.

Robert, son fils, déjà roi de France, gouverna seul ce royaume.

~~~~~~~~~~~~

Règne de ROBERT, roi de France.

Robert étoit un des plus beaux princes de l'Europe; son physique seul inspiroit le respect; sa belle âme, son grand esprit, sa piété le mettoient au-dessus de tous les autres.

L'empereur Othon fait nommer les sept électeurs de l'empire.

Le concile convoqué à Rome par Othon s'assembla, et l'on y nomma les sept électeurs de l'empire. Il crut avoir pacifié l'Italie; il repassa les Alpes, et s'en retourna dans la Germanie. Après son départ, Crescentius, rentré à Rome avec des troupes, chassa Grégoire V, et fit porter dans la chaire apostolique Philagatris, évêque de Plaisance, qui prit le nom de *Jean XVI*.

997.

Othon retourne à Rome, fait trancher la tête à Crescentius.

Othon retourna à Rome, décidé à terminer ces divisions par la ruine de leur auteur, et y arriva presque inopinément. Crescentius s'enferma aussitôt dans le château Saint-Ange, avec l'intention de s'y défendre ; mais bientôt l'empereur se saisit du rebelle, lui fit trancher la tête. Les Romains, irrités de ce qu'on les avoit excités à la révolte, crevèrent les yeux à l'antipape Jean XVI, et le livrèrent à Othon. Grégoire V, de retour à Rome, le fit promener dans la ville sur un âne, dont la queue lui servoit de bride, et assembla un concile, qui donna aux Allemands le droit d'élire l'empereur, à condition qu'il ne porteroit que le titre de roi des Romains tant qu'il n'auroit pas été couronné par le Pape. Ce fut dans ce voyage que l'empereur Othon érigea la Maurienne en comté, en faveur de Bérold, descendant du fameux Witikind, duc de Saxe et de Hongrie, en récompense des services qu'il lui avoit rendus par ses exploits.

Une maladie épidémique s'étoit mise dans les troupes des Maures d'Espagne ; les Chrétiens profitèrent de cette occasion, marchèrent contre eux, les taillèrent en pièces, et les chassèrent entièrement du royaume de Léon où ils étoient encore rentrés. Almanzor, désespéré, se laissa mourir de faim, tandis que Malachie II succédoit à son père, roi d'Irlande.

Quelques mois après, Boleslas III, duc de Bohême, cessa de vivre, et ses deux fils Jacomir et Uldaric, se firent la guerre pour avoir sa succession. Jacomir, l'aîné, défit son cadet, lui fit crever les yeux, et l'empereur Othon, qui, dans ce moment, visitoit par dévotion le sépulcre de saint Adalbert, à Gnesne, ayant été reçu par Jacomir avec les plus grands honneurs, lui donna les ornemens royaux, et le fit proclamer roi de Bohême, sous le nom de *Boleslas Ier*.

<small>*Ere chrétienne.*</small>

<small>La Bohême honorée du titre de royaume.</small>

<small>Les Russes et les Prussiens embrassent le christianisme.</small>

Les Russes et les Prussiens recevoient la foi chrétienne par les soins de Grégoire V, qui mourut peu après.

L'empereur Othon fit monter dans la chaire apostolique Gerbert d'Aurillac, en Auvergne, qui avoit été son précepteur. Il l'avoit pourvu de l'archevêché de Ravenne lorsqu'il fut dépossédé de celui de Rheims. Tel étoit l'ignorance de ce siècle, que Gerbert, qui prit le nom de *Sylvestre II*, fut traité de magicien à Rome, à raison de sa profonde érudition.

Les Tartares s'étoient déjà emparés de l'Indostan, sous les ordres de Mahmud, et avoient détrôné les Patans; mais les Indous s'apercevoient à peine d'un changement de dynastie.

XIᵉ SIÈCLE.

Depuis que nous lisons l'histoire, nous avons déjà vu bien des changemens dans les divers états, chez les différens peuples ; nous avons vu passer rapidement les empires d'Assyrie, d'Alexandre, de Rome, celui d'Orient, celui d'Occident, et cela par l'ambition des grands, qui ont voulu avoir part au pouvoir.

Ere chrétienne.

La machine animale, pour se mouvoir et conserver son équilibre, doit ne pas se déranger de son centre de gravité ; il en est de même d'un État : il court à sa ruine dès qu'il perd son centre d'unité et qu'il se divise.

A Rome, lorsque le sénat ne fut plus respecté, et que l'armée voulut faire des empereurs, la république romaine cessa d'avoir un centre d'unité.

Les enfans du grand Constantin divisèrent l'empire, et ils n'eurent plus assez de force pour se soutenir.

Il en fut de même par-tout ; il en sera toujours de même lorsqu'il y aura des divisions dans un État.

Ere chrétienne.

Dans ce siècle, les Sarrasins, ou les Arabes, ou Maures (car c'est le même peuple) vont nous en donner une nouvelle preuve.

N'est-il pas bien étonnant que les peuples, instruits par l'expérience de tous les siècles, se laissent toujours éblouir par le désir du changement ou par les promesses astucieuses des ambitieux, plutôt que de s'élever contre les usurpateurs, qui, pour les troubler, les excitent à la révolte contre l'autorité légitime, afin d'en profiter à leurs dépens ?

Ce fut dans ce siècle que les Borussiens, les Prussiens, peuples scythiques, commencèrent à faire parler d'eux. Ils devenoient chrétiens, tandis qu'en Italie, en Espagne, dans l'Orient, dans l'Occident, à Rome même, la dissolution des mœurs étoit à son comble, surtout parmi le clergé, dont l'ambition, le despotisme augmentoient toujours : ils vouloient dominer sur les puissances de la terre.

On vit dans ce siècle deux nouveaux royaumes, celui de Bohême et celui de Hongrie. Celui d'Écosse devint héréditaire ; mais celui de Bourgogne s'éteignit et fut réuni à la couronne de France.

Les Danois s'emparèrent du royaume d'Angleterre; et les Turcs Seljonkides, race de Huns sortis de la Tartarie, s'établirent sur les ruines du califat.

Enfin, les Normands se rendirent maîtres de la Pouille et de la Calabre, et, bientôt après, de la Sicile, tandis que leur duc se mit en possession du royaume d'Angleterre.

Les empereurs de Constantinople, pendant ce siècle, furent :

Basile et Constantin, Romain, Michel, Michel Calafate, Constantin-Monomaque, Théodora (l'impératrice), Michel-le-Guerrier, Isaac-Comnène, Constantin-Ducas, l'impératrice Eudoxie, Romain-Diogène, Michel-Ducas, Nicéphore II.

Les empereurs d'Allemagne furent :

Othon III, Henri II, Conrad II, Henri III, Henri IV.

Les rois de France furent :

Robert, Henri Ier, Philippe Ier.

En Espagne, les princes chrétiens furent, dans les royaumes des Asturies et de Léon :

Alphonse V et Vérémond III, le dernier de ces rois.

Dans la Castille, Ferdinand-le-Grand, roi de Castille, de Navarre, de Léon et des Asturies, Sanche et Alphonse VI.

Ère chrétienne.

Dans la Navarre, Garcias V, Sanche IV, Sanche V, roi d'Aragon et de Navarre.

En Aragon, Ramire, Sanche Ier, Pierre Ier.

Les rois d'Angleterre furent : Ethelred II, Edmond II, Canut, Harold, Canut II, Alfred II, Édouard III, Harold II, Guillaume, Guillaume II et Robert.

1000.
La Hongrie érigée en royaume.

Au commencement de ce siècle, le pape Silvestre II honora la Hongrie du titre de royaume, en faveur du prince Étienne, fils de Geisa, qui, le premier de cette nation, embrassa le christianisme.

Othon viole le tombeau de Charlemagne.

Othon III violoit le tombeau de Charlemagne à Aix-la-Chapelle. Il trouva ce prince dans le même état où il avoit été embaumé, revêtu de ses habits impériaux, bien conservés sur le cilice qu'il portoit. Il enleva ses habits, sa couronne, son cimeterre, sa croix d'or, et envoya le trône d'or sur lequel il étoit assis à Boleslas, roi de Pologne.

1001.
Alphonse V succédoit à Bérémont ou Vérémont II, son père, roi des Asturies et de Léon. Les Maures étoient alors dans sa capitale; mais il les en chassa bientôt.

L'empereur Othon III étoit toujours en Italie, pour réprimer les révoltes des Romains, qui vouloient être indépendans, sans avoir les moyens de le devenir. De nouvelles séditions le firent revenir à Rome; il en fit une sévère justice, malgré les instances de sa maîtresse, Jeanne, veuve du rebelle Crescentius, qui, outrée de ce refus, l'empoisonna dans son château de Paterno, près Rome, avec des gants qu'elle lui donna.

<small>Ere chrétienne.</small>

<small>1002.</small>

Aussitôt Henri II, duc de Bavière, qui avoit été son compétiteur, prit les ornemens impériaux et se déclara empereur; mais Hardoin, marquis d'Ivrée, s'empara de l'Italie, et prit le titre de roi.

<small>Henri II, empereur d'Allemagne.</small>

Dans ces entrefaites, Robert, roi de France, épousa Berthe, veuve de Eudes, comte de Chartres, et fille du roi de Bourgogne. Elle n'étoit sa parente qu'au quatrième degré; mais comme il n'avoit pas demandé au pape Silvestre sa permission, il le menaça d'excommunication s'il ne la renvoyoit pas.

<small>1003.</small>

Robert, au contraire, auroit cru commettre un crime en la répudiant, et s'obstina à la garder.

Le pape Silvestre, poussé par l'empereur Henri II, qui avoit envie de la Bourgogne, mit son royaume en interdit, et frappa d'anathême le pieux Robert.

<small>Robert excommunié.</small>

La superstition étoit si grande alors que les

courtisans s'éloignèrent de lui ; il ne lui resta que deux domestiques, qui n'osoient rien toucher de ce qui avoit passé dans les mains de ce vertueux monarque. Un pontife, destiné par devoir à donner l'exemple des vertus chrétiennes, devroit-il se laisser porter par l'orgueil ou l'intérêt à compromettre la religion dont il est le chef ? Le souverain maître du monde retira bientôt de la chaire apostolique ce mortel orgueilleux, si peu digne de l'occuper, et le fit rentrer dans le néant quelques jours après. Il eut pour successeur Jean XVI, qui ne vécut que cinq mois après lui, et Jean XVII lui succéda au mois de novembre.

1004.
Henri reprend l'Italie, et se fait couronner empereur.

L'empereur Henri II étoit en Italie, et se battoit contre Hardoin. Au printemps suivant, cet empereur l'attaqua, mit son armée en déroute et le fit prisonnier. Henri se fit ensuite couronner à Pavie par le pape Jean XVII.

Ce fut dans ce temps que mourut Grimme,

Malcolm II, roi d'Écosse.

roi d'Écosse ; Malcolm II, fils du roi Kenette III, fut élu pour le remplacer.

Il rend ce royaume héréditaire.

1005.

La première année de son règne il rendit ce royaume héréditaire, le divisa en baronies et lui donna des lois sages.

Tout-à-coup la Bourgogne fut sans chef. Robert, roi de France, en étoit l'héritier légitime, et l'on voulut lui contester ses droits. Dans cette situation, la reine Berthe, voyant que son union avec Robert causoit les malheurs de ce prince, se sacrifia pour le bonheur d'un prince qu'elle chérissoit ; elle se retira malgré lui dans un monastère.

Robert alla à Rome se réconcilier avec l'Église, et se remaria, la même année, avec Constance, fille de Guillaume, comte d'Arles. Ses droits sur la Bourgogne devinrent bien plus incontestables. Au printemps suivant il y entra, prit Avalon, qui en étoit une des plus fortes places alors, et bientôt il réunit la Bourgogne à la couronne de France.

La guerre civile étoit allumée chez les Maures d'Espagne. Hissem II, dernier roi du sang d'Almanzor, venoit de mourir ; deux princes maures se disputoient ses États. Les comtes de Barcelonne et d'Urgel avoient pris les armes l'un contre l'autre à ce sujet : tous les Arabes y avoient pris part. Cela pouvoit-il être autrement, puisque d'autres seigneurs, à la faveur de ces troubles, vouloient se rendre indépendans ?

Les villes de Tolède, de Valence, de Saragosse, de Séville, d'Orihuela devinrent capitales d'autant de royaumes. Si les princes

Ere chrétienne.

1006.

1007.

Divisions parmi les Maures d'Espagne.

chrétiens n'eussent pas été divisés, les Maures auroient facilement été expulsés d'Espagne; mais tout alors y étoit en combustion.

1009. C'est pendant ces troubles que mourut le pape Jean XVII; Sergius IV lui succéda. Il ne fut pas plutôt dans la chaire apostolique qu'il engagea les princes chrétiens à chasser les Sarrasins de la Sicile, et ils y parvinrent; l'empereur Henri en fit un carnage épouvantable.

1011. L'empereur Henri chasse les Maures de la Sicile.

1012. L'année suivante, le vertueux Sergius IV cessa de vivre; un Romain de la maison de Toscane lui succéda, et prit le nom de *Benoît VIII*. Quelques factieux, appuyés de personnes considérables, proclamèrent pape un prêtre nommé *Grégoire*, et Benoît fut chassé de Rome. L'empereur Henri repassa les Alpes, punit sévèrement les factieux, et rétablit Benoît VIII, qui le couronna ensuite avec l'impératrice Cunégonde, dans l'église de Saint-Pierre.

Le pape Benoît VIII est chassé de Rome par des factieux.

L'empereur Henri le rétablit.

Dès qu'il fut parti, les Grecs et les Sarrasins entrèrent dans la Calabre, et osèrent même assiéger Rome. Ces entreprises forcèrent l'empereur Henri à repasser les Alpes; mais les Sarrasins n'attendirent pas son arrivée pour lever le siége de Rome; ils allèrent se fortifier dans la Pouille et la Calabre.

Les Maures assiégent Rome.

L'empereur Henri repasse les Alpes.

Tandis que Henri s'occupoit à les réprimer,

les Danois et les Norwégiens fondirent de nouveau sur l'Angleterre, s'en emparèrent, et Swénon devint roi de Danemarck et d'Angleterre.

Les Danois s'emparent de l'Angleterre.
1013.

Les Maures ne pouvoient plus tenir contre Henri; ils profitèrent du temps de l'hiver pour se procurer de nouveaux soldats; mais, au printemps suivant, l'empereur leur livra bataille, en fit un carnage effroyable, et les rejeta loin de l'Italie. A son retour à Rome, le pape Benoît lui fit cadeau d'une magnifique couronne d'or, d'une boule d'or représentant le monde, surmontée d'une croix de même métal.

1014.
L'empereur Henri chasse les Maures de l'Italie.

Swénon, après la conquête qu'il avoit faite d'une grande partie de l'Angleterre, vécut peu; Canut, son fils, déjà roi de Danemarck et de Norwège, passa en Angleterre, où Edmond II cherchoit à ressaisir sa couronne. Les deux rois se rencontrèrent bientôt; mais Canut-le-Grand extermina les troupes anglaises, qui, de désespoir, tuèrent leur roi.

1016.
Canut-le-Grand, roi d'Angleterre et de Danemarck.

Les Anglais se soumirent; Canut s'occupa d'affermir sa puissance et d'établir des lois dans son nouveau royaume.

1017.

Ce fut cette année que le roi de France fit couronner, à Compiègne, Hugues, son fils aîné. Ce prince n'avoit que dix ans ; mais il donnoit les plus grandes espérances, et étoit déjà l'idole de la France.

Robert, quoique en guerre depuis dix ans avec l'Allemagne au sujet de la Bourgogne et de la haute Lorraine, ne laissoit pas de surveiller avec le plus grand soin la religion dans ses États et d'y faire fleurir la justice. Après avoir assemblé un concile à Orléans contre les Manichéens qui se réveilloient en France, il en fit tenir un nouveau à Chelle, qu'il présida lui-même. Tandis que la guerre entre la France et l'empereur se faisoit avec des succès variés, les Irlandais détrônèrent leur roi Malachie II, qui s'étoit soumis à payer un tribut considérable aux Danois, et proclamèrent Brian, prince intrépide, d'un grand espoir, et qui avoit déjà plusieurs fois donné de grandes preuves de sa valeur aux Danois.

Il paroît que c'est l'année suivante que Canut, roi d'Angleterre, acheva la conquête de la Norwège. Il fut alors maître de trois royaumes, de la Norwège, du Danemarck et de l'Angleterre. Ce conquérant inquiétoit vivement l'empereur Henri, qui chercha à faire la paix avec la France. Les ministres respectifs n'ayant pu terminer les difficultés, les deux princes se rendirent sur les bords de la Meuse, au-dessous de Mouzon, dans la Lorraine, pour les lever. Ils mirent fin à leurs prétentions, et déterminèrent les limites des deux États. La paix qui se fit alors entre l'Allemagne et la France dura plus de cinq cents ans. L'empereur étoit fatigué de la guerre. Il étoit d'ailleurs attaqué de la pierre, qui le faisoit cruellement souffrir. On lui en fit l'opération à Magdebourg, et bientôt il en mourut à Grosne.

Il avoit vécu dans le célibat avec l'impératrice Cunégonde, et ne laissa point d'enfans. Il désigna, avant de mourir, Conrad, duc de Franconie, pour lui succéder, et l'Allemagne se conforma au choix de ce brave et vertueux prince, qui fut généralement regretté. L'impératrice et lui furent canonisés en 1151.

Conrad II, duc de Franconie, qui fut surnommé le Salique, passe pour descendant de Conrad-le-Sage, duc de Franconie.

Le pape Benoît VIII mourut au commencement de son règne. Un Tusculan, descendant des comtes de Toscane, s'empara du saint-siége, et prit le nom de *Jean XVIII*. Chassé de Rome, il se retira en Allemagne, et l'empereur Conrad le rétablit.

Basile II, empereur de Constantinople, ma-

Ere chrétienne.

1023.

1024.

Règne de CONRAD II, empereur d'Allemagne.

1025.

lade depuis long-temps, succomba à ses souffrances, et Constantin, son frère, resta seul maître du trône. Miscislas II succéda à Boleslas Ier, son père, roi de Pologne.

Frédéric II, duc de Lorraine, venoit de fermer les yeux. Il ne laissoit que deux filles, Béatrix, qui fut mariée au marquis de Montferrat ; et Sophie, qui épousa Louis, comte de Monçons. Conrad donna le gouvernement de ses États à Gothelon.

1026. Richard III hérita, l'année suivante, de Richard-l'Intrépide, son père, duc de Normandie. Le feu de la guerre civile s'étoit rallumé en Italie. L'empereur Conrad fut forcé d'aller l'éteindre. Il châtia les rebelles d'une manière terrible, et se fit couronner roi d'Italie à Milan, puis à Mouza. Il se rendit ensuite à

1027. Rome, y fut couronné empereur par le Pape, en présence de Rodolphe, roi de la Bourgogne transjurane, de Canut, roi d'Angleterre et de Danemarck.

Humbert succédoit à Bérold, comte de Maurienne, son père, et bientôt Robert II devint

1028. duc de Normandie, Richard III, son père, ayant été empoisonné. Le roi de France éprouva un cruel chagrin de la perte du jeune roi Hugues, qui fut regretté de toute la France.

Robert fit ensuite couronner Henri, son second fils, malgré la reine Constance, qui remuoit ciel et terre pour placer Robert, son troisième fils, sur le trône; le roi tint ferme contre cette injustice, et donna, pour l'apaiser, la Bourgogne en apanage à Robert.

Ere chrétienne.

L'empereur Conrad II, à son exemple, associa à l'empire son fils Henri III, et les États d'Aix-la-Chapelle le reconnurent.

Constantin, empereur d'Orient, étoit attaqué d'une maladie qui lui laissoit peu d'espoir. Il força Zoé, sa fille, à se marier avec Romain, sénateur, âgé de soixante ans, l'associa à l'empire, et mourut quelques jours après.

Alphonse V, roi d'Espagne, profitant de la division des Maures, agrandissoit ses États, poursuivoit ses conquêtes. Il étoit sur le point de se rendre maître du Portugal, lorsqu'il fut tué au siége de Viséo. Bérémond III, son fils, lui succéda, tandis que Garcias II héritoit de Sanche, comte de Castille, son père.

Bérémond III, roi d'Espagne.

L'année suivante, Garcias fut assassiné le jour de ses noces. Sanche III, roi de Navarre, qui avoit épousé la princesse Elvire ou Géloire, sœur de Garcias, réunit la Castille à son royaume de Navarre. C'est dans cette conjoncture que des Normands se jetèrent par troupes en

1029.
Réunion de la Castille au royaume de Navarre.

Italie, vendant leurs bras à ceux qui les payoient le mieux. Ils défirent le prince de Capoue en guerre avec le duc de Naples, qui les avoit pris à son service.

Le duc, pour les récompenser, leur donna, entre ces deux villes, un grand territoire où ils fondèrent la ville d'Averse.

Les Arabes commirent aussi dans ce temps une même faute en politique. Un de leurs tyrans appela à son secours des peuples du Turkestan, et leur donna un établissement dans la Perse.

Canut-le-Grand, roi d'Angleterre et de Danemarck, non content d'être maître de trois royaumes, vouloit encore en conquérir un quatrième. Il porta ses armes victorieuses contre les Irlandais; Brian, roi d'Irlande, le repoussa; mais Canut ne se rebuta pas; il fit de nouveaux et plus grands préparatifs. Il se mit, au printemps suivant, à la tête de ses troupes, et descendit en Irlande. Brian lui livre bataille, se bat à la tête de ses troupes avec une rare intrépidité; mais enfin il perd la bataille et la vie. Malachie II, qui fut rétabli sur le trône d'Irlande, fit la paix avec Canut, et passa le restant de sa vie dans des exercices de piété. Il regagna la bienveillance de ses sujets par une sage administration, et se fit respecter de ses voisins.

Malcolm II, roi d'Écosse, mourut regretté de tous ses sujets, et Duncan, fils de Crène, prince des îles Hébrides, et de Béatrix, fille de Malcolm II, fut proclamé roi d'Écosse.

Sanche III, roi de Navarre, partagea ses royaumes à ses fils.

Il donna la Castille à Ferdinand, avec la qualité de roi.

Gonzalès fut roi de Sobrarbre et de Ripagorça.

Ramire, son fils naturel, devint roi d'Aragon. Il garda pour lui le royaume de Navarre, et s'associa son fils Garcias V.

Raoul, roi de la Bourgogne transjurane, laissa par testament son royaume à l'empereur Conrad.

La famine fut si cruelle en France pendant l'hiver de cette année, que des malheureux déterrèrent des corps pour les manger. L'on guettoit les petits enfans pour s'en nourrir. L'histoire rapporte même que des hommes se retiroient dans les bois, y massacroient et mangeoient les passans. Le roi Robert étoit désolé de voir ses sujets en proie aux horreurs d'une si terrible famine. Ce vertueux prince en mou-

Ere chrétienne.

1033.

Duncan, roi d'Écosse.

L'empereur Conrad devient roi de la Bourgogne transjurane.

rut de chagrin au mois de juillet, âgé de soixante-un ans. C'est dans ces affreuses et cruelles angoisses que son fils Henri monta sur le trône de France. Les princes, dont le devoir est de lire l'histoire, ainsi que Basile, empereur d'Orient, et le vertueux Bossuet le leur ont prouvé, devroient bien prévenir ces funestes calamités, qui peuvent avoir pour eux et leurs sujets des suites si fâcheuses.

Il n'y a rien de si facile d'assurer une subsistance aisée aux malheureux, dont la classe par-tout est la plus nombreuse. C'est le premier devoir d'un prince chrétien; mais sous le règne du pieux Robert, où les propriétés étoient dans les mains d'un petit nombre d'hommes puissans et égoïstes, qu'il devoit ménager, le prince ne pouvoit que gémir.

Règne de HENRI I*er*, roi de France.

Henri avoit deux frères, Eudes et Robert. Il céda, pour gagner la bienveillance de la reine Constance, sa mère, à son frère Robert, la Bourgogne, que son père déjà lui avoit donnée en apanage. Elle fut alors, comme la Normandie, un fief relevant de la couronne de France, et Robert fit la première branche des ducs de Bourgogne. A peine la France sortoit-elle des calamités, que les intrigues et l'avarice du clergé y plongèrent la chrétienté. Jean XVIII, que la simonie avoit fait pape, cessa de vivre, et le clergé de Rome ne rougit pas de porter dans la chaire apostolique un jeune comte de Toscane qui n'avoit que douze ans. Il prit le nom de *Benoît IX*, et scandalisa le monde par sa mauvaise conduite. Il se passa dans le même temps, en Orient, une scène encore plus horrible. Zoé, fille de Constantin et femme de Romain, empereur d'Orient, eut la bassesse et l'indignité de se passionner pour un Paphlagonien d'une origine très-obscure, nommé *Michel*. Dans la fureur de sa honteuse

Ere chrétienne.

Origine du duché de Bourgogne.

Michel, empereur d'Orient

passion, elle empoisonna son mari, afin de s'y plonger plus facilement ; et s'impatientant de ce que le poison n'agissoit pas assez vite, elle le fit noyer dans son bain, et se remaria ensuite avec Michel, qui, de valet, devint empereur.

Casimir Ier, roi de Pologne.

C'est la même année que Casimir Ier devint roi de Pologne par la mort de Miscislas II, son frère, et que Baudouin V hérita de Baudouin IV, son père, comté de Flandre.

1035. Robert II, duc de Normandie, mourut peu après, et Guillaume, son fils naturel, se saisit de ce duché.

Canut, roi d'Angleterre, touchoit à la fin de sa carrière. Il donna les royaumes de Danemarck et de Norwège à son fils Canut ; mais dès qu'il fut mort, Harold, son fils naturel, s'empara du trône d'Angleterre.

Ferdinand, roi de Castille, venoit de perdre don Sanche III, son père, roi de Navarre. Garcias V, son frère, devenoit seul roi de cet État.

Ferdinand, qui étoit en guerre avec le roi des Asturies, engagea ses frères à le secourir. Ils rassemblèrent une puissante armée contre Bérémont ou Vérémont, leur cousin, l'at-

1036. taquèrent l'année suivante, et Vérémont perdit la bataille et la vie. Ferdinand, roi de Castille, ajouta à son royaume ceux de Léon et des Asturies, malgré le traité fait avec Garcias V, son frère, roi de Navarre. Les deux frères se brouillèrent, se firent la guerre dans un moment où ils auroient pu si facilement chasser les Maures divisés de l'Espagne, qui se battoient avec fureur, et qui n'avoient plus qu'une ombre de puissance.

Réunion des royaumes des Asturies et de Léon à celui de Castille.

Bozetislas, fils d'Uldaric, succéda à Jacomire, roi de Bohême, son oncle, qui n'avoit point de postérité.

1037. *Bozetislas, roi de Bohême.*

La Bohême est un petit État au centre de l'Europe, vers l'ouest, au nord de l'Autriche et de la Bavière, à l'ouest de la Moravie, à l'est de la Franconie, au sud de la Prusse et de la Saxe. Elle n'a que cinquante-cinq lieues de France dans sa plus grande largeur, et cinquante du nord au midi. Elle a la forme d'un trèfle; c'est un pays rempli de bois et de montagnes, dont la capitale est Prague. Un si petit État, voisin de grandes puissances, ne devoit pas rester long-temps indépendant.

1038. *Mort de saint Etienne, roi de Hongrie.*

Étienne, roi de Hongrie, mourut, l'année suivante, sans laisser de postérité. Les Hongrois, peuple farouche, peu facile à gouver-

Ère
chrétienne.

Pierre, roi de Hongrie,

ner, regrettèrent généralement ce vertueux prince, qui fut canonisé dans la suite. Ils élurent, pour les gouverner, Pierre, fils de l'une des sœurs d'Étienne.

La Hongrie n'est séparée de la Bohême que par la Moravie; elle est plus au centre de l'Europe que la Bohême; enfin elle est située entre le 45ᵉ et le 50ᵉ degré de latitude, au nord de la Turquie européenne, et au sud de la Bohême; elle est à l'est de l'Autriche et à l'ouest de la Russie.

C'est une espèce de boule, qui a bien plus d'étendue que la Bohême. Elle a près de cent de nos grandes lieues de France du nord au midi, et près de cent cinquante de l'est à l'ouest. Bude en est la capitale. Le pays est très-chaud, à cause des montagnes dont il est hérissé; mais les rivières qui arrosent les plaines y procurent une grande fertilité.

Un des chefs des Turcs Sel joukides, que les califes de Bagdad avoient reçus comme troupes auxiliaires en 997, embrassa cette année le mahométisme. Il devint général du soudan d'Égypte : c'est Michel, qui ne respiroit, comme les Arabes, que la guerre et les conquêtes.

Togul-Beg, autre chef de ces Turcs, de

la race des Huns, étoit établi depuis huit ans dans la Perse. Ces deux guerriers, voyant l'empire des califes si diminué depuis que plusieurs gouverneurs de province s'étoient rendus indépendans, conçurent le projet de s'emparer de l'autorité de ceux qu'ils étoient venus seconder. Michel promit d'empêcher le soudan d'Égypte de secourir le calife de Bagdad, et Togul-Beg se chargea de l'exécution de leur projet. Il retourna dans la Tartarie, y rassembla, par ses promesses, une puissante armée de Turcs, qui quitta sans regret le Turkestan, rentra dans la Perse, se déclara indépendant, et se mit en possession des provinces voisines de l'établissement que lui avoient donné les sultans de la maison Bovia, qui occupoit alors le trône de Perse.

{Ère chrétienne.

Les Turcs attaquent la Perse.}

Deux fils de Tancrède, gentilhomme normand, Fier-à-Bras et Dreux, attirés par les Normands établis à Averse, près de Capoue, passèrent dans la Calabre à la tête d'une troupe de Normands. Cette petite troupe fut bientôt grossie des Aversois et des Grecs mécontens. Alors Fier-à-Bras et Dreux attaquèrent les Sarrasins, les défirent, et se rendirent maîtres de la Pouille. Dreux en fut déclaré duc, et devint ensuite comte de Sicile.

{Les Normands s'emparent de la Pouille.}

Ère chrétienne.

1039.

HENRI III, empereur d'Allemagne.

L'empereur Conrad II, aussitôt qu'il en fut prévenu, prit la résolution d'y porter remède; mais la mort, qui le rencontra à Utrecht, le précipita inopinément dans le tombeau, et Dreux se fortifia dans sa nouvelle conquête.

Henri III, le Noir, fils de Conrad, se trouva seul à la tête de l'empire; ayant à soutenir une guerre contre le roi de Bohême, il ne pu passer en Italie. Les Normands profitèrent de la circonstance pour s'agrandir; les peuples étoient si vexés, si désolés par les Sarrasins, qu'ils s'empressèrent de secourir Dreux et Fier-à-Bras, qu'ils regardoient comme leurs libérateurs.

Les peuples alors étoient tombés dans une telle ignorance, les prêtres les avoient rendus si superstitieux, que les évêques étoient plus puissans en France, dans la Germanie, en Espagne, en Italie que les princes. Ils apportoient tant de difficultés dans les mariages que

Le roi de France se remarie avec une princesse de Russie.

Henri Ier, roi de France, qui avoit perdu sa première femme, alla en chercher une autre dans la Russie, pour ne pas avoir de démêlés avec eux. Il épousa Anne, fille de Jarodislas, czar de Russie.

Ferdinand-le-Grand, roi des Asturies, de Castille et de Léon, ne laissoit pas respirer les

Maures d'Espagne. Il poussa ses conquêtes jusqu'à la rivière de Mondégo, dans le centre du Portugal, et força les Maures de cette contrée à lui payer tribut.

Ere chrétienne.
1040.

Canut, roi de Danemarck et de Norwège, fils légitime de Canut-le-Grand, roi d'Angleterre, battoit Harold, son frère naturel, qui avoit usurpé le royaume d'Angleterre. Harold rassembla toutes ses forces, marcha contre son frère, et perdit la bataille et la vie. Canut II, maître du royaume d'Angleterre, déshonora la mémoire de son frère.

Canut II, roi d'Angleterre.

L'odieux Michel, empereur d'Orient, bourrelé de remords, prit la résolution de se faire moine; mais il commit encore une infamie avant de se retirer dans un monastère : il nomma *César* un calfateur de vaisseaux : c'est Michel, son neveu.

Michel, malgré ses pratiques de superstition, n'échappa pas plus à la mort dans un cloître que sur le trône; elle l'anéantit l'année suivante.

1041.

L'infâme Zoé, qui avoit adopté Michel-Calafate, lui donna l'empire. Cet empereur d'occasion relégua Constantin-Monomaque, favori de Zoé, dans l'île de Lesbos, et l'impératrice jeta feu et flammes.

Michel-Calafate, empereur d'Orient.

Michel, jaloux du commandement, comme le sont les nouveaux parvenus, fut ingrat comme eux, et relégua sa bienfaitrice dans une autre île. Les peuples se révoltèrent de cet outrage, crevèrent les yeux à Michel, et rappelèrent Zoé. Elle gouverna avec Théodora, sa sœur; mais, ces deux princesses ne s'occupant que de plaisirs et de divertissemens, l'on engagea Zoé à se remarier. Elle épousa Constantin-Monomaque, qu'elle avoit tiré de l'île de Lesbos, et lui donna la couronne impériale. Ce prince fit rebâtir le temple de Jérusalem, que les Sarrasins avoient ruiné trente-neuf ans auparavant, tandis que Benoît IX scandalisoit la chrétienté par ses crimes et sa vie licencieuse. On l'expulsa de Rome, et l'on mit à sa place le cardinal Jean, qui prit le nom de *Silvestre III*. Il fut chassé trois mois après à cause de ses débauches, et Benoît IX remonta sur la chaire apostolique.

Les Hongrois venoient de détrôner Pierre, leur roi, et avoient proclamé Ovon, qui avoit épousé une sœur du roi Étienne; mais Pierre obtint du secours de l'empereur d'Allemagne, qui attaqua bientôt la Hongrie.

Une révolution plus grande encore éclata en Angleterre.

Le roi Canut II mourut d'apoplexie dans un festin. Magne, fils de saint Olgus, le remplaça sur le trône de Danemarck et de Norwège.

Alfred, fils du feu roi Éthelred II, détrôné par les Danois, monta sur le trône de ses pères, aidé d'un puissant parti, et chassa les Danois des charges publiques. Alfred ne garda pas long-temps le trône ; il mourut sans postérité, et les Anglais proclamèrent son frère, Édouard-le-Confesseur. Il s'étoit retiré en Normandie avec Emme, sa mère, fille du duc Richard Ier, seconde femme du roi Éthelred. Le royaume d'Angleterre étoit peu considérable alors. Il n'avoit que cent cinq de nos grandes lieues de France, du nord au sud, et quatre-vingts de l'est à l'ouest. Le pays de Northumberland, au nord de l'Angleterre, appartenoit à l'Écosse.

Les Danois n'avoient pu s'emparer de l'Irlande, où régnoit, depuis quelques mois, Donchad III, fils de Malachie II. Cette île, située à l'ouest de l'Europe, a quatre-vingt-dix de nos grandes lieues de France du nord au sud, et cinquante de large. Elle est séparée de l'Angleterre par le canal de Saint-Georges, formé par l'Océan occidental. Ce royaume,

Ere chrétienne.

Magne, roi de Danemarck.

Alfred, roi d'Angleterre.

1043.

Édouard-le-Confesseur, roi d'Angleterre.

Donchad III, roi d'Irlande.

dont Dublin est la capitale, valoit alors le royaume d'Angleterre.

1044. Benoît IX, pour vivre plus librement, consentit à quitter la chaire apostolique, au moyen d'une pension que Grégoire VI, son successeur, promit de lui faire. Ce nouveau pape s'occupa de la réforme des mœurs, et donna enfin l'exemple d'une bonne conduite à la chrétienté.

Les Normands augmentoient leurs conquêtes dans le royaume de Naples, personne ne pouvoit s'y opposer.

L'empereur Henri III étoit accablé d'affaires ; le roi de Bohême avoit pris le parti d'Ovon, roi de Hongrie, et leurs troupes étoient intrépides et braves : cependant l'empereur ga-

Bataille de Javarin. gna la bataille de Javarin, où Ovon perdit la vie, et rétablit Pierre sur son trône. La paix fut de peu de durée ; les frères de Pierre, roi de Hongrie, courroucés de ce qu'il avoit traité avec l'empereur, lui crevèrent les yeux.

1045. L'empereur précipita ses pas vers la Hongrie, punit les rebelles sévèrement, et mit sur le

André, roi de Hongrie. trône André, qui étoit de la famille Géisa.

1046. Après cette expédition, il se rendit à Rome, indigné des désordres qui s'y commettoient, et fit aussitôt assembler un concile à Sutri, ville épiscopale de la Toscane, pour examiner la cause de Grégoire VI, accusé de simonie. Ce pape n'attendit pas la décision du concile; il quitta volontairement le saint-siége, se retira au monastère de Cluni, et l'empereur fit alors déposer les deux autres papes. On élut, le 21 décembre, un vertueux prélat, qui ne vouloit pas accepter dans un temps où la dépravation des mœurs étoit à son comble. On le força, et il prit le nom de *Clément II*. Il sembloit que ce vertueux pontife prévoyoit, redoutoit la catastrophe qui le précipita dans le tombeau. Il fut empoisonné par un Bavarois, qui se fit pape, et prit le nom de *Damase II*. L'empereur convoqua aussitôt une assemblée à Worms, où il proposa Bruno, évêque de Toul, son parent. On déposa Damase, et Bruno, qui prit le nom de *Léon IX*, fut élu pape. Le vertueux Bruno, en se rendant à Rome, passa à l'abbaye de Cluni, où le pape Grégoire VI s'étoit retiré. Le moine Hildebrand, élevé à Rome, lui conseilla d'entrer dans cette ville en simple particulier, en lui faisant entendre que l'empereur n'avoit pas le droit de nommer le souverain-pontife.

Cette année, Succin II, fils d'une sœur de

Ere chrétienne.

1048.

Succin II, roi de Dancmarck.

Canut, devint roi de Danemarck, par l'abdication du roi Magne.

Amédée succéda à Humbert, son père, comte de Maurienne; et Florent, frère de Thierri V, héritoit du comté de Flandre.

L'empereur Henri III donna la Lorraine à Gérard d'Alsace, petit-fils d'Albert, marquis d'Alsace.

1049. Bruno arriva à Rome au mois de janvier, et demanda une élection canonique. Ce vertueux prélat, recommandable par des mœurs édifiantes encore plus que par sa naissance, fut intronisé le 12 février, avec les plus grandes acclamations, par le peuple et par le clergé. Il fut canonisé après sa mort. L'empereur lui céda Bénévent, pour racheter un tribut annuel de cent marcs d'argent, que l'empire payoit depuis l'empereur Henri II, en reconnoissance de ce que l'évêché de Bamberg avoit été soumis immédiatement au saint-siége.

Léon IX, plein d'ardeur pour la réforme des mœurs, se crut en droit d'employer tous les moyens possibles : il agit en maître absolu. Sans l'agrément de Henri Ier, roi de France, même malgré ce prince, il vint tenir un concile à Rheims, déposa quelques évêques, excommunia ceux qui avoient préféré obéir au roi que de se rendre au concile, et s'en retourna en Italie, en déposant, excommuniant, dans sa route, ceux qui, par leur mauvaise conduite, avoient mérité la censure.

Il convoqua, la même année, un concile à Mayence, qui fut composé de quarante évêques et présidé par l'empereur. Il fit des décrets pour réprimer les mêmes désordres qui avoient occasioné le concile de Rheims.

Le Pape convoqua ensuite un concile à Rome, où il déploya toute la sévérité dont l'Église avoit besoin, et l'on y condamna l'hérésie de Bérenger sur l'Eucharistie.

Bérenger de Tours, archidiacre d'Angers, enseignoit que le pain et le vin, dans l'Eucharistie, n'étoient ni le corps ni le sang de Jésus-Christ. Il disoit qu'ils n'en étoient que la figure, et que l'Eucharistie n'étoit qu'un signe commémoratif. Bérenger abjura ses erreurs, comme il le fit ensuite au concile de Paris.

Le Pape donnoit l'exemple de la vertu, alloit prier toutes les nuits, pieds nus, couvert d'un habit de pénitent, à l'église de Saint-Pierre, s'appliquoit continuellement à nourrir les pauvres, les invitoit dans son palais et les servoit lui-même. Que de relâchement il y

Ere. chrétienne.

1050.
Concile de Rome.

Ere chrétienne.

avoit alors dans la profession de la religion chrétienne ! ce n'étoit plus l'Église des cinq premiers siècles. Si un homme tel que Léon IX ne fût monté dans la chaire apostolique, bientôt il n'y auroit plus eu de religion.

Usages de l'Église primitive.

Il y avoit, dans les cinq premiers siècles, des diaconesses et des religieuses.

Les diaconesses, instituées par les apôtres, étoient des veuves de soixante ans, ou des filles de quarante ans, qui se dévouoient à des œuvres de piété, portant les aumônes aux femmes, et leur enseignant le catéchisme ; elles remplissoient enfin auprès du sexe les devoirs que les diacres rendoient aux hommes.

Les religieuses étoient rigidement cloîtrées. Le trente-huitième canon du concile d'Épaone, en Dauphiné, présidé par le pape Hormisdas, en 517, en régla le statut.

« L'entrée des monastères des filles ne sera
» permise, pour quelque nécessité que ce soit,
» qu'à des personnes âgées et d'une intégrité
» de vie reconnue. Les prêtres qui y entre-
» ront pour célébrer la messe se hâteront
» d'en sortir dès que leur office sera achevé :
» hors cela, l'on n'y laissera entrer ni clerc
» ni jeune moine, à moins que ce ne soit un
» père ou un frère. »

Le presbytère des évêques étoit un collége composé de prêtres et de diacres, qui partageoient avec l'évêque les soins de l'épiscopat, et en étoient le conseil.

L'Église prioit, en général, pour tous les Chrétiens; mais elle faisoit encore des prières particulières pour ceux portés sur les diptiques, catalogues sur lesquels étoient les noms des personnes vivantes ou mortes. Le diacre récitoit ces noms pendant la célébration des saints mystères.

On prioit pour les empereurs, les rois, le Pape, l'évêque du lieu, pour ceux qui s'étoient rendus recommandables par leur haute vertu, et pour ceux qui avoient fait du bien à l'Église.

L'on pouvoit emporter chez soi l'Eucharistie; mais les Priscillianistes, hérétiques d'Espagne, en ayant abusé, le concile de Tolède, tenu en 405, ordonna que la communion se feroit avant de sortir de l'église.

Il y avoit alors des pénitences publiques de quatre sortes: l'état des larmes, l'audition, la prostration, la subsistance.

Dans le premier état, les pénitens, retranchés de l'assemblée des fidèles à cause de l'énormité de leurs péchés, ne pouvoient être

Ere chrétienne.

reçus à faire pénitence qu'après deux ou trois ans. Ils restoient à la porte de l'église, implorant les fidèles de prier pour eux.

Dans le second état, on les instruisoit des devoirs du chrétien, souvent pendant deux ans.

Dans le troisième état, ils entroient dans l'église, où ils se prosternoient après la prédication. On les exorcisoit, et ils étoient obligés de sortir ensuite. Le diacre crioit à haute voix: *Que ceux qui ne communient point sortent de l'église.*

Dans le quatrième ordre, les pénitens avoient droit d'assister à l'office divin et jusqu'à la fin; mais ils ne pouvoient participer au sacrement.

Si un pénitent étoit surpris d'une maladie grave pendant le cours de sa pénitence, on lui donnoit l'absolution. On lui accordoit même l'Eucharistie lorsqu'on remarquoit en lui un vrai repentir.

Tandis que Léon faisoit ses efforts pour rétablir les mœurs, les gentilshommes normands, qui s'étoient mis en possession de la Calabre, inquiétoient ce pontife. Il demanda des troupes à l'empereur pour les réprimer, forma une armée d'Allemands et d'Italiens, et la conduisit lui-même contre Robert Guiscard, frère de Dreux, devenu maître de la Pouille et de la

Calabre. Les Normands, dont le nombre n'étoit que de trois mille hommes, lui envoyèrent une députation respectueuse pour lui faire hommage de leurs fiefs. Ils mirent, après son refus, son armée en pièces, le firent prisonnier, se jetèrent à ses genoux, reçurent l'absolution, et lui rendirent la liberté.

Léon convoqua ensuite un concile à Rome contre les évêques simoniaques et les clercs incontinens.

Ere chrétienne.

1051.

La race d'Idris et celle d'Abdérame, vainqueurs de l'Espagne, qui régnoient dans les deux Mauritanies, avoient été dépossédées par une branche des Zénètes et des Méquinèces, qui eurent pour successeurs les Magoroaas, autres Arabes de la race des Zénètes.

Situation des Maures d'Afrique.

Les Maures, fatigués de la servitude de ces Arabes, se révoltèrent sous la conduite d'Aliel-Texfin, l'un d'eux, de la tribu des *Zinhagiens*, et subjuguèrent entièrement les Arabes par la valeur de plusieurs *Marabous*, prêtres de ces contrées, qui commandoient les troupes. Les Maures, pour perpétuer la mémoire de ces prêtres guerriers, prirent le nom de *Morabites*, d'où est venu celui d'*Almoravide*, et le conquérant prit le nom d'*Emir, al Muminin*, empereur des fidèles.

1052.

1053.

Ere chrétienne.

1054.

Mort de Léon IX.

Le vertueux Léon IX ayant passé ensuite à la véritable vie, l'empereur Henri III proposa Gébrard, évêque d'Eichstalt, en Bavière, pour le remplacer, et il fut proclamé pape sous le nom de *Victor II*. Il suivit l'exemple de son prédécesseur, et s'occupa continuellement de la discipline ecclésiastique. Il envoya en France, en qualité de légat, le moine Hildebrand, qui y déposa six évêques simoniaques dans un concile qu'il tint à Lyon l'année suivante.

L'empereur Constantin-Monomaque et l'impératrice Zoé moururent tous deux en 1054. Théodora gouverna seule ; mais, l'année suivante, elle adopta Michel (le Guerrier), général des troupes, qui fut proclamé empereur d'Orient.

Michel-le-Guerrier, empereur d'Orient.

1055.

Conquêtes des Turcs.

Le Turc Trogul-Beg, déjà maître de la Perse, s'avançoit vers Bagdad, où s'étoit retiré Mélic-Rahim, dernier sultan de la famille Bovia. Il prit cette ville de force, et obligea le calife Cajem à lui donner la qualité de sultan, ne lui laissant que les honneurs de la mosquée. Olut-Arslan, neveu de Trogul-Beg, lui succéda peu après, et agrandit considérablement ses États, en se rendant maître de la haute Asie. De sa famille, il y eut plusieurs branches qui formèrent autant de principautés sous un seul sultan, qui tenoit ordinairement sa cour en Perse ou dans le Korasan. C'est de cette famille que sortirent les sultans d'Alep, de Damas, de Cogny, et plusieurs autres petits princes. Olut-Arslan fut assassiné d'un coup de couteau. Mélic-Shah, son fils, hérita de sa puissance, qu'il destinoit à son fils Mahud; mais, à sa mort, Barciaruck se saisit de Bagdad et fut reconnu sultan.

Je viens d'anticiper sur l'histoire turque, afin d'abréger, et d'en donner de suite une idée.

Le roi de Navarre étoit toujours en guerre avec Ferdinand, roi de Castille, son frère. Humilié d'avoir été vaincu, il fit des efforts extraordinaires pour rassembler une puissante armée, se mit à la tête, et attaqua Ferdinand. Le malheureux Garcias V perdit la bataille et la vie, et Sanche IV, son fils, en héritant de ses droits, fut obligé de continuer la guerre avec les rois de Castille et d'Aragon, qui les lui disputèrent.

Les Hongrois s'étoient de nouveau révoltés contre leur roi : l'empereur Henri III marcha contre eux et fut battu. Il en conçut tant de chagrin qu'il en mourut. Henri IV, son fils, lui succéda à l'âge de six ans, et son éducation fut confiée à Agnès de Poitiers, sa mère.

Ere chrétienne.

1056.
Henri IV, empereur d'Allemagne.

Ere chrétienne.

Isaac-Comnène, empereur d'Orient.

L'impératrice Théodora ferma les yeux, et Michel (le Guerrier), qui étoit très-âgé, forma le projet de se retirer dans un monastère. Il céda le trône d'Orient à Isaac-Comnène, prince brave, courageux, mais très-arrogant.

1057.

Malcolm III, roi d'Ecosse.

Malcolm III, fils du roi Duncan, fut proclamé roi d'Écosse après la mort de Machabet. L'Écosse, située dans l'Océan occidental, au nord de l'Angleterre, n'a que quatre-vingt-cinq lieues de nos grandes lieues de France, et quarante de large ; mais ce royaume avoit encore le Northumberland, qui lui donnoit dix lieues de plus en longueur. Du reste, c'est un pays hérissé de montagnes et peu fertile.

Le pape Victor II mourut cette année. Un Lorrain, abbé de Mont-Cassin, fut élu pape par les soins d'Hildebrand, et prit le nom d'*Etienne X*. En reconnoissance, il nomma Hildebrand cardinal-archidiacre.

1058.

Les Normands établis en Italie enlevèrent la Sicile aux Sarrasins pour les Grecs, qui, d'après le traité fait entre eux, abandonnèrent la Pouille et la Calabre à Robert-Guiscard. Il prit le titre de comte de Calabre et de la Pouille. Casimir Ier, roi de Pologne, qui avoit été moine de Cluni avant de monter sur le trône, fut enlevé à ses peuples par une maladie de langueur, et Boleslas II, son fils, lui succéda.

A la fin de l'année, Étienne X ne respiroit plus. La cabale nomma un pape dans la famille des comtes de Toscanelle; mais le cardinal Hildebrand le fit déposer, et éleva sur le saint-siége un savoyard, évêque de Florence, qui prit le nom de *Nicolas II.* Il ne fut pas plutôt pape, que le politique Hildebrand engagea Robert-Guiscard, comte de la Pouille et de Calabre, à venir prêter serment de fidélité. Robert le fit, et le Pape reçut en fiefs toutes les conquêtes qu'il avoit faites dans la Pouille, dans la Calabre, et toutes celles qu'il pourroit faire dans la suite dans la Sicile. Nicolas II accorda de même à Richard, comte d'Averse, l'investiture de la principauté de Capoue, qu'il ne possédoit pas encore. Le Pape se faisoit par là de puissans alliés; il acquéroit des droits de suzeraineté, en ménageant de nouveaux moyens d'agrandissement.

Le clergé n'étoit pas moins audacieux dans l'Orient. L'empereur Isaac-Comnène se fit haïr des moines en appliquant aux besoins publics le superflu de leurs richesses. Le clergé cria à l'impiété, au sacrilége, et le patriarche Cérularius osa dire un jour à l'empereur: « Je

Ere chrétienne.

1059.

vous ai donné la couronne, je saurai bien vous l'ôter. » En effet, il osa l'envoyer en exil. Isaac y tomba malade d'une chute de cheval, se livra à la dévotion, et se dépouilla du trône en faveur de Constantin-Ducas.

Nicolas II, poussé par le cardinal Hildebrand, fit assembler à Rome un concile, qui fut composé de cent treize évêques. Il y publia ce décret célèbre qui déféra l'élection du Pape aux cardinaux, et y ajouta, afin de ne pas être contrarié par l'empereur :

« *Sauf l'honneur dû à notre très-cher fils* » (Henri IV), *actuellement roi, et qui sera* » *bientôt empereur, comme nous le lui avons ac-* » *cordé, et cet honneur passera à ceux de ses* » *successeurs à qui le saint-siége aura person-* » *nellement accordé le même droit.* »

Peut-on avoir plus d'audace, plus d'astuce, plus d'orgueil, plus d'ambition? Le Pape auroit-il osé faire un pareil décret sous Othon-le-Grand? Non sans doute. Nicolas II profitoit de la jeunesse de Henri IV et de l'appui des Normands. Il fit signer à Bérenger, dans ce concile, un formulaire portant que le pain et le vin sont, après la consécration, le vrai corps et le vrai sang de Jésus-Christ, et l'on y foudroya de nouveau le concubinage des prétres et la simonie. Le pape Nicolas conservoit pourtant son archevêché de Florence, comme Léon IX avoit gardé son évêché de Toul; mais il affectoit les dehors de l'humilité chrétienne, et lavoit tous les jours les pieds aux pauvres.

Les guerres civiles désoloient toujours la Hongrie : les uns se battoient pour André, roi légitime, soutenu des troupes de Bohême et d'Allemagne ; les autres pour Béla, son frère, qui avoit usurpé la couronne.

Henri Ier, roi de France, n'avoit que cinquante-quatre ans ; mais ses veilles et ses travaux avoient affoibli son physique, et il le sentoit. Il assembla les grands du royaume, leur fit prêter serment de fidélité à Philippe, son fils aîné, qui fut sacré et couronné à Rheims le jour de la Pentecôte, par l'archevêque Gervais. Henri, vers la fin de l'année, fut attaqué d'une petite fièvre, et mourut à Vitri, près de Paris. Il laissoit encore deux autres fils : Robert, qui mourut dans l'enfance; et Hugues, qui eut le comté de Vermandois : il fut la tige des comtes de Vermandois.

Règne de PHILIPPE I*er*, roi de France.

Ere chrétienne.

Philippe I*er*, âgé de sept à huit ans, régna sous la régence de Baudouin, comte de Flandre.

1061.

André, roi de Hongrie, ne perdoit pas de vue sa couronne. Il livra une nouvelle bataille à Béla, son frère; mais il la perdit avec la vie. Les Hongrois ne furent pas plus tranquilles. Salomon, fils d'André, chercha à venger son père, et la guerre continua avec une nouvelle fureur.

Election d'Alexandre II.

La mort moissonna Nicolas II vers la fin de l'année, et le cardinal Hildebrand fit élire, sans consulter la cour d'Allemagne, un Milanais, qui prit le titre d'*Alexandre II*. L'impératrice Agnès, veuve de Henri III, régente de l'empire pendant la minorité de son fils, voulut réprimer cette entreprise. Elle fit élire par quelques évêques Cadaloüs, évêque de Parme, qui prit le nom d'*Honorius II*, et envoya des troupes allemandes pour le mettre en possession du pontificat; mais, d'après les conseils d'Hildebrand, les princes d'Allemagne changèrent la forme du gouvernement, et l'archevêque de Cologne, qui vouloit être régent, enleva le jeune Henri à sa mère. Elle rappela bien vite les troupes qu'elle avoit envoyées en Italie, et dès qu'elles furent parties, l'entreprenant cardinal fit jeter l'anti-pape dans une prison.

Ce furent les cabales qui eurent lieu dans l'élection des papes, les sujets ridicules portés sur le saint-siége, qui avoient engagé les empereurs à s'immiscer dans la nomination des pontifes; mais dès que le peuple n'y prenoit plus de part, dès que ces promotions étoient réservées aux seuls cardinaux, n'étoit-il pas ridicule de la part de l'empereur de vouloir s'y ingérer? Il faut convenir que les papes avoient encore moins le droit de se mêler des nominations des empereurs; mais le clergé, devenu puissant, vouloit diriger à son gré et les consciences et les États, ce qui occasiona de grands troubles en Europe.

Salomon marcha contre André, et les deux armées bientôt se rencontrèrent. Les Hongrois se battirent avec leur intrépidité ordinaire; l'usurpateur Béla fut tué, et la déroute se mit dans son armée. Salomon, fils du roi André, monta sur le trône de Hongrie; mais les fils de Béla entretinrent les divisions.

Ère chrétienne.

1064.

Un concile assemblé à Rome, et composé de plus de cent évêques, frappa d'anathême les simoniaques, et le pape Alexandre en fit assembler un autre à Mantoue contre l'antipape Cadaloüs, qui fut condamné.

La division régnoit toujours parmi les princes d'Espagne. Ferdinand-le-Grand, roi de Castille et des Asturies, alla rejoindre ses aïeux; mais la guerre ne se ralentit pas. Ramire, roi d'Aragon, crut que ce changement de règne lui seroit favorable; il se trompa. Don Rodrigue Diez-de-Vivare, que les Maures surnommèrent *Cid, seigneur,* devint le zélé défenseur de Sanche IV, fils de Ferdinand, et le fit respecter.

Sanche IV, roi de Castille et des Asturies.

Édouard III, roi d'Angleterre, quoique marié, gardoit le célibat. Il chérissoit le duc Guillaume, son parent, fils naturel de Robert, duc de Normandie, avec qui il avoit été élevé. Son intention étoit de le faire son héritier; mais les Normands qui avoient passé en Angleterre avec Édouard étoient odieux aux Anglais à cause du crédit dont ils jouissoient, et ne voulurent point de Guillaume. Édouard teint ferme, et, par son testament, il le désigna pour son successeur; mais lorsqu'il eut les yeux fermés, les Anglais s'empressèrent de proclamer roi Harold II, comte de Kent, marié à une fille de Canut. Guillaume, duc de Normandie, et fils d'Adeline, ne se rebuta pas de ce contre-temps ; il résolut, au contraire, de faire valoir ses droits par la force des armes. Il se rendit d'abord favorables la cour d'Allemagne et celle de France, et, par l'entremise des Normands établis en Italie, il gagna par ses promesses la bienveillance du pape Alexandre, qui, pour lui rendre l'exécution de son projet plus facile, anathématisa Harold. Guillaume eut bientôt une armée de soixante mille hommes, avec laquelle il descendit en Angleterre. En débarquant au port de Pemsey, comté de Sussex, il tomba sur le rivage : *Bon!* dit-il, *je viens de prendre possession.* La querelle fut bientôt terminée : Guillaume gagna la bataille d'Astings, où Harold fut tué. Les Anglais se soumirent, reconnurent Guillaume pour leur roi. Le Pape envoya aussitôt en Angleterre le fameux moine Lanfranc, en qualité de légat, et Guillaume, en bon politique, le fit archevêque de Cantorbéri. Le fameux légat défendit bientôt le mariage des prêtres, et ne permit qu'aux curés de campagne de garder leurs femmes. Ceci prouve que le clergé, en Angleterre, n'étoit pas plus continent, plus

Ere chrétienne.

1066.

Harold II, roi d'Angleterre.

Guillaume, roi d'Angleterre.

Ere
chrétienne.

chaste qu'ailleurs. Mais n'étoit-ce pas une absurdité de la part du prélat de permettre aux ecclésiastiques de la campagne d'avoir des femmes et de le défendre à ceux des villes? Ne valoit-il pas mieux relever de leurs vœux les prêtres qui n'avoient pas la force de garder la continence et les rendre à l'état de laïcs? Un prêtre qui cesse de donner le bon exemple devroit être éloigné du tabernacle. On verroit bientôt refleurir l'état ecclésiastique; bientôt il seroit plus respecté; les peuples deviendroient plus religieux, plus soumis, mieux unis, plus heureux; la probité, la bienfaisance reparoîtroient sur la terre; la confiance, mère de la fortune, ne tarderoit pas à les suivre.

Laissons pour un moment Guillaume en Angleterre; voyons ce qui se passoit ailleurs.

Je vois déjà les Chrétiens d'Espagne imiter les Maures, s'entre-détruire par des guerres civiles, au lieu de hâter l'époque de leur affranchissement. Ramire Ier, roi d'Aragon, attaque l'armée de Sanche IV, roi de Castille. Le Cid, qui commande les Castillans, communique sa valeur, son intrépidité à ses troupes. Les Aragonais sont enfoncés; Ramire, leur roi, veut les rallier, la mort le dévore.

1067.

Sanche Ier, son fils, qui lui succéda, ne fut pas plus heureux que lui.

Je vois, au nord-est, Baudouin VI, de Mons, hériter du comté de Flandre par la mort de Baudouin V, et enfin l'empereur Henri IV, devenu majeur, se résoudre, en prenant le timon des affaires, à soutenir des prétentions qui vont troubler la chrétienté.

Si je tourne mes regards du côté de l'Orient, je remarque un aveuglement étrange s'emparer des gouvernans, retenir Constantin-Ducas, empereur d'ailleurs d'un grand mérite, dans une indolence extrême, tandis que les Turcs ravagent ses provinces. Il nomme empereur ses trois fils, Michel, Andronique, Constantin, laisse le gouvernement à Eudoxie, leur mère, en exigeant par écrit qu'elle ne se remariera point, et il meurt. D'abord Eudoxie régna d'après les conseils de Jean, frère de Constantin ; mais la perfide impératrice, oubliant bientôt ses engagemens, se passionna pour le général Romain-Diogène, qu'elle avoit condamné à mort, et prit la résolution de l'épouser : il s'agissoit d'obtenir auparavant son écrit, qui étoit entre les mains du patriarche de Constantinople ; mais l'astuce manque-t-elle aux femmes ? Elle feint de vouloir épou-

Ère chrétienne.

1068.

Romain-Diogène, empereur d'Orient.

ser Bardas, frère du patriarche, et l'orgueilleux prélat lui rend son engagement de rester veuve. Ainsi, en dépit du patriarche, de Bardas, son frère, tous deux dupes ; en dépit de Jean, son beau-frère, malgré ses enfans, l'astucieuse, l'ardente Eudoxie épousa Romain, qu'elle associa à l'empire. Dans la suite, qu'elle eut sujet de s'en repentir ! D'abord Romain, par sa conduite absurde, ruina l'empire. Il savoit que les Normands faisoient le siége de Bari, dans le royaume de Naples, et, au lieu d'y envoyer un secours suffisant, il marcha contre les Turcs, afin de montrer qu'il étoit digne de l'empire. Il est vrai que les Turcs Osmanlis, venus des bords du Gihon, sous le nom de *Turcomans*, étoient faits pour inquiéter Romain. Il savoit qu'ils n'avoient quitté la dépendance du Mogol, maître de l'Inde et de la Tartarie, que pour s'établir, à l'exemple des Turcs Seljoukides, leurs compatriotes, sur la ruine des peuples. Mais ne devoit-il pas se borner à les contenir, puisqu'il en avoit la facilité, et ne pouvoit-il pas prévoir qu'il lui seroit impossible de rentrer en Italie si les Normands s'emparoient des places fortes ? Il leur en fournissoit l'occasion en s'éloignant de l'Europe avec toutes ses forces ; personne ne pouvoit alors s'opposer à leur projet d'invasion, puisque l'empereur Henri IV étoit lui-même très-occupé après les Saxons, qui s'étoient révoltés. Robert-Guiscard redoubla d'activité, serra de plus près la ville de Bari, et se disposa à passer dans la Sicile, tandis que l'empereur Romain-Diogène se battoit avec des succès variés contre les Turcs dans la Syrie.

Arnould III succédoit à Baudouin VI, comte de Flandre. Les Chrétiens d'Espagne se faisoient toujours la guerre ; le roi de France s'endormoit dans les plaisirs. Robert-Guiscard, profitant de toutes ces circonstances favorables, envoya Roger, son frère, dans la Sicile. Une bataille gagnée contre les Maures le rend maître de Palerme, capitale de cette île, qu'ils occupoient depuis deux cent quarante-trois ans, et, l'année suivante, il enleva Messine. Ces deux places importantes lui ouvroient la conquête de l'île entière. Il parla, au nom du Pape, aux anciens habitans et aux Grecs asservis par les Maures ; bientôt ces peuples volèrent sous les drapeaux de ce seigneur chrétien. La prise de Messine et de Palerme occasiona de très-vives émotions à Constantinople, qui espéroit toujours recouvrer cette île. Romain-Diogène se décida enfin à envoyer une flotte au secours de Bari, et cette flotte fut bientôt défaite par le fameux Roger ; la conquête de Bari fit perdre pour toujours à l'empire d'Orient ce qui lui restoit en Italie. Romain-Diogène tourna alors toutes ses armes contre les Turcs. Il les vainquit, les chassa dans l'Arménie ; mais, profitant imprudemment de ses succès, il fut vaincu à son tour à Mantiziert, sur l'Araxe, par les Turcs Seljoukides, qui vinrent au secours des Osmanlis, et détruisirent son armée. Le patriarche de Constantinople profita de cette occasion pour se venger de l'impératrice Eudoxie. Il engagea Michel, fils de Constantin-Ducas, à la révolte, le fit proclamer seul empereur, et fit enfermer de suite Eudoxie dans un monastère. Dès que Romain-Diogène apprit cette nouvelle, il fit sa paix avec les Turs, revint à Constantinople en toute diligence, se battit avec quelques débris de son armée, croyant qu'il étoit inutile d'attendre le rassemblement de ses forces, et fut vaincu. Le patriarche fait répandre dans son armée des proclamations en faveur de l'empereur légitime, paralyse la bravoure des soldats de Romain, épuisés de fatigue. Aussitôt Constantin-Ducas les attaque à son tour ; Romain est abandonné, et tombe dans les mains de ses ennemis. On lui crève les yeux, on le transporte dans une île; le poison qu'on lui donna l'anéantit bientôt.

Robert-le-Frison, comte de Hollande, venoit d'envahir le comté de Flandre et de le réunir à ses États, à la faveur de l'inertie de Philippe, roi de France, et des inquiétudes que les Saxons donnoient à l'empereur Henri IV. *La Flandre réunie à la Hollande.*

Sanche, l'aîné des fils de Ferdinand, dépouilla enfin ses deux frères, Alphonse et Garcias, et devint roi de Castille, de Léon et de Galice; mais, comme il vouloit encore ôter Zamore à sa sœur, il fut tué devant cette place. *1072.*

Alphonse VI sort du cloître, s'empare des trois royaumes, et Garcias, son frère, lui dispute celui de Léon. Sanche IV, roi de Navarre, se trouvoit abandonné à ses propres forces. Sanche Ier, fils de Ramire, roi d'Aragon, profite de la circonstance, entre dans la Navarre; Sanche IV est vaincu. Le fils de Ramire le dépouilla entièrement de ses États, et réunit le royaume de Navarre à celui d'Aragon. Alphonse VI, roi de Castille, épousa Constance, fille de Robert, duc de Bourgogne, et donna peu après à Henri de Bourgogne, frère de Constance, sa fille naturelle en mariage. Il se trouva, avec le secours du Cid, tranquille possesseur des trois *1073. Alphonse VI, roi de Castille, de Léon, de Galice. 1074. Réunion du royaume de Navarre à celui d'Aragon. Alliance de la maison de Bourgogne avec celle de Castille. 1075.*

Ere chrétienne.

Exploits du Cid.

royaumes. Aussitôt le Cid fond, à la tête des Castillans, sur les Maures ; son intrépidité, sa valeur les mettent en fuite, et force les rois de Séville et de Cordoue à payer tribut au roi de Castille. Il marche ensuite contre les Maures d'Aragon ; il les extermine, les met en déroute.

Le cardinal Hildebrand est élu pape sous le nom de Grégoire VII.

Le pape Alexandre II étoit mort en 1073 ; le cardinal Hildebrand, qui gouvernoit depuis long-temps l'église romaine, l'avoit remplacé. Il avoit demandé à la cour d'Allemagne la confirmation de son élection, et l'avoit obtenue. L'empereur, toujours en guerre avec les Saxons, l'empereur, dont la puissance étoit si diminuée depuis que plusieurs évêques de l'Allemagne s'étoient rendus indépendans, ne pouvoit pas alors s'opposer à l'élection d'un pape aussi entreprenant, qui, d'ailleurs, étoit soutenu par les Normands. Henri se trouvoit dénué de forces.

Geisa, roi de Hongrie.

Salomon, roi de Hongrie, son allié, venoit d'être chassé de son trône par ses cousins Geisa et Uladislas, fils de l'usurpateur Béla, et il ne pouvoit attendre de secours de Philippe Ier, roi de France. Ce prince s'endormoit dans les plaisirs, quoique marié avec Berthe, fille de Baudouin VI, comte de Flandre, qui lui avoit déjà donné Louis VI.

Un petit prince, auquel on ne faisoit nulle attention, s'agrandissoit paisiblement : c'étoit Humbert II, successeur d'Amédée, comte de Maurienne. Il ajoutoit la Tarentaise à son domaine, et se marioit avec la fille du comte de Venise pour s'en faire un appui.

Ere chrétienne.

Humbert II, comte de Maurienne.

Tout favorisoit les entreprises de Grégoire VII, pape d'ailleurs plein de vertus, très-savant, mais qui poussa trop loin, trop inconsidérément son zèle pour l'Église. Ne s'avisa-t-il pas d'exiger des princes chrétiens d'Espagne un tribut annuel pour les conquêtes qu'ils avoient faites et qu'ils feroient sur les Maures, avec défense d'en faire davantage s'ils ne se soumettoient à ce tribut? Quelle impudence! Ne diroit-on pas que ce pape ne cherchoit la propagation du christianisme que pour emplir ses coffres et satisfaire une insatiable cupidité? Alphonse VI, roi de Castille, s'y étoit soumis, ainsi que Sanche Ier, roi de Navarre et d'Aragon. Ce pape, dans un concile qu'il venoit de faire tenir à Rome, avoit excommunié Robert-Guiscard ou Guischard, duc de la Pouille, sous prétexte qu'il ravageoit le patrimoine de Saint-Pierre, et cela parce qu'il se refusoit à payer le tribut demandé. Le roi de France arrêta le sacre d'un évêque de Mâcon, parce qu'il

Entreprises de Grégoire VII.

Ere chrétienne. ne vouloit pas lui payer le droit bien légitime d'investiture. Aussitôt Grégoire VII écrivit à l'évêque de Châlons-sur-Saône de faire savoir au roi que s'il ne changeoit pas de conduite, il seroit puni par l'autorité de saint Pierre, et que les Français, frappés d'un anathême général, refuseroient de lui obéir, à moins qu'ils n'abjurassent la foi chrétienne. Philippe eut la foiblesse d'envoyer des ambassadeurs à l'impudent pontife, pour l'assurer de son respect et de son obéissance. Cette démarche ne fit qu'enhardir son zèle indiscret. Des marchands italiens vinrent en France à une foire; on leur fit payer, comme aux autres marchands étrangers, un droit très-juste, pour ne pas anéantir le commerce de la France. Ces marchands s'en plaignirent au Pape, qui écrivit aussitôt aux évêques de France que leur roi étoit un tyran; que, s'il ne vouloit pas les écouter, il falloit mettre son royaume en interdit, et que, si cela ne suffisoit pas, il prendroit des mesures pour soustraire la France à l'oppression. Il nomma en même temps, pour son légat en France, Hugues, évêque de Die, qui anathématisa tous les évêques incontinens, et défendit aux autres de payer le droit d'investiture au roi. Cette cérémonie, qui les mettoit en possession des églises, consistoit à recevoir du prince une crosse et un anneau.

L'Angleterre payoit un tribut au Pape : le pontife la ménagea. Il étoit refusé en Allemagne et en France. Le fier pontife établit un primat à Lyon, pour donner l'investiture aux évêques de France et faire payer le tribut. Ce primat fut encore le fameux Hugues, qui exigea de la France des troupes et de l'argent pour le pontife, et menaça d'excommunication ceux qui n'obéiroient pas. Philippe le laissa faire et dire. Le Pape, qui n'éprouvoit aucune contradiction, envoya ensuite en Allemagne deux légats sommer l'empereur de comparoître à un jour marqué. Henri IV, jeune prince, rempli de courage et de fermeté, qui venoit de soumettre les Saxons, ne fit pas comme Philippe Ier; il fit assembler à Worms un concile qui déposa Grégoire VII. Le pontife furieux convoqua aussitôt un concile à Rome, et prononça contre Henri un anathême, par lequel il lui ôtoit le royaume Teutonique avec celui d'Italie, déliant ses sujets du serment de fidélité, et leur défendant de le reconnoître pour roi. La célèbre comtesse Mathilde, de la maison d'Est, et sa mère Béatrix, souveraines d'une grande partie de l'Italie, étoient présentes à ce concile. Elles animoient le pontife contre Henri, leur proche parent, dans l'intention de lui ravir ce qu'il possédoit en Italie, et donnèrent, dans la même vue, leurs biens en suzeraineté au saint-siége. Henri écoutoit peu ces menaces ; mais Grégoire VII parvint à gagner le clergé d'Allemagne, devenu trop puissant, et un concile d'Ausbourg déclara que Henri seroit déposé, s'il ne se faisoit absoudre dans un an par le Pape. Henri, attéré par cette révolte, prit la résolution d'aller demander grâce au pontife, qui vouloit se rendre souverain des États de la chrétienté. Il se rendit comme un simple pénitent à Canosse sur l'Apennin, place de la comtesse Mathilde, où elle étoit enfermée avec Grégoire VII, et le fier pontife le fit attendre, pendant trois jours, en hiver, nus-pieds, sans domestique, dans la seconde enceinte de cette place, qui avoit un triple mur. Il lui donna ensuite audience ; mais Henri n'obtint l'absolution qu'à force de prières et de promesses, et à condition qu'il comparoîtroit devant la diète d'Allemagne, qu'il se soumettroit au jugement du Pape, et qu'il n'exerceroit la souveraineté qu'après sa soumission dans cette diète. L'empereur n'eut pas plutôt quitté Canosse, que les seigneurs du Milanais, mécontens du Pape, lui reprochèrent sa foiblesse, le menacèrent de le détrôner s'il ne réprimoit pas l'insolence du pontife. Henri, satisfait de cette résolution, se ranima, assembla des troupes, et le Pape le fit déposer par la diète. Elle proclama empereur Rodolphe, duc de Souabe, qui eut la basse avidité d'accepter, tandis que Uladislas succédoit à son frère Geisa, roi de Hongrie.

Ère chrétienne.

Uladislas, roi de Hongrie.

L'arrogant pontife assembla un concile à Rome, excommunia Henri et Philippe, ainsi que les évêques rebelles au saint-siége.

1078.
Grégoire VII excommunie le roi de France et Henri.

Dans cette conjoncture, Nicéphore, de la maison de Phocas, assisté des Turcs, s'empara de Constantinople, fit tondre l'empereur Michel-Ducas, le fit mettre dans un cloître, son frère Constantin dans un autre, et prit la couronne.

Nicéphore-Phocas, empereur d'Orient.

Des courtisans jaloux de la gloire du Cid, envieux de l'autorité, de la confiance que lui accordoit Alphonse VI, cherchèrent à le mettre mal dans son esprit, et parvinrent à lui donner des soupçons. Alphonse exila ce grand homme, qui, ayant continué à faire la guerre aux Maures, les jeta au midi du Tage. Alphonse le rappela, lui fit même des excuses.

Le roi de Castille exile le Cid.

Ere chrétienne.

1080.

Bataille de Fladenheim.

1081.

Uladislas, prince de Pologne.

Tandis que l'empereur Henri IV battoit l'usurpateur Rodolphe, Boleslas II, roi de Pologne, fit mourir Stanislas, évêque de Cracovie. Ses sujets se révoltèrent; il se retira en Hongrie. L'empereur pénétra dans la Souabe, y mit tout à feu et à sang. Rodolphe, aux abois, sur le point de perdre son duché, fit ses derniers efforts, et la victoire de Fladenheim, qu'il gagna à cause de la trop grande confiance, de l'ardeur inconsidérée de l'empereur, fit pancher un moment la balance. Grégoire VII, enhardi, chercha à terroriser et Philippe et Henri. Il fit assembler un concile à Lyon, malgré le roi Philippe, et l'on y déposa plusieurs évêques du parti du roi, entre autres l'archevêque de Rheims. Le concile de Meaux chassa, bientôt après, Ursin de son évêché de Soissons, pour le même sujet. Le Pape, dans un concile de Rome, excommunia Boleslas II, roi de Pologne, et priva cet État du titre de royaume. Boleslas II en devint si furieux qu'il se tua, et Uladislas, son frère, gouverna la Pologne. Le Pape, dans le même concile, avoit de nouveau déclaré Henri IV privé des royaumes de Germanie et d'Italie, dépouillé de toute puissance et dignité royales. Il avoit défendu à tout chrétien de lui obéir comme à son roi ; il avoit poussé l'extravagance jusqu'à le condamner à n'avoir aucune force dans les combats. L'empereur Henri, outré des affronts qu'il recevoit de la part de ce pontife, le fit déposer à son tour dans un concile d'Utrecht. On nomma à sa place Guibert, archevêque de Ravenne, qui prit le nom de *Clément III*, et ce schisme dura quarante ans.

Ere chrétienne.

Schisme dans l'Eglise.

L'empereur, qui avoit demandé du secours à la Bohême et à la Hollande, se mit à la tête de ces troupes et des siennes, composées d'Allemands et d'Italiens, commandées par Godefroi de Bouillon, son lieutenant-général.

L'usurpateur Rodolphe, encouragé par la bataille de Fladenheim, l'attaqua audacieusement. Henri, comme un lion furieux, se jette sur les troupes de Souabe, égorge les uns, massacre les autres, tandis que le fameux Godefroi tient tête aux factieux Saxons. L'intrépide empereur, maître d'une partie du champ de bataille, fond sur les derrières de ceux-ci aux prises avec Godefroi, en fait une horrible boucherie. Godefroi assomme à l'instant Rodolphe ; les Saxons, consternés, demandent grâce, et mettent bas les armes ; mais Henri, en fureur, ne s'en aperçoit pas, et achève de tout exterminer. Il cherchoit encore des ennemis, lorsqu'il vit Godefroi qui lui faisoit porter le corps sanglant du monstre auteur de ce carnage affreux.

Dans le même temps, Robert-Guiscard, avec une armée de quinze mille hommes, faisoit mordre la poussière à cent soixante-dix mille Grecs, dans les plaines de Thrace. Il apprend la victoire de Henri; il repasse en Italie; Hildebrand se sauve, et Robert installe Clément III sur le siége apostolique.

Henri, aidé de Godefroi de Bouillon, s'empare de la Souabe, soumet ses ennemis, subjugue les Saxons et se repose.

1082. Le pape Hildebrand se raccommoda, l'année suivante, avec les Normands. Soutenu par eux et par la comtesse Mathilde, il se prépara à se défendre.

1083. Tandis que l'empereur, de Pavie, menaçoit Rome, Alphonse VI, roi de Castille, aidé du célèbre don Rodrigue Diez de Vivar, mit le siége devant Tolède.

Siége de Tolède.

1084. Enfin Henri, comme un lion furieux, passa sur le ventre aux Normands, qui n'avoient pas encore éprouvé son courage indomptable, se rend maître de Rome, et intronise Clément III.

L'empereur Henri bat les Normands et prend Rome.

Hildebrand s'étoit retiré dans le château Saint-Ange; Henri l'assiége; mais il apprend que les Saxons et d'autres rebelles viennent de nommer empereur Herman de Luxembourg, et laisse le siége du château Saint-Ange aux Italiens pour repasser en Allemagne.

Robert-Guiscard revient à Rome, délivre Hildebrand et le mène à Salerne. Le pontife fulmina de nouvelles excommunications contre Clément III et l'empereur, qui s'en moquoient.

Henri battoit les Saxons, mettoit en fuite Herman de Luxembourg, malgré que Grégoire VII l'avoit condamné à être sans force dans les combats.

Grégoire VII en mourut de chagrin dans sa retraite de Salerne, et Robert-Guiscard lui survécut peu. Il laissa deux fils : Roger et Boesmond. Roger eut la Pouille et la Calabre; Roger II, leur oncle paternel, garda la Sicile, qu'il avoit conquise; Boesmond n'eut rien. Il alla chercher, dans la suite, fortune dans la Palestine contre les Sarrasins, que le Cid exterminoit en Espagne. Tolède étoit aux abois; elle ne recevoit point de secours.

Cette ville est située sur une hauteur environnée de rochers élevés, au milieu desquels

Ere chrétienne.

1085.
Mort de Grégoire VII.
Mort de Robert-Guiscard.

le Tage s'ouvre un passage ; il entoure toute la ville, excepté une petite langue de terre au nord, par où l'on y entre. Malgré sa force, le Cid l'emporta le 25 mai.

Le roi maure se retira à Valence; Alphonse, roi de Castille, soumit le reste du royaume, prit le titre d'empereur, et établit sa cour à Tolède, où les Maures avoient laissé tomber les édifices en ruines. Il nomma évêque de Tolède saint Bernard, abbé de Sahagum, que lui avoit envoyé l'abbé de Cluni. Il étoit né à la Sauvetat, près d'Agen, dans la Guyenne, d'une famille noble.

Alphonse nomma sa conquête *la Nouvelle-Castille*, et se maria ensuite avec la fille du roi maure de Séville, à condition qu'après la mort de ce roi, Séville et son État reviendroient à Alphonse. Cette princesse reçut le nom de *Marie* par le baptême.

La faction hildebrandine nommoit, pour opposer à Clément III, un pape qui prit le nom de *Victor III*.

L'empereur Henri IV honora la Bohême du titre de royaume, en donnant dans la diète de l'empire la qualité de roi à Uladislas II, qui l'avoit soutenu. Presque tous les princes de l'Europe faisoient la guerre; la France seule étoit en paix, et l'imprudence de Philippe Ier faillit à lui faire perdre sa tranquillité.

Robert III, fils de Guillaume-le-Conquérant, roi d'Angleterre et duc de Normandie, voulut jouir de cette province que son père lui destinoit, et se révolta, soutenu en secret par la cour de France. Le roi Guillaume poursuivit le rebelle, qui le blessa dans un combat singulier, sans le connoître; mais le fils, reconnoissant aussitôt son père, se jeta à ses pieds et en obtint son pardon. Guillaume, irrité de la conduite de Philippe Ier, lui déclara la guerre, et pénétra jusqu'à Mantes, où il mourut d'apoplexie, laissant trois fils : Robert, Guillaume (*le Roux*) et Henri.

Guillaume s'empara du royaume d'Angleterre par la force des armes. Robert n'eut que la Normandie et le Maine. Henri, qui devoit un jour se saisir de la succession, n'eut d'abord que la Bretagne.

Philippe Ier répudia cette année la reine Berthe, sa femme, pour se remarier avec Bertrude, sa cousine, femme de Foulque, comte d'Anjou. Le pape Victor III cessa de vivre, et Urbain II fut nommé par la même faction, dans le temps qu'Olaüs devint roi de Dane-

Ere chrétienne.

1087.
Guillaume, roi d'Angleterre.

1088.
Olaüs, roi de Danemarck.

marck et de Norwège, par la mort de Canut IV, son frère.

L'empereur Henri, toujours excommunié, battoit toujours les rebelles, excités par la comtesse Mathilde. Il passa les Alpes pour la châtier, et porta le fer et le feu dans ses domaines. Il prit Mantoue, se rendit maître de presque toute la Lombardie, et en laissa le commandement à son fils Conrad.

La famille des Almoravides détrônoit celle des Alavécins, maîtresse des belles et fertiles provinces de l'Afrique voisines de la Méditerranée. Joseph Téphin s'en déclara miramolin, et soumit bientôt les Maures d'Epagne à son empire. Hali, son général, s'y déclara miramolin, entra dans le royaume de Tolède, et fut défait par Alphonse VI, qui le força à un tribut annuel.

Joseph Téphin apprend la révolte d'Hali, passe le détroit, se rend maître de Séville, et fait couper la tête à Hali. Beaucoup de Français viennent au secours du roi de Castille: Joseph n'osa combattre, et se retira en Afrique. Alphonse, reconnoissant des secours des seigneurs français, donna l'aînée de ses filles au duc de Bourgogne avec le gouvernement de Galice; et Thérèse, à Henri de Lorraine ou de Besançon, avec les terres conquises en Portugal sur les Maures. Alphonse, son fils, chassa les Alains de la péninsule, se saisit du Portugal, et s'en déclara prince.

L'année suivante, Sanche V, roi d'Aragon et de Navarre, donna la Navarre à don Pèdre, son fils.

1092. Don Pèdre, roi de Navarre.

Conrad Ier succéda à Uladislas, son frère, roi de Bohême. Il vécut peu, et son frère lui succéda (Brzetislas).

Conrad Ier, roi de Bohême. Brzetislas, roi de Bohême.

Moriertach II devenoit roi d'Irlande.

Moriertach II, roi d'Irlande.

Florent II, le Gras, succéda à Thierri VI, son père, comte de Hollande.

Florent II, comte de Hollande.

L'infatigable, le savant Urbain II et la comtesse Mathilde engagèrent Conrad, aîné des fils de l'empereur Henri IV, à se révolter contre lui. On vit, l'année suivante, en Écosse, une révolution qui pouvoit faire beaucoup de mal à ce royaume. Malcolm III cessa de vivre ; le fils de Duncan, Donald VII, s'empara du trône, au préjudice de l'héritier légitime ; les Écossais le tuèrent ; Edgard, fils de Malcolm, monta sur le trône, et les troubles cessèrent.

1093. 1094. Edgard, roi d'Écosse.

Sanche, roi d'Aragon, aidé de don Pèdre, son fils, roi de Navarre, se battoit contre les Maures de Barcelonne. Il assiégea Huesca après les avoir défaits ; mais, le 18 novembre,

Ère chrétienne.

Bataille d'Alcoraz.

Défaite des Maures.

d'autres Maures vinrent au secours de la place, attaquèrent le roi d'Aragon dans la plaine d'Alcoraz, près de Huesca, et se battirent avec fureur. Le roi d'Aragon en fit une horrible boucherie; mais il fut tué ensuite. Don Pèdre, son fils, courroucé de la mort de son père, ranime ses troupes, fond sur les Maures, fait mordre la terre à plus de quarante mille, et tue quatre de leurs rois. Il poursuit les fuyards, s'empare d'Huesca; il cherchoit encore les Maures, il n'en trouvoit plus.

Don Pèdre, roi de Navarre et d'Aragon.

Il succéda à son père, et fut reconnu roi de Navarre et d'Aragon.

Le pape Urbain II faisoit assembler à Constance, en Allemagne, un concile contre les investitures, les prêtres incontinens, schismatiques et simoniaques, tandis qu'il favorisoit la révolte d'un fils contre son père, qu'il couronnoit empereur ce fils rebelle et irreligieux.

Un concile d'Autun excommunie Philippe 1er.

La même année, un concile d'Autun excommunia Philippe I*er*, roi de France, à cause de son mariage avec Bertrude. C'est dans ce concile que, sur le rapport de Pierre l'Ermite (*Coucoupètre*), gentilhomme des environs d'Amiens, l'on arrêta que les princes de la chrétienté seroient invités à s'unir pour chasser de la Palestine les Turcs, qui exerçoient mille cruautés contre les Chrétiens. Peu après, un concile de Plaisance s'assembla pour le même sujet. Il décida que l'on devoit du secours à l'impératrice Praxède, que l'empereur Henri IV avoit répudiée. Un autre concile s'assembla aussi à Poitiers en France, au sujet de l'excommunication du roi ; mais Guillaume VIII, comte de Poitiers et duc d'Aquitaine, fit assaillir les prélats à coups de pierres. La reine Berthe mourut peu après, et l'excommunication fut levée.

L'empereur d'Allemagne, qui venoit d'associer Henri, son fils cadet, à l'empire, en déshéritant Conrad, son fils aîné, défit ce rebelle et le chassa de la Lombardie. Urbain II, réfugié en France, y assembloit, à Clermont en Auvergne, un concile qu'il présida. Il fut composé de cent quinze évêques, qui traitèrent de la réformation de l'Église, et résolurent de solliciter les princes chrétiens à s'allier contre les Turcs, maîtres de la Palestine. Le Pape y renouvela l'excommunication contre l'empereur Henri IV, et donna beaucoup d'éloges à Conrad, son fils rebelle. Il promit ensuite des indulgences plénières aux Chrétiens qui s'enrôleroient contre les Turcs. Saint Bernard, archevêque de To-

Ere chrétienne.

1095.

Concile de Clermont en Auvergne, au sujet des croisades.

lède, primat d'Espagne, donna le premier l'exemple. Il reçut du Pape une croix d'étoffe rouge, qui étoit bénite, et qu'il attacha à l'épaule de son habit. Ce signe, que prirent ceux qui s'enrôlèrent, fit nommer ces expéditions *Croisades*. Suger, abbé de Saint-Denis, ministre du roi de France, engagea tous les seigneurs à se croiser. Beaucoup, en France, comme en Allemagne, vendirent leurs propriétés pour avoir des soldats et les mener dans la Terre-Sainte. Godefroi de Bouillon, duc de Brabant, l'un d'eux, vendit sa terre de Bouillon au chapitre de Liége, Sténai à l'évêque de Verdun, et Baudouin, son frère, suivit son exemple.

Le Cid avoit étendu les conquêtes du roi de Castille jusqu'au-delà du fleuve Xucar; il avoit pris Valence, ville maritime, sur la côte orientale de la Nouvelle-Castille, et y tenoit une petite cour. C'est un pays agréable, très-fertile, qui fut habité primitivement par les Édétains. Ce grand homme avoit deux filles, Elvire et Sol, qui avoient été fiancées aux deux infans de Castille. Le mariage ne fut pas consommé, à cause de la mauvaise conduite de ces princes, qui en furent châtiés. La première fut remariée à Ramire, roi de Navarre, et l'autre à l'infant don Pèdre, roi d'Aragon. Le Cid, pendant le mariage de ses deux filles, reçut des ambassadeurs du roi de Perse pour le complimenter sur ses exploits.

Tandis qu'en France, en Allemagne et autres États de la chrétienté, l'on étoit occupé de croisades contre les infidèles, ceux d'Espagne, aux abois, appelèrent à leur secours Joseph, miramolin des Maures d'Afrique. Il vint assiéger Valence, dont le Cid étoit vice-roi. Le héros alors étoit dans son lit de mort; il n'avoit que peu de troupes à sa disposition. Il leur recommanda de le porter en Castille lorsqu'il auroit rendu l'âme, et de le faire inhumer à côté de Chimène, son épouse, et de son fils, dans l'église de Saint-Pierre de Cardenna. Dès que l'âme de ce grand homme eut pris le chemin de l'éternité, l'on embauma son corps; on le sortit de la ville. Les troupes castillannes, mornes, ayant les armes baissées, les enseignes attachées avec des crêpes, l'accompagnèrent, sans que les Maures, admirateurs de leur respect pour les restes de ce héros, songeassent à les troubler. Ces derniers entrèrent ensuite à Valence. Toute l'Espagne regretta, pleura ce grand homme; long-temps après sa mort, les peuples de la chrétienté entretenoient leurs

Ere chrétienne.

Mort du Cid.

1098.

Les Maures reprennent Valence.

enfans de ses exploits, de ses vertus. Ses deux filles, dans la suite, furent inhumées à côté de lui. Les efforts du Pape avoient eu un tel succès, que des essaims d'hommes avoient passé en Orient, ayant vingt souverains à leur tête. Il n'y avoit rien de beau comme cette armée, vétue uniformément, qu'ombrageoient, que rallioient les grandes enseignes des princes. Elle étoit composée des troupes de quantité de seigneurs, qui étoient à leur tête avec leurs bannières de diverses couleurs, de diverses formes.

Une partie avoit passé en Italie, reconduisant le Pape à Rome, et l'avoit rétabli sur son siége; le reste s'étoit embarqué dans divers endroits des côtes de France, prenant dans la route un nouvel accroissement.

Pierre l'Ermite avoit rassemblé aussi une armée considérable. Il passa par l'Allemagne et la Hongrie. Arrivé à Mala-Villa, dans la Hongrie, il assiégea cette place, parce qu'elle avoit refusé des vivres. Elle fut prise d'assaut, livrée au pillage; les habitans furent égorgés. Ces massacres attirèrent sur Pierre la vengeance des Hongrois, qui tuèrent presque tout son monde. A peine avoit-il vingt mille hommes lorsqu'il arriva à Constantinople. Il y trouva son lieutenant avec une armée beaucoup plus forte.

L'armée formée en France se rassembla dans la Bithynie, et élut pour généralissime Godefroi, duc de Bouillon et de la basse Lorraine, fils d'Eustache, comte de Boulogne, et d'Ida, sœur de Godefroi-le-Bossu, duc de Lorraine. Cette armée étoit composée de cent mille cavaliers et de six cent mille hommes d'infanterie environ. Godefroi, après avoir vaincu les Turcs, s'empara de Nicée et d'Antioche, et vola à de nouvelles conquêtes. Tandis que Pierre l'Ermite se faisoit massacrer par le soudan d'Égypte, Godefroi, à la tête de l'élite de France, après avoir remporté plusieurs victoires sur les Turcs, entra dans la Palestine. Il se saisit de Jérusalem, et en fut élu duc-souverain le 15 juillet. Il refusa de prendre le titre de roi dans une ville où le roi des rois avoit été traité en esclave.

Bohémont, fils de Robert, conquérant de la Sicile, eut la fertile contrée d'Antioche, et Baudouin établit le royaume d'Edesse, dans la Mésopotamie.

La même année, le Pape envoya dans la Palestine un légat qui y fit assembler un concile, où Daibert, archevêque de Pise

Ere chrétienne.

1099.

Godefroi, duc de Jérusalem.

HISTOIRE CHRONOLOGIQUE

Ere chrétienne.

(c'étoit le légat), fut élu patriarche de Jérusalem.

Election de Pascal II.

Le pape Urbain II étoit mort alors. Il avoit été remplacé le 13 août par un Toscan, qui avoit pris le nom de *Pascal II*.

Joseph, fondateur du royaume de Maroc, venoit de subjuguer celui de Fez; les Hescins, tribu d'Arabes, avoient vaincu les Zénètes, qui régnoient à Alger, et s'étoient partagé ce royaume, afin qu'il ne sortît plus de leur famille.

XII.e SIÈCLE.

Ce siècle fut déchiré par trois schismes qui causèrent de grands désordres. Deux furent suscités par les empereurs d'Allemagne, au sujet des investitures, les papes ne voulant entendre aucun accommodement à ce sujet, qui touchoit de si près leur intérêt : le troisième provint de l'ambition du cardinal Pierre de Léon. Pendant ces schismes, il y eut cinq papes qui se réfugièrent en France pour éviter les entreprises des empereurs.

Ere chrétienne.

Les Chrétiens perdirent de nouveau la Terre-Sainte par l'ambition de Raymond, comte de Tripoli, qui se fit mahométan, et appela à son secours Saladin, sultan d'Égypte. Il chassa les Chrétiens des saints lieux, malgré les hauts faits de l'empereur Frédéric-Barberousse et les prodiges de valeur de Philippe-Auguste.

On vit un nouveau royaume se former, celui de Portugal, par la valeur d'un prince de la maison de Bourgogne. Il y eut aussi plusieurs usurpations. L'on vit des princes lever une main parricide sur les auteurs de leurs jours;

Ere chrétienne.

une impératrice empoisonner son mari, et toujours des infâmes cruautés commises par les Grecs.

Les princes qui occupèrent le royaume de France pendant ce siècle furent, au commencement, Philippe Ier, et, à la fin, Philippe II (*Auguste*), Louis VI et Louis VII.

Les empereurs d'Allemagne furent : Henri V, Lothaire, Conrad III, Frédéric-Barberousse et Henri VI;

Les rois d'Angleterre : Henri Ier, Étienne, Henri II, Richard-Cœur-de-Lion ;

Les princes chrétiens d'Espagne : en Castille, Alphonse VII, qui fut en même temps roi d'Aragon ; Alphonse VIII, Sanche II, Alphonse IX, Henri ;

Dans la Navarre : Alphonse, Garcias VI, Sanche VI, Sanche VII ;

Dans l'Aragon, Alphonse, régent de Castille, Ramire II, Raymond-Bérenger, Alphonse II, Pierre II ; et en Portugal, Alphonse-le-Fondateur et Sanche, son fils.

On vit empereurs d'Orient : Alexis Comnène, Jean Comnène, Manuel, Alexis, Andronic, Isaac, Alexis III.

Les comtés de Toulouse et de Poitiers furent réunis à la couronne de France, et ce royaume commença à être en guerre avec l'Angleterre, tandis que les Normands formoient celui de Naples et de Sicile.

Ere chrétienne.

Plusieurs ordres s'établirent : celui des Templiers, le Teutonique, celui de Calatrava, et des chevaliers de Saint-Jean-de-Jérusalem, autrement dits *Chevaliers de Malte*.

Saint Bernard prêcha de nouvelles croisades, et engagea les princes de l'Europe à passer dans la Palestine, dans le temps où les États de l'Allemagne s'organisoient, et que des villes de cette contrée formoient la ligue anséatique. L'Autriche fut érigée en duché indépendant, et le Portugal en royaume, en faveur de la maison de France.

On vit aussi de grandes révolutions en Afrique et au Japon.

Le douzième siècle, qui fut rempli de troubles, commença par des usurpations.

Guillaume II, roi d'Angleterre, fut tué, à la chasse, d'un coup de flèche. Robert, l'aîné des fils de Guillaume-le-Conquérant, étoit croisé, et apprit la mort de son père en Orient. Il revint en Europe ; mais Henri, son frère, s'étoit emparé de la couronne d'Angleterre. Les deux frères se préparèrent à défendre, l'un ses droits, l'autre son usurpation.

1100.

HENRI, roi d'Angleterre.

Ere chrétienne.

Borsivorge, roi de Bohême.

La seconde fut celle de Borsivorge, que l'empereur Henri IV mit à la place de son frère, roi de Bohême, qui fut tué en combattant contre lui.

La mort de Joseph, miramolin d'Afrique, mit la désolation en Espagne. Hali, son successeur, s'y rendit pour se faire reconnoître, et mit tout à feu et à sang dans la Nouvelle-Castille. Il extermina hommes, femmes, enfans, brûla toutes les moissons.

1101.

Roger-le-Bossu, comte de Sicile, descendit ensuite au tombeau, laissant deux fils, Simon et Roger.

Simon, comte de Sicile.

Simon devint comte de Sicile, et Roger, son cadet, se mit en possession de la Pouille et de la Calabre, dont il dépouilla Guillaume, son cousin-germain.

Ces pays étoient bien moins peuplés qu'aujourd'hui, et les revenus étoient plus considérables. L'on compte maintenant en Sicile seize cent mille habitans ; les revenus sont de seize cent cinquante mille francs, et elle coûte dix-neuf cent mille francs d'administration, parce que la noblesse paie peu de chose, et que les revenus ecclésiastiques, qui y sont considérables, ne paient rien au roi.

Les deux fils de Guillaume-le-Conquérant se battoient à outrance ; la force et l'injustice l'emportèrent. Robert, légitime héritier du trône d'Angleterre, fut vaincu et mis, par son frère Henri, dans une prison où il termina ses jours.

Conrad, appui de Pascal II, venoit de mourir. Sa mort n'empêcha pas le Pape de renouveler les anathêmes contre Henri IV. Ce pontife étoit enhardi par le mécontentement des ecclésiastiques d'Allemagne, dont l'empereur venoit de restreindre l'autorité. Il avoit établi un tribunal composé des Évêques et des seigneurs de chaque province, pour juger les ecclésiastiques accusés de quelque crime capital. Ce tribunal étoit sans appel en cour de Rome, à moins du consentement des États assemblés.

Boleslas III devint prince de Pologne à la mort d'Uladislas Ier, son frère, et se saisit, après divers combats, de la Prusse et de la Poméranie, qu'il rendit chrétiennes.

L'empereur déclare son intention de voler au secours de la Terre-Sainte ; on oublie son excommunication, on s'arme, on se range sous ses étendards.

Philippe Ier, roi de France, qui avoit acheté, depuis deux ans, le Berry, pour le réunir à la couronne de France, éprouvoit de son fils Louis toutes sortes de satisfactions : il l'associa au trône de France sous le nom de *Louis VI*, et le fit sacrer, l'année suivante, à Orléans, par l'archevêque de Sens.

La dépouille mortelle du brave René, duc de Bourgogne, arrivoit alors à Cîteaux, qu'il avoit fondé sur la fin du siècle précédent. Il étoit parti pour la Palestine à la tête de cent mille combattans, et y avoit fait des prodiges. Il mourut à Tarse, en Cilicie. Hugues, son fils, hérita du duché de Bourgogne.

L'empereur Henri IV, moins heureux que le roi de France, eut beaucoup à souffrir de son fils. Pascal II le délia de son serment envers son père, et l'excita à la révolte. Il prit le nom de *Henri V*, et Henri, qui s'étoit trouvé à soixante-dix batailles, faisant aussi bien le métier de soldat que celui de capitaine, fut obligé de se retirer à Liége. Ce fils dénaturé convoqua, ensuite des conseils du Pape, une diète pour se faire reconnoître : soutenu des Saxons, des légats, il en étoit assuré. Son père se rendit à Mayence pour s'y opposer. Ce fils perfide va à sa rencontre, se jette à ses pieds, lui promet soumission, et le père, attendri, va avec ce rebelle jusqu'à Binghen. Là, le traître ose porter une main parricide sur l'auteur de ses jours, le faire prisonnier, le conduire à Ingelheim. Aussitôt des légats du Pape confirment l'excommunication, et des évêques somment Henri IV de rendre les ornemens impériaux à son fils. A tant de forfaits de la part d'un pape, de la part d'évêques, atterré par les crimes de son fils, l'empereur reste interdit. Il refuse de remettre les ornemens impériaux ; ces évêques les lui arrachent.... Le parricide est élu empereur devant lui.

Ere chrétienne.

Règne de Henri V, empereur d'Allemagne.

C'est à cette époque qu'Alexandre-le-Fort succéda à Edgard, son frère, roi d'Écosse ; que Mahomet, frère de Barciaruck, roi de Perse, se saisit de ce royaume, au préjudice de Gelalodul, fils de ce roi, qui venoit de fermer les yeux pour toujours à la lumière terrestre.

C'est à cette époque, enfin, que Pierre Ier, roi d'Aragon et de Navarre, alla rejoindre ses aïeux dans l'éternité, laissant ses États à Alphonse Ier, son frère. Il étoit d'une ambition sans exemple, qui le porta à épouser Ouraque, fille naturelle d'Alphonse VI, et veuve de Raymond de Bourgogne.

1106.

Alphonse Ier, roi d'Aragon et de Navarre.

L'héritier présomptif du royaume de Castille

étoit encore enfant ; son père, Alphonse VI, malade, accablé de fatigue et sous le poids des années, venoit de le charger de la guerre contre les Maures avec don Garcie, son gouverneur. Le fils d'Ouraque, Alphonse de Bourgogne, étoit également un enfant, et les Castillans avoient besoin d'un roi puissant et brave pour les défendre des entreprises des Maures. Tout paroissoit favoriser l'ambition du roi d'Aragon, qui, d'ailleurs, doué d'un caractère ferme, turbulent, soutenu par une intrépidité incroyable, n'aimoit que la guerre et les combats.

L'empereur Henri IV, dans cette conjoncture, avoit trouvé moyen de sortir de sa prison pendant les fêtes du couronnement de son fils, et s'étoit de nouveau retiré à Liége. La Pologne, indignée de la conduite de ses fils, des menées du Pape, prit son parti, et refusa de reconnoître le parricide Henri V. Le malheureux empereur eût donc pu s'y retirer, et chercher les moyens de punir son fils rebelle; mais il l'aimoit encore, malgré l'horreur de sa conduite ; il affectionnoit ses sujets, qu'il ne voulut pas plonger dans une guerre civile; accablé de chagrins, il y succomba. Son fils, non content de l'avoir fait mourir, le fit exposer, pendant cinq ans, au mépris, public, devant la porte de l'église de Spire, à la recommandation du pape Pascal. Dans le fait, ce sont des choses difficiles à croire et d'un pape et d'un fils; mais lorsque des auteurs dignes de foi le rapportent sans être contredits, il faut bien ajouter foi à leurs assertions.

L'empereur Henri V s'étoit empressé d'envoyer des ambassadeurs à Pascal II pour lui promettre obéissance. Le pontife, trompé par cette démarche, se mit en route pour l'Allemagne avec les ambassadeurs. Arrivé à Guastalla, ville ducale du Mantouan, près du Pô, il foudroya, dans un concile qu'il y assembla, les investitures. Les ambassadeurs de l'empereur Henri V s'y opposèrent. Pascal reconnut alors la fausseté de la démarche du nouvel empereur; il eut peur, et se retira en France pour se mettre à l'abri de l'orage qu'il voyoit se former.

L'empereur, que la Pologne ne vouloit pas reconnoître, savoit que la moitié de l'empire tenoit encore pour la cour de Rome, et ne voulut rien brusquer. Afin de mieux tromper le Pape, il lui reprocha son défaut de confiance, et lui demanda une conférence qui fut indiquée à Châlons-sur-Marne. Le Pape s'y rendit;

Ère chrétienne.

Suatoplook roi de Bohême.

mais Henri V, qui avoit la guerre avec la Pologne, qui rétablissoit Suatoplook sur le trône de Bohême, y envoya des ambassadeurs. L'archevêque de Trèves plaida la cause de son souverain, et l'évêque de Plaisance répondit, au nom du Pape, que l'Église, rachetée par le sang de Jésus-Christ, ne devoit plus tomber dans la servitude. C'est ainsi qu'avec de pareils sophismes l'on attiroit de nouveau l'orage, au lieu de le conjurer et pour la paix de l'Église et pour la tranquillité des peuples. *C'est à Rome*, dirent les ambassadeurs de l'empereur, *que nous terminerons la querelle l'épée à la main*, et ils se retirèrent très-mécontens. Ces menaces n'empêchèrent pas Pascal II de renouveler, dans le concile de Troyes en Champagne, les anathêmes contre les investitures et contre les princes qui s'attribuoient les droits de placer des pasteurs dans les églises particulières. Il se tint à-peu-près dans le même temps un concile à Jérusalem, où Ébremare, patriarche intrus, fut déposé, et Gibelin, archevêque d'Arles, fut mis à sa place. En Angleterre, un concile de Londres, convoqué par saint Anselme, archevêque de Cantorbéri, reçut les décrets du concile de Rome, par lesquels on abolissoit les investitures des dignités de l'Église. Le roi Henri, usurpateur du trône, laissoit faire et n'osoit rien dire : aussi le Pape ne prenoit aucune mesure contre son usurpation et ses injustices. C'étoit bien le cas de s'écrier : *O tempora ! o mores !* ou, par dérision, *o factum benè !*

Ere chrétienne.

L'année suivante, Pascal II fit tenir aussi un concile à Bénévent pour condamner les investitures ; mais tous ces conciles étoient dirigés par les mêmes vues : l'état ecclésiastique, devenu puissant, vouloit se rendre indépendant.

1108.

C'est au milieu de ces querelles, qui n'auroient pas dû naître, que Hérold III succéda à Eric III, son frère, roi de Danemarck et de Norwège, et que Philippe Ier, roi de France, ruiné par les débauches et les excès, mourut au mois de juillet, à l'âge de cinquante-six ans, à Melun. Il fut inhumé à l'abbaye de Saint-Benoît-sur-Loire. Louis VI, son fils, déjà roi de France, gouverna seul le royaume.

Hérold III, roi de Danemarck.

Règne de Louis VI, le Gros, roi de France.

Ere chrétienne.

Louis VI avoit environ vingt-sept ans lorsque son père descendit au tombeau : il étoit brave, actif et vigilant.

Les seigneurs se regardoient comme indépendans dans leurs terres : c'étoient des espèces de tyrans qui vexoient, désoloient les peuples, qu'ils regardoient comme leurs esclaves. Louis VI entreprit de détruire cette licence, et en vint à bout. Lorsqu'il se trouva seul chargé du timon des affaires, saint Bruno, moine d'Asti en Italie, ancien abbé du Mont-Cassin, puis évêque de Segni, établit, près de Grenoble, dans le Dauphiné, l'ordre des Chartreux, qui édifia bientôt toute la chrétienté, et où de riches seigneurs se retirèrent, afin d'y mener une vie agréable à Dieu. L'ordre de Cîteaux s'établissoit depuis quelques années, à cinq lieues de Dijon, près de Nuits, et cette retraite, fondée par René de Bourgogne, étoit déjà célèbre. La maison de Maurienne, d'où sont descendus les ducs de Savoie, les rois de Sardaigne, commençoit à s'agrandir. Louis VI avoit épousé une princesse de cette maison, tandis qu'un de ses frères se maria avec l'héritière de Courtenai. L'ambition souffloit le feu de la discorde en Bohême : Othon, frère du roi, se révolta contre lui et le tua ; il fut aussitôt chassé du trône qu'il venoit d'usurper par les Bohémiens mêmes, qui placèrent Uladislas II, fils du roi Winceslas, et tout rentra dans l'ordre. Les chagrins abreuvoient les vieux ans du roi de Castille ; don Garcie, qui avoit gagné une bataille sur les Maures, les poursuivit avec le jeune infant dans l'Andalousie, et jeta le désespoir parmi les infidèles, qui, reprenant courage, tombèrent avec fureur sur les Castillans ; le jeune prince et don Garcie font des prodiges de valeur ; mais bientôt l'infant est tué ; don Garcie tombe à ses côtés ; les Castillans, sans chef, perdent la bataille, et se retirent étonnés d'être vaincus, consternés de la perte de leur prince, leur seul espoir. Alphonse VI, à cette nouvelle, entre dans une fureur épouvantable ; comme une lionne à qui l'on a tué ses lionceaux, il met par-tout l'alarme, rassemble à la hâte ses troupes, se met à leur tête, tout vieux, tout malade qu'il étoit, entre dans l'Andalousie, et y met tout à feu et à sang. Les Maures fuient de tous côtés, et il égorge tout ce

Ere chrétienne.

1109.

Uladislas II, roi de Bohême.

Alphonse VI perd son fils ; il extermine les Maures.

qui se rencontre, hommes, femmes et enfans, jusqu'à ce que, ne trouvant plus rien pour assouvir sa vengeance, il retourne lentement, bourrelé de chagrins, plein de regrets, à Tolède, où il meurt le 1er juillet.

Mort d'Alphonse VI.

Don Alphonse, roi de Navarre et d'Aragon, s'empare des royaumes de Castille et de Léon, se déclare empereur d'Espagne, et la péninsule est replongée dans une guerre civile qui va donner le temps aux infidèles de réparer leur pertes. Alphonse, roi de Portugal, fils de Henri de Lorraine et de Thérèse, seconde fille d'Alphonse VI, prend la défense du jeune Alphonse de Bourgogne, légitime héritier du trône de Castille, et le fait couronner, tandis que le roi d'Aragon châtioit les Maures. Dès qu'il apprit cette nouvelle, il abandonna les infidèles et tourna ses armes contre les Castillans et les Portugais. Il gagna la bataille de l'Épine; mais bientôt, vaincu à son tour, Ouraque se retira en Portugal, et céda les royaumes de Castille et de Léon à Alphonse, son fils : le roi d'Aragon la répudia de colère. La guerre continua ; mais enfin le roi d'Aragon déclara qu'il alloit continuer à gouverner comme tuteur d'Alphonse VII, et les troubles parurent s'apaiser.

Le roi de Navarre usurpe le trône de Castille.

1110.

Alphonse VII, ou de Bourgogne, est reconnu roi de Castille.

L'empereur Henri V venoit de terminer la

guerre avec la Hongrie et la Pologne; il avoit forcé ces États à le reconnoître. Il assembla les États germaniques à Ratisbonne, déclara à la diète son projet de se rendre à Rome pour avoir une entrevue avec le Pape, et cette soumission apparente lui procura des secours. Il passa bientôt les Alpes avec quatre-vingt mille hommes; toutes les villes lui ouvrirent leurs portes, excepté Novarre, qui fut réduite en cendres, et il fut couronné roi de Lombardie à Milan. Il marcha ensuite sur Rome. Pascal II étoit pris au dépourvu; mais l'adroit pontife, pour se tirer d'affaire, imagina d'envoyer des députés à Henri pour régler les conditions de son gouvernement, et demanda en même temps du secours à la Sicile. On convint, dans la conférence, que l'empereur renonceroit aux investitures, qu'il n'entreprendroit rien contre le pontife. Le Pape promettoit, s'engageoit d'ordonner au clergé d'Allemagne de restituer les domaines, les fiefs, les droits, les priviléges qu'il tenoit de la libéralité des princes, et s'obligeoit de défendre aux prélats allemands, sous peine d'excommunication, de former aucune prétention au sujet de ses régales. L'empereur y auroit gagné; mais le clergé d'Allemagne, ayant refusé de consentir à ce traité,

Ere chrétienne.

L'empereur Henri V assemble les Etats d'Allemagne.

Il entre en Italie

1111.

Ruse de Pascal II.

trancha la difficulté, et conseilla à l'empereur de se rendre maître du Pape. Henri, qui étoit près de Rome, qui la tenoit bloquée, y entra et se saisit du Pape et des cardinaux. Le peuple s'émeuta ; on se battit avec le plus grand acharnement ; mais le ponife, pendant ce massacre, étoit conduit avec ses cardinaux au camp d'Henri V, où il fut obligé de renoncer aux investitures et d'en faire aussitôt expédier la bulle. Henri le reconduisit ensuite à Rome, où il reçut la couronne impériale. Baudouin IV devint dans cette conjoncture comte de Flandre par la mort de Robert II, son père, et fit un traité d'alliance offensive et défensive avec Florent II, *le Gras*, fils de Thierri VI, comte de Hollande depuis 1092.

1112. L'empereur n'eut pas plutôt quitté l'Italie, que le clergé romain se souleva contre le Pape, et lui reprocha sa foiblesse. Ce pontife eut alors la hardiesse d'assembler un concile à Latran, où il se trouva cent quatorze évêques, qui forcèrent Pascal II à annuler la bulle par laquelle il renonçoit aux investitures. Le Pape déclara qu'il ne l'avoit concédée qu'à la force, et les légats parcoururent ensuite toute la chrétienté, excommuniant Henri V, qui venoit enfin de donner la sépulture à son père. Les choses

changèrent bientôt par les intrigues du pontife Ere chrétienne.
et de ses légats. L'archevêque de Mayence,
qui, le premier, avoit conseillé d'arrêter le
Pape, s'en déclara le zélé défenseur, et Henri
le plongea dans une prison. On cria alors au
despotisme, à la tyrannie. Le comte de Wei- 1113.
mar meurt sans héritier ; Henri veut réunir ses
domaines au fisc, et révolte les Saxons. Henri,
d'abord vainqueur, fut vaincu et forcé de
rendre la liberté à l'archevêque de Mayence.
Ce prélat, de concert avec Thierri, légat du
Pape, convoqua une assemblée à Cologne.
Tandis que les troubles déchiroient, désoloient l'Allemagne, la France, neutre, restoit
tranquille ; son roi y faisoit fleurir la justice, et
rendoit son peuple heureux.

Un grand nombre de Français passèrent au 1114.
service du roi d'Aragon, qui les employa contre les Maures. Ils leur reprirent Saragosse,
les chassèrent presque entièrement de l'Aragon. Henri de Bourgogne se fortifioit dans le
Portugal ; Etienne II, succédoit à Coloman,
son père, roi de Hongrie, et le concile de
Rheims excommunioit l'empereur Henri V.

Simon succéda à Thierri, son père, duc de 1115.
Lorraine, et se déclara pour l'empereur, dans
le moment où la comtesse Mathilde, duchesse

Ere chrétienne.

L'empereur Henri V s'empare des biens de la comtesse Mathilde.

de Toscane et de Mantoue, cessa de vivre. La cour de Rome prétendit à sa succession à titre de donation ; mais Henri, en qualité d'empereur et de plus proche parent, s'en empara avec raison. La cour de Rome réclama, et ce fut un nouveau sujet de troubles. Henri V laissa le gouvernement de l'Allemagne à Frédéric, duc de Souabe, et à Conrad, duc de Franconie, ses neveux, écrivit au Pape de lever l'excommunication prononcée contre lui, et le Pape, au contraire, renouvelle le décret des investitures. Henri, indigné, assemble des troupes, tandis que le roi de France réunit à sa couronne les comtés de Toulouse et de Poitiers. Henri, au printemps, passe les Alpes, marche sur Rome ; Pascal II se retire à Bénévent, et y meurt. Henri fait élire pape, le 2 janvier suivant, le cardinal Maurice Burdin, qui prend le nom de *Grégoire VIII*, et les cardinaux de la faction hildebrandine s'empressent de nommer Jean Cajétan, moine de Cluni, qui prend le nom de *Gélase II*. Ce pontife, protégé par les Normands, entre dans Rome, excommunie l'empereur, et Grégoire VIII, élu par la majeure partie du clergé et du peuple ; mais la faction impériale le chassa aussitôt de Rome, et il alla mourir à Cluni. La faction hildebrandine

1116.

Réunion des comtés de Toulouse et de Poitiers à la couronne de France.

1117.

1118.

1119.

lui donna pour successeur Gui, archevêque de Vienne en Dauphiné, qui prit le nom de *Calixte II*. L'Allemagne étoit alors un théâtre d'horreurs et de destruction. Les seigneurs n'étoient pas plus modérés que les évêques. Les uns et les autres assemblèrent une diète à Wurtzbourg, et sommèrent l'empereur d'y comparoître, sous peine d'être déposé. Henri fut obligé de quitter l'Italie, lorsque tout-à-coup un changement dans les idées amena des conférences. Le pape Calixte II déclara que, dans les investitures, il n'y avoit que la crosse et l'anneau de blâmable. On fit part à l'empereur de cette déclaration, et il répondit qu'il ne tenoit pas à cette formule. Il exigeoit seulement que les élections se fissent en sa présence ou devant ses délégués. « Le chef d'un État, dit-il, doit compter pour quelque chose. »

On fixe une entrevue à Mouzon, entre le Pape et Henri. Le Pape quitte le concile de Rheims, et s'y rend. Henri arrive avec trente mille hommes; Calixte s'en offusque. Le légat instruit Henri qu'il doit comparoître pieds nus devant le Pape, afin d'avoir l'absolution, et, l'empereur ayant refusé de se soumettre à cette humiliation, les conférences furent rompues. Calixte retourna à Rheims, fit allumer dans le

Ère chrétienne.

Déclaration du pape Calixte au sujet des investitures.

Ere chrétienne.

concile quatre cent quatre-vingt-sept cierges, que l'on distribua aux assistans, et excommunia Henri en présence de Louis VI, roi de France. L'empereur fut irrité de ce que le roi étoit resté à cette singulière cérémonie, et communiqua sa haine au roi d'Angleterre, son gendre. L'orgueil du Pape, l'impolitique de Louis, causèrent les malheurs de la France. Les Anglais y entrèrent bientôt : Louis, à la vérité, les repoussa jusqu'à Meulan ; mais Thibaut, comte de Champagne, Alain, comte de Bretagne, excités par Henri V, prirent le parti des Anglais. Louis marcha contre eux, et les rencon-

Bataille de Brenneville.

tra à Brenneville. Bientôt la charge sonne, le combat s'engage, l'armée de Louis est défaite; il se retire. Un Anglais court sur lui ; Louis l'aperçoit : *Ne sais-tu pas*, dit-il, *qu'on ne fait jamais le roi prisonnier aux échecs*, et déjà Louis avoit fait mordre la poussière à ce téméraire. Le roi rejoint son armée en déroute, rassemble ses troupes aux Andélys, marche sur Chartres, qui appartenoit à Thibaut, y entre, la livre au pillage, et le fait cesser à la prière du clergé. Depuis cette époque jusqu'à Charles VII, les Français ont presque toujours eu la guerre avec l'Angleterre. Henri V, dans cette conjoncture, marchoit sur Mayence pour châtier l'évêque Adalbert, lorsque, tout-à-coup, on propose de vider la querelle dans une conférence. Une suspension d'armes fut consentie à l'instant, et l'on prend la résolution d'envoyer des ambassadeurs à Calixte II.

Alexis Comnène, empereur des Grecs, venoit de mourir détesté de ses peuples. On ne l'honora pas des sépultures usitées pour les empereurs : cependant Jean Comnène, son fils, lui succéda. C'est cette année que l'ordre des pauvres chevaliers de la Sainte-Cité fut institué ; on les nomma bientôt *Templiers*, parce qu'ils demeuroient près du temple de Jérusalem ; mais ces pauvres chevaliers amassèrent bientôt des richesses immenses.

L'année suivante, les princes français de la Palestine établirent l'ordre des chevaliers de Saint-Jean-de-Jérusalem, que l'on nomma *chevaliers de Malte* lorsqu'ils allèrent résider dans cette île.

Les Normands de la Sicile et de la Calabre intronisent à Rome Calixte II, jettent Grégoire VIII dans une prison, et des députés de la diète de Wurtzbourg allèrent trouver Calixte à Rome. Ils convinrent que, dans les investitures, le sceptre seroit substitué à la crosse et à l'anneau, et, Henri V ayant ratifié ce traité dans la diète générale de Worms, le cardinal d'Ostie leva l'excommunication.

<small>La maison de France maintenue en Portugal.</small>

Alphonse VIII, de Bourgogne, devenu majeur, prend le timon des affaires dans la Castille, tandis que Henri de Bourgogne, roi de Portugal, descendoit au tombeau. Sa veuve, la reine Thérèse, épousa le comte de Transtamare, qui prit le titre de *comte de Portugal;* mais Alphonse VIII s'y oppose, et soutient Alphonse, fils aîné du comte Henri de Bourgogne, petit-fils de Robert, duc de Bourgogne, fils de Robert, roi de France.

1123. L'année suivante, le pape Calixte annonça, dans le neuvième concile général, qui se tint à Latran, la réconciliation de l'Église avec l'empereur. La puissance impériale n'y perdit rien ; mais cette guerre avoit ruiné l'empire. Henri V, pour rétablir les finances, donna la bourgeoisie et la liberté aux artisans et aux serfs de l'Allemagne, abolit le droit de main-morte, qui autorisoit le seigneur à prendre le meilleur meuble du défunt, et fit revivre le droit romain. Il établit un collége à Bologne à la même époque. Ces décrets attirèrent à l'empereur la haine des grands ; mais ils lui procuroient des soldats et des contribuables : c'étoit ce qu'il lui falloit. La puissance royale s'augmentoit au préjudice de celle des grands : Louis VI lui en avoit donné l'exemple. Henri chercha ensuite à se venger du roi de France ; il entra dans la Champagne avec une nombreuse armée ; mais des révoltes qui survinrent encore dans la Germanie l'obligèrent à se retirer, tandis que David Ier succédoit à Alexandre, son frère, roi d'Ecosse, allié de la France..

Ere chrétienne.

1124.

Le pape Calixte II mourut à la fin de l'année. Son cœur fut porté à Cîteaux, et reçu par saint Étienne, troisième abbé de cette illustre maison de l'ordre de Saint-Bernard, ami intime de Réné, duc de Bourgogne.

Une brigue nomma pape un Bolonois, qui prit le nom d'*Honorius II*. Il se désista, et fut élu ensuite canoniquement.

L'année suivante, l'empereur Henri V mourut à Utrecht, laissant à ses successeurs un fantôme de royauté. Il ne fut pas regretté ; il avoit fait trop fait de mal à l'empire, et causé trop de chagrins à son père. Il fut le dernier empereur de la maison de Franconie. Ses neveux, les ducs de Souabe et de Franconie, étoient dignes du trône ; l'ingrat, le rebelle Adalbert, archevêque de Mayence, les en exclut, sous le prétexte de rompre l'hérédité, et la diète d'Allemagne élut Lothaire, duc de Saxe.

1125.

LOTHAIRE, *empereur d'Allemagne.*

Ere chrétienne.

Organisation germanique.

Les principales nations de la Germanie étoient venues camper près de Mayence pour concourir à l'élection. Le légat du Pape, qui la présidoit, et le traître Adalbert en exclurent le peuple : les princes et les prélats n'y assistèrent même pas. Ils nommèrent entre eux dix commissaires pour procéder à l'élection. Le légat et le perfide Adalbert eurent bien plus de facilité de gagner les suffrages par des présens. Les peuples furent étonnés de ces innovations, et, comme ils ne s'y opposèrent pas, cet acte fut l'origine du collége électoral. Lorsque l'élection fut finie, l'on eut soin de demander la confirmation du Pape, afin de lui donner un droit qu'il n'avoit pas. L'on ôta à l'empereur le droit d'assister aux élections ecclésiastiques, celui de déclarer la guerre, et il ne lui fut plus permis d'établir des impôts, d'élever des forteresses, de relever les anciennes, de punir les princes. C'est ainsi que les grands possesseurs de fiefs réduisirent la puissance impériale pour augmenter la leur. Cette élection amena encore, pendant huit ans, la désolation dans la Germanie. Les ducs de Souabe et de Franconie ne voulurent pas reconnoître Lothaire, et Conrad, duc de Franconie, prit le titre de roi d'Italie. Il fut reconnu et couronné à Monza et à Milan

1126.

par l'archevêque Anselme; les seigneurs tos- — Ere chrétienne.
cans le reçurent avec acclamation, et le roi de
Bohême se déclara pour lui. Lothaire déclara
la guerre aux Bohémiens; mais son armée fut
taillée en pièces, et le reste prit la fuite.

Ce fut cette année que mourut la célèbre
Uraque, fille naturelle d'Alphonse VI, roi de
Castille, veuve de Raymond de Bourgogne,
reine de Navarre et d'Aragon.

L'empereur Lothaire, vaincu, défait par les — 1127.
Bohémiens, s'avisa de porter la guerre dans la
Souabe; il étoit soutenu par Henri-le-Superbe,
duc de Bavière, son gendre. Le fier, le brave
Frédéric les méprisoit trop pour faire beaucoup
d'efforts; il les attendit simplement à Nurem-
berg. Lorsqu'ils parurent, il fondit sur leurs
troupes et les extermina. Honorius II excommunia Conrad; mais le fier, l'intrépide roi s'em-
barrassoit peu de cette formule.

Hali, roi de Maroc, meurt; Albo-Hali, son — Albo-Hali, roi de Maroc.
fils, lui succède, s'empare de Méquinès, grande
ville, capitale du royaume de Fez, et prend
le titre de miramolin d'Afrique et d'Espagne.

Saint Bernard, l'apôtre des Gaules, présidoit le concile de Troyes en Champagne; il y
fit confirmer l'ordre des Templiers.

Guillaume *le Normand* devenoit comte de

Flandre; Thierri d'Alsace lui succéda l'année suivante.

1128. Louis VI, roi de France, donnoit à ses sujets de sages ordonnances, et employoit tous ses instans à leur bonheur. Tous les seigneurs étoient soumis à ses édits, personne n'osoit les enfreindre; mais ses soins, ses travaux détruisoient son physique; et, sentant qu'il s'affoiblissoit de jour en jour, il prit la résolution de faire couronner Philippe, son fils aîné. Il invita les grands vassaux à cette cérémonie, qui se

1129. fit à Rheims le 14 avril suivant, en présence de Henri, roi d'Angleterre, son vassal, à cause du duché de Normandie.

L'Allemagne étoit en proie aux factions, et
1130. bientôt l'élection d'un pape troubla toute la chrétienté. A la mort de Honorius II, quelques cardinaux élurent à la hâte le cardinal de Saint-Ange, qui prit le nom d'*Innocent II*, et ceux qui n'avoient pas participé à l'élection nommèrent le même jour publiquement le cardinal Pierre de Léon, sous le nom d'*Anaclet II*. Celui-ci avoit Rome et l'Italie pour lui. Il s'assura encore des Normands, en créant roi de Sicile

Roger III, roi de Naples et de Sicile. le comte Roger III, duc de la Pouille et de la Calabre. Innocent, retiré en France, auprès de saint Bernard, abbé de Clairvaux, se fit reconnoître en France, en Allemagne, en Angleterre, en Espagne, et le concile d'Etampes déclara Anaclet II anti-pape. On convoqua ensuite un concile à Rheims, pour l'année suivante. Le jeune roi Philippe fut tué malheureusement dans cette conjoncture, en se promenant à cheval dans Paris. Un porc se glissa dans les jambes de son cheval, qui se câbra, et jeta le jeune prince sur une borne contre laquelle il se brisa la tête.

Ce fut cette année que l'on découvrit par hasard, dans la ville d'Amalfi, en Italie, une copie du digeste de Justinien.

Le roi fit couronner Louis, son second fils, le 25 octobre suivant, et sacrer par le pape Innocent II à Rheims, où il présidoit un concile. Plusieurs auteurs rapportent que ce fut dans ce sacre que le nombre des pairs fut fixé à douze, six laïcs, six ecclésiastiques, et que le concile de Rheims excommunia le pape Anaclet, en le déclarant anti-pape. Innocent II se rendit ensuite à Liége, où il couronna l'empereur Lothaire, et chargea saint Bernard de négocier avec Conrad. Ce prince consentit à ce que l'on tînt un concile à Plaisance, où Anaclet et ses partisans furent excommuniés.

L'Espagne étoit tranquille; le roi d'Aragon

venoit de battre les Maures et de les poursuivre jusqu'à Fraga qu'il assiégea; mais il fut surpris et tué devant cette place, au mois de décembre. Le roi de Castille prétendit à sa succession ; mais Ramire II, son frère, sortit du cloître, et se mit en possession du royaume d'Aragon. Garcias VI, petit-neveu de Sanche IV, réclama le royaume de Navarre, et parvint à s'en saisir. La guerre s'alluma entre les trois princes, et dura six ans.

Saint Bernard se rendoit alors en Italie, au concile de Pise. Il parvint à apaiser Conrad, roi d'Italie, en lui promettant l'empire après Lothaire. Il ménagea une entrevue avec les deux compétiteurs, et réconcilia ces deux princes, qui profitèrent de l'absence de Roger pour introniser Innocent au palais de Latran. Il n'y fut pas plutôt que l'ambition faillit à le perdre. Il réclama les biens de la comtesse Mathilde, et Conrad en fut indigné. Peu s'en fallut qu'il ne se saisît du Pape et de Lothaire, qui n'avoit que deux mille hommes avec lui. L'affaire s'arrangea heureusement; mais les deux princes quittèrent Rome fort mécontens de ce pontife. Le parti d'Anaclet reprit bientôt le dessus, et le roi de Sicile chassa de Rome Innocent, qui se réfugia à Pise. L'abbé de Clairveaux engagea

Lothaire à revenir en Italie, et il y consentit.

C'est dans ce temps que Mahaut ou Mathilde, fille de Henri, roi d'Angleterre, se maria avec Geoffroi V, comte d'Anjou. Son fils devint dans la suite roi d'Angleterre.

Henri, roi d'Angleterre, meurt; Étienne de Blois, fils d'Alix, fille de Guillaume-le-Conquérant, s'empare de son trône, malgré les prodiges de valeur de Mahaut.

Lothaire repasse les Alpes avec une forte armée, et ne trouve que de la soumission dans la Lombardie. Il marche rapidement sur Rome; le roi de Sicile prend la fuite, et Lothaire rétablit Innocent. Il poursuit le roi de Sicile, se saisit de la principauté de Capoue, qu'il donne à Robert, prend ensuite Bénévent, Salerne et toute la Pouille, et donne celle-ci à Rainulfe. Le pape Innocent II éleva des prétentions ridicules, et vouloit l'avoir. Peu s'en fallut que les Allemands n'égorgeassent ce pontife ambitieux, ingrat, qui suivoit si peu les maximes de l'Évangile. L'empereur, outré de sa conduite, retourna en Allemagne. Il étoit à peine à Trente, où il tomba malade, que le roi de Sicile reprenoit ses provinces. Lothaire succomba à sa maladie, et Innocent se trouva abandonné. Ce pontife, plutôt que de recourir à la

Ere chrétienne.

Mariage de Mathilde d'Angleterre avec le comte d'Anjou.

1136.

Étienne, roi d'Angleterre.

1137.

1138.

Campagne d'Innocent III.

puissance divine, donna au monde un nouveau scandale. Il se mit à la tête d'une armée, marcha contre Roger, qui craignoit peu un pareil général, dont il mit aussitôt l'armée en fuite, et le capitaine-pontife fut fait prisonnier. Roger, en politique habile, traita avec Innocent, et le Pape leva son excommunication. Il donna à Roger l'investiture des royaumes de Naples et de Sicile, et lui accorda la jurisdiction spirituelle, pour lui et ses successeurs, sur ces deux royaumes, avec la même étendue que le Pape pourroit se l'arroger. L'empereur Lothaire, en mourant, avoit donné les ornemens impériaux à Henri-le-Superbe, son gendre, héritier des biens de la comtesse Mathilde. Il se croyoit empereur. Innocent, qui venoit de déclarer que l'élection des papes seroit dévolue au clergé seul, voulut encore s'arroger le droit de créer l'empereur, et, afin de mieux réussir, il fit retarder l'élection impériale. Il trama ensuite pour exclure le duc de Bavière et de Saxe, qui venoit de le rétablir sur son siége. Lorsque les pontifes donnent les premiers l'exemple de l'ambition, de l'intrigue, de la vengeance, de l'ingratitude, peut-on trouver étrange d'en voir les autres infectés ?

La France étoit dans le deuil le plus profond ; elle venoit de perdre Louis VI, et le regrettoit comme un tendre père. Ce prince, qui fut inhumé à Saint-Denis au commencement d'août, s'étoit fait respecter des Anglais et des Germains, et laissa de la reine Alix, Robert, comte de Dreux, et Pierre, qui se maria avec une héritière de Courtenai.

Sous son règne, Venise avoit un doge ; Gênes commençoit à refleurir, et les Helvétiens faisoient partie de la Germanie. Abailard, si connu par ses amours avec Héloïse, retirée au Paraclet, monastère près de Provins, dans la Champagne, où elle mourut religieuse, la portoit, ainsi que lui, à la célébrité.

C'est cette année que le feu du ciel consuma presque tout Dijon, qui n'étoit qu'un fort château avant Marc-Aurèle. Hugues II, duc de Bourgogne, le fit démolir, et employa les matériaux à l'enceinte d'une nouvelle ville, qui devint le siége du parlement de Bourgogne et la demeure des ducs.

Règne de Louis VII, roi de France.

Ere chrétienne.

Louis VII n'avoit que dix-neuf ans lorsque le roi, son père, mourut d'une dyssenterie, à l'âge de cinquante-huit ans. Dès qu'il fut seul, il s'occupa, avec Suger, abbé de St.-Denis, premier ministre de France, à faire fleurir la justice dans son royaume. Il épousa Éléonore de Guyenne, qui lui apporta cette province en dot.

CONRAD III, empereur d'Allemagne.

Innocent II réussit dans ses intrigues. La diète germanique élut Conrad III, fils de Frédéric, duc de Souabe, de Franconie, comte de Hohenstaufen, et d'Agnès, fille de l'empereur Henri IV. Le légat du Pape le couronna aussitôt à Aix-la-Chapelle, et tous les princes le reconnurent, excepté Henri, duc de Bavière et de Saxe. La diète de Wurtzbourg le déclara

Henri de Bavière et de Saxe dépouillé de ses États.

ennemi de l'empire, et le dépouilla de ses États. Il rendit les ornemens impériaux; mais cela n'empêcha pas l'intrigue de donner la Bavière à Léopold, margrave d'Autriche, et la Saxe à Albert-l'Ours, margrave de Brandebourg. C'étoit rallumer la guerre civile; mais le Pape, qui vouloit se venger, se soucioit peu si sa vengeance feroit couler des flots de sang; il espéroit que les troubles de la Germanie faciliteroient l'agrandissement de sa puissance et de son autorité. Conrad, la même année, assiégea et prit Winsberg, qui s'étoit révoltée. Il ordonna de la brûler, d'en faire tous les habitans prisonniers, excepté les femmes. Celles-ci vont trouver l'empereur, se jettent à ses pieds, et le supplient de leur laisser emporter sur leurs épaules ce qu'elles pourront. L'empereur n'avoit donné cet ordre que pour empêcher à l'avenir de pareilles révoltes. Les larmes de ces femmes l'attendrirent, et il leur accorda leur demande. Elles rentrent aussitôt dans la ville, et, au lieu d'enlever ce qu'elles ont de plus précieux, de plus nécessaire, ainsi que Conrad le pensoit, elles chargent leurs maris, leurs enfans sur leurs épaules, et les emportent hors de la ville. L'empereur ne put tenir à ce trait d'amour si tendre : il en pleura, et pardonna.

Ramire II, roi d'Aragon, venoit de mourir, et laissoit pour héritière Pétronille, enfant de deux ans. Elle épousa aussitôt Raymond-Bérenger, comte de Barcelonne, et lui donna

Ere chrétienne.

Conrad prend Winsberg, ville révoltée.

Il pardonne.

Raymond-Bérenger, roi d'Aragon.

pour dot le royaume d'Aragon, auquel il réunit la Catalogne.

Le roi de Castille prétendoit toujours à ce royaume ; il avoit pris Saragosse, la capitale, et Bérenger hérita d'une guerre.

1139. Henri, duc de Bavière, vaincu par Léopold, margrave d'Autriche, s'étoit jeté sur la Saxe, et la reprit à Albert. Il retourna en Bavière avec les Saxons, et la mort le moissonna. Le comte Welf, son frère, prit la défense de Henri-le-Lion, fils du duc de Bavière, et défit Léopold ; mais il fut lui-même vaincu par l'empereur Conrad, en poursuivant son ennemi. Conrad se rendit ensuite à Rome, et assista au second concile général de Latran, composé de plus de mille évêques.

Le roi de Portugal, étranger à la querelle des rois de Castille, d'Aragon et de Navarre, ne laissoit pas respirer les Maures. Il remporta sur eux une bataille fameuse, près de Castroverdo, et les extermina. Plusieurs rois maures y furent tués : ce qui fit donner à cette bataille le nom de *cabeças de ryès*, *têtes de rois*. Cette bataille mit la division parmi les Maures ; plusieurs se disputèrent les successions des rois que la guerre avoit précipités dans le tombeau.

Alphonse, après cette victoire, fut proclamé roi de Portugal par son armée. Il profita de la paix que cette victoire lui procuroit pour arranger les différends des autres princes chrétiens de l'Espagne, et il eut l'agrément d'y parvenir ; mais le traité de paix ne fut signé que le 24 octobre.

A son retour d'Italie, l'empereur Conrad épousa Gertrude, veuve de Henri-le-Superbe, duc de Bavière, et fille de l'empereur Lothaire, et tint une diète à Spire pour le voyage de la Terre-Sainte. La ville de Lubeck y fut déclarée libre et impériale ; mais la guerre civile, qui désola encore l'Allemagne cette année et la suivante, n'auroit pas été éteinte si tôt sans l'impératrice, qui engagea Henri-le-Lion, son fils, à se désister de la Bavière. La Saxe lui fut rendue, et cette convention fut confirmée dans la diète de Francfort. Elle ne fit que diminuer les hostilités. L'Italie étoit encore plus troublée. Armand de Brescia, disciple d'Abailard, déclama contre les mœurs licencieuses du clergé, anima les peuples, et la république fut rétablie à Rome.

En France, le roi étoit inquiété par les intrigues de Thibaut, comte de Champagne. Poussé à bout, il marcha sur Vitri, et fit mettre le feu à l'église, où le peuple s'étoit retiré : il y périt plus de treize cents personnes. Le jeune roi, rendu à lui-même, sentit toute l'énormité de son action. Désespéré de l'avoir commise, il s'en confessa à saint Bernard, l'oracle de son siècle, qui l'engagea à se rendre à la Terre Sainte contre les Infidèles, pour se purger de son crime.

Ce fut cette année que mourut Hugues II, duc de Bourgogne, intime ami de saint Bernard, et Eudes II, son fils, lui succéda.

Le pouvoir illimité des empereurs du Japon, île à l'extrémité orientale de l'Asie, commençoit à décheoir depuis long-temps; les princes japonais cherchoient à se rendre indépendans. Le fameux Joritomo, général de la couronne, ne laissa plus à l'empereur qu'un vain titre ecclésiastique, et la ville de Méaco. Les daïri ne furent plus regardés que comme les chefs de la religion; mais ils jouirent toujours de grands honneurs.

1143. Le pape Innocent II cessa de vivre l'année suivante, et un Toscan, Gui-du-Chatel, fut proclamé pape sous le nom de *Célestin II*. Cinq mois après, il n'existoit plus, et il eut
1144. pour successeur un Boulonnais de la famille

des Caccianemici, qui prit le nom de *Lucius II*.

Lucius II meurt au mois de février; Eugène III lui succède et se retire en France pour éviter les fureurs d'Arnaud de Brescia, moteur des troubles de Rome. Ce pontife pria saint Bernard, dont il avoit été le disciple, de prêcher une nouvelle croisade, et y détermina l'empereur Conrad, qui fit tenir à ce sujet une diète en Bavière, où se trouva saint Bernard. Ce saint abbé fit assembler, la même année, un concile à Chartres, pour le même sujet. Conrad III partit le premier avec une armée de deux cent mille hommes.

L'année suivante, Eugène III présida le concile de Paris contre les erreurs de Porrée, évêque de Poitiers.

Le roi de Portugal et celui de Castille exterminoient les Maures d'Espagne. Alphonse VIII leur prit la fameuse ville d'Almérie. Le roi de Portugal les chassa de Lisbonne le 24 octobre, et y établit sa cour. Leur miramolin étoit aux abois; il fut détrôné, l'année suivante, par Almoade, qui plaça Abdelmon, son fils, sur le trône d'Afrique, et la famille des Almoravides cessa de régner.

Le pape Eugène III tint cette année un con-

Ere chrétienne.

1145.

1146.
Saint Bernard prêche une nouvelle croisade.

1147.

1148.
Les Almoades s'emparent de la Mauritanie.

cile à Rheims, où Gilbert Porrée fut condamné. On défendit le mariage des prêtres et des religieuses; ce qui prouve que les mœurs du clergé étoient bien relâchées. Ce vertueux pontife décida le roi de France à rejoindre l'empereur Conrad en Orient, et Louis VII, après avoir établi Raoul, comte de Vermandois, et l'abbé Suger, régens de son royaume, s'y rendit avec une armée de soixante mille hommes.

Qui le croiroit, si l'histoire ne nous l'assuroit d'une manière irrévocable ? cette expédition manqua par les soins d'un empereur chrétien, l'infâme Manuel-Comnène, qui régnoit alors à Constantinople. Cet odieux, cet impolitique prince, d'accord avec les Turcs pour faire échouer une si sainte entreprise, avoit promis de vendre aux croisés les vivres qui leur seroient nécessaires. Il fit mêler du plâtre dans la farine que l'on distribua aux troupes de l'empereur Conrad III, et fit périr presque toute son armée, soit par les maladies, soit par les embûches des Turcs. Il revint à Constantinople avec dix mille hommes.

Le roi de France se conduisit en héros; mais il fut accablé par le nombre des infidèles et par les intrigues de Manuel-Comnène. Il se défendit seul contre plusieurs Turcs, qui le poursuivoient pour avoir ses éperons dorés, s'adossa contre un gros arbre et les repoussa si vaillamment qu'il eut le temps d'y monter. Quelques-uns essayèrent d'y atteindre; mais Louis, coupant tête et bras à ceux qui osoient l'approcher, força ces barbares, qui ne le connoissoient pas, à aller chercher fortune ailleurs. Louis revint en France avec les débris de son armée, et la flotte des Grecs eut la perfidie, la lâcheté de l'attaquer. Il auroit été pris sans l'armée de Roger, roi de Sicile, qui mit en fuite les perfides Grecs. D'après cela, il n'est pas étonnant que les princes chrétiens aient laissé sans secours les Grecs lorsque les Musulmans ont cherché à les détrôner. On cria beaucoup contre saint Bernard, qui avoit prêché cette croisade; mais le vertueux abbé pouvoit-il prévoir cette abominable conduite des Grecs?

Ere chrétienne.

Éric X venoit d'être élu roi de Suède, lorsque Louis VII, qui avoit emmené la reine Éléonore en Orient, se décida à la répudier, à cause de la conduite scandaleuse qu'elle y avoit tenue. Il fit assembler, à son retour, un concile à Beaugenci pour ce sujet, et le divorce fut résolu. Il se remaria ensuite avec

1150.

1151.
Louis VII répudie Éléonore de Guyenne.

l'infante de Castille ; et Éléonore donna, peu après, sa main à Henri, duc de Normandie, fils de Geoffroi, comte d'Anjou, et de Mahaut, fille de Henri, roi d'Angleterre, et veuve de l'empereur Henri V.

Sanche VI, roi de Navarre.
1152.

Sanche VI avoit succédé, dans ces entrefaites, à Garcias VI, son père, roi de Navarre, mort en 1150.

Louis VII éprouva bientôt un autre chagrin : la mort lui enleva le vertueux Suger, abbé de Saint-Denis. Ce prince prit alors la résolution de se rendre en Espagne pour visiter le tombeau de l'apôtre saint Jacques. L'empereur Alphonse VIII, son beau-père, alla à sa rencontre jusqu'à Burgos avec une suite nombreuse, l'accompagna jusqu'à Saint-Jacques-de-Compostelle, et lui fit les plus grands honneurs.

L'empereur Conrad III avoit éprouvé plus de chagrin encore que Louis pendant son voyage de la Palestine : à son retour il ne trouva plus que la dépouille mortelle de son fils Henri, déjà associé à l'empire. Conrad fit ensuite des préparatifs pour passer en Italie contre Roger III, roi de Sicile, et il meurt d'un poison lent que des médecins corrompus par Roger lui avoient donné.

Frédéric-Barberousse, fils de Frédéric-le-Borgne, roi de Suève, duc d'Allemagne, fut proclamé roi des Romains par les États assemblés à Francfort. C'est peut-être depuis ce moment que les Germains ont été tous nommés du nom général *Allemand*.

<small>Ere chrétienne.</small>

<small>FRÉDÉRIC-BARBEROUSSE, empereur d'Allemagne.</small>

Roger III, roi de Naples et de Sicile, ne survécut que quelques mois à l'empereur Conrad, et Guillaume Ier, son fils, pis que lui encore, lui succéda.

<small>Guillaume Ier roi de Naples et de Sicile.</small>

Le pape Eugène III mourut ensuite. L'abbé Saburri, qui fut nommé à sa place, prit le nom d'*Anastase IV*, et ne vécut qu'un an et quatre mois après son élection. On lui donna pour successeur l'évêque d'Alba, né à Saint-Alban, en Angleterre, qui prit le nom d'*Adrien IV*. Il excommunia Guillaume Ier, roi de Naples et de Sicile, qui tourmentoit ses sujets. Guillaume marche sur Rome; le Pape se retire, et réclame l'appui de l'empereur. Frédéric, aussitôt, passe les Alpes, assiége Milan, s'en saisit et y fait un carnage affreux. Il prend ensuite et rase Tortone, arrive à Pavie, et s'y fait couronner. Il va trouver le Pape à Viterbe, le reconduit à Rome, et le pontife le couronne dans l'église de Saint-Pierre de Rome. Guillaume se soumit, demanda la

<small>1153.</small>

<small>1154.</small>

<small>L'empereur Frédéric passe en Italie.</small>

paix, et l'empereur Frédéric retourna en Allemagne.

Humbert III, comte de Savoie.

Humbert III venoit de succéder à Amédée II, son père, comte de Savoie. Il épousa une fille du duc de Bourgogne.

HENRI II, duc d'Anjou, roi d'Angleterre.

Étienne, roi d'Angleterre, et son fils Eustache, moururent cette année, et Henri II, duc de Normandie, d'Anjou et de Guyenne, fils de Mahaut d'Angleterre, monta sur le trône.

1156.

L'Autriche est érigée en duché indépendant.

Enfin, l'on rendit la Bavière à Henri-le-Lion, duc de Saxe. Le margraviat d'Autriche fut érigé en duché indépendant, et le droit de succession y fut dévolu aux filles comme aux hommes.

1157.

Sanche III, roi de Castille.

Alphonse VIII, roi de Castille, dangereusement malade, partagea ses États à ses deux fils. Sanche II eut le royaume de Castille; Ferdinand II celui de Léon; et Alphonse, quelques jours après, succomba à ses maux.

1158.

Jacob, miramolin d'Afrique, attaqua ensuite les Maures d'Espagne, et les Templiers, maîtres de la ville de *Calatrava*, l'abandonnèrent au bruit de son arrivée, et la remirent à Sanche II, roi de

Naissance de l'ordre de Calatrava.

Castille. Deux religieux de l'ordre de Cîteaux s'offrirent pour la conserver, et plusieurs seigneurs castillans vinrent aider ces religieux, qui leur donnèrent un uniforme particulier.

La division s'étant remise parmi les Maures, ils se retirèrent. Sanche II, marié à Éléonore, fille de Henri II, roi d'Angleterre, passa en Orient pour secourir les Chrétiens, y fut tué dans une bataille qu'il livra aux Arabes, et Alphonse IX, son fils, lui succéda.

Ere chrétienne.

Alphonse IX, roi de Castille.

Le feu de la rebellion s'étoit de nouveau allumé en Italie, à Milan comme à Rome. L'empereur Frédéric (Barberousse) repasse les Alpes, fond sur Milan, la reprend et en fait raser les fortifications. Il arrive aussitôt à Rome et y commande en souverain. Le pape Adrien lui en fit des plaintes : « Je suis empereur » des Romains, répondit-il ; si je n'étois pas » maître dans Rome, je n'aurois qu'un titre sans » possession : c'est ce qui ne me convient pas. » Le Pape mourut quelque temps après, et le cardinal Roland Paparo de Sienne fut élu sans la participation de l'empereur, sous le nom d'*Alexandre III*. Frédéric ne veut pas le reconnoître ; il arrive à Rome ; Alexandre se retire en France, et l'empereur fait nommer devant lui un autre pape : on élut Octavien sous le nom de *Victor IV*.

1159.

Les Suédois s'étoient révoltés contre leur roi Eric, qui fut tué dans une bataille qu'il livra aux rebelles ; ils élurent Charles VII,

1160.
1161.

Ère chrétienne.

1162. prince de Gothie, roi de Suède. Le concile de Beauvais reconnut Alexandre III, et condamna Victor IV, qui mourut l'année suivante, ainsi que Eudes II, duc de Bourgogne, qui laissa, de Marie, fille du comte de Champagne, sa femme, Hugues III, qui lui succéda. L'empereur Frédéric fit élire pape Gui de Crémone,

1163. qui prit le nom de *Pascal III*. Il fut condamné par le concile de Tours, où se trouvèrent cent vingt-cinq évêques, deux cent quatorze abbés, et dix-sept cardinaux, du nombre desquels étoit saint Thomas, archevêque de Cantorbéri. Ce

1164. concile excommunia l'empereur Frédéric, qui se rendit à Rome, et y fit couronner l'impératrice par le pape Pascal, qui mourut peu après. On élut, sous l'approbation de l'empereur, Jean de Hongrie, qui prit le nom de *Caliste III*.

1168. Philippe d'Alsace succéda à Thierri d'Alsace, comte de Flandre, et Canut, fils de saint Eric, devint roi de Suède. Rome et les villes de l'Italie se révoltèrent contre l'empereur, et réclamèrent Alexandre III, qui retourna à Rome. Il fit assembler un concile à Latran, qui excommunia de nouveau l'empereur Frédéric, et les peuples, dans leur enthousiasme, construisirent Alexandrie en l'honneur du Pape. Ce pontife proposa à Alphonse Henriquès, proclamé roi de Portugal par ses sujets, de lui confirmer ce titre, moyennant un tribut de deux marcs d'or par an, et Alphonse y consentit.

Des sujets du roi d'Angleterre assassinèrent saint Thomas, archevêque de Cantorbéri, pendant qu'il officioit; ce crime révolta la chrétienté, et le roi en fut au désespoir. On assembla, l'année suivante, un concile à Avranches en Normandie à ce sujet, et il décida que le roi d'Angleterre devoit être astreint à une pénitence publique pour ses sujets. Deux légats se rendirent à Londres, imposèrent au roi une pénitence qu'il exécuta avec édification.

C'est cette année que le royaume d'Irlande ou d'Hibernie fut réuni à la couronne d'Angleterre.

Baudouin IV succéda à Amauri, comte d'Ascalon, son père, roi de Jérusalem.

La Hongrie étoit en proie à la guerre civile; les deux branches royales se disputoient la couronne. Le fils de l'usurpateur Béla fut vainqueur, et le roi Salomon fut chassé du trône de ses pères.

Il se forma peu après un nouvel ordre religieux en Espagne. Des seigneurs espagnols mirent leurs biens en commun pour faciliter

Ere chrétienne.

1169.
Erection du Portugal en royaume.

1170.

1172.

1173.
Baudouin IV, roi de Jérusalem.

1174.
Geisa, roi de Hongrie.

1175.

aux Chrétiens le pèlerinage de Saint-Jacques-de-Compostelle, si fréquenté par les Anglais, et ils prirent le titre de *chevaliers de Saint-Jacques-de-Compostelle*. On assembla un concile à Venise, afin de rapprocher le Pape et l'empereur. Ces deux grands personnages s'y trouvèrent, et l'accord se fit, à la grande satisfaction des pères qui y étoient assemblés. Ce concile canonisa ensuite Charlemagne.

Les rois de Castille et d'Aragon pressoient avec ardeur le siége de Cuença sur le Xucar, et prirent cette place après neuf mois de siége, au mois de septembre. Les Maures évacuèrent l'Aragon ; mais les deux rois s'étant brouillés de nouveau, l'expulsion des Maures de l'Espagne fut encore reculée.

L'empereur d'Allemagne tourna ses armes contre Sobieslas II, roi de Bohême, qu'il avoit mis sur le trône ; il le détrôna, et mit à sa place Frédéric, fils d'Uladislas III.

Le pape Alexandre III convoqua à Latran un concile général, où il se trouva trois cents évêques, un grand nombre d'abbés et les cardinaux, sous la présidence du Pape. Les erreurs des Vaudois et des Cathares y furent condamnées, et les tournois y furent défendus. On accorda aux seuls cardinaux le droit d'élire les Papes, et il y fut décidé que les ordinations faites par les anti-papes seroient renouvelées.

Louis VII, roi de France, cassé de vieillesse, fit couronner Philippe II, son fils, à Rheims, le 1ᵉʳ novembre. Ce grand *prince, juste, pieux, charitable et vaillant*, mourut l'année suivante, au mois de septembre, d'une paralysie.

L'infâme Manuel-Comnène, empereur d'Orient, venoit de descendre dans la tombe, après avoir marié sa fille avec le marquis de Montferrat, qu'il avoit honoré du titre de *César*.

Alexis II, son fils, l'avoit remplacé; mais il avoit été forcé d'associer à l'empire Andronic, son cousin, et Alexis épousa Agnès, fille du roi de France.

Henri-le-Lion, duc de Saxe et de Bavière, venoit de perdre encore ses États; on ne lui avoit laissé que les duchés de Brunswick et de Lunebourg. La diète d'Allemagne avoit donné la Saxe à Bernard d'Anhalt, margrave de Brandebourg, et Othon de Witelsbach avoit eu la Bavière.

Ere chrétienne.

Couronnement de Philippe-Auguste.
1180.

Alexis II, empereur de Constantinople.

Duchés de Brunswick et de Lunebourg.
Réunion de la Saxe au margraviat de Brandebourg.
La maison de Witelsbach obtient la Bavière.

Règne de PHILIPPE II, AUGUSTE, roi de France.

Ere chrétienne.

Philippe-Auguste étoit fils d'Adèle de Champagne, troisième femme de Louis VII. Il n'avoit que quinze ans, et déjà il montroit beaucoup de caractère, beaucoup de zèle pour la religion; il se maria avec Isabelle de Hainaut, qui descendoit de Charlemagne par sa mère. Il commença son règne par un édit contre les blasphémateurs du saint nom de Dieu, et cet

1181. édit fut publié en 1181. Il fit punir plusieurs seigneurs qui opprimoient les ecclésiastiques, défendit l'entrée de la cour aux comédiens et aux jongleurs, poursuivit les hérétiques, et chassa de ses États les Juifs, qui s'y livroient à l'usure. Il le fit probablement d'après les conseils du pape Lucius III, qui avoit succédé à Alexandre III le 29 août. Lucius, né à Lucques, évêque d'Ostie avant son intronisation, étoit d'une rare piété, et avoit un esprit de paix qu'il répandoit dans toutes les affaires.

1182. L'empereur Frédéric l'engagea à rappeler les villes de l'Italie à la soumission; le vertueux pontife y parvint, et les rétablit avec l'empereur, sous la protection de qui se mirent les villes libres de l'Allemagne.

Ère chrétienne.

1183.

Les Grecs donnèrent encore un exemple de leur cruauté. Andronic-Comnène fit étrangler l'empereur Alexis II, afin de régner seul; il fit ensuite tuer tous les Latins, surtout les Français qui se trouvèrent à Constantinople, et tourmenta par mille cruautés les Grecs du parti d'Alexis, tandis que l'empereur Frédéric-Barberousse marioit son fils Henri avec Constance de Sicile.

1184.

Les Maures avoient osé rentrer dans le Portugal. Alphonse se retrancha avec son armée entre le Tage et les montagnes de Santaren, et les laissa avancer. Les Maures passent le Tage; le roi de Portugal, comme un lion furieux, se jette sur eux et fait un carnage affreux de cette multitude. Les uns mettent bas leurs armes et demandent grâce; les autres cherchent la vie dans la fuite, se précipitent dans le Tage avec Albin Jacob, leur roi, et le Tage les engloutit. Alphonse s'empare de toute leur artillerie, de leurs provisions; il cherchoit les Maures encore; mais la nuit, qui avoit couvert l'horizon de ses ailes ténébreuses, les lui cachoit. Il se remet en campagne au

Bataille de Santaren.

point du jour, et le reste des Maures étoit bien loin du Portugal. Ce prince mourut l'année suivante, âgé de quatre-vingt-onze ans ; Sanche, son fils, lui succéda, et les Maures, ni Joseph, roi de Maroc, n'osèrent l'inquiéter.

Ere chrétienne.

Sanche, roi de Portugal.
1185.

Les Grecs, fatigués des cruautés d'Andronic-Comnène, se révoltèrent contre lui, et s'en saisirent. On lui coupa d'abord une main; on lui creva un œil ; il fut promené par toute la ville sur un chameau, et fut mis en pièces ensuite. Il ne restoit plus que la branche d'Ange-Comnène ; Isaac, l'aîné de cette branche, fut placé sur le trône.

Isaac-Comnène, empereur de Constantinople.

Le pape Lucius III mourut peu après, et le cardinal de Crivelli, qui prit le nom *d'Urbain III*, le remplaça. Il fit aussitôt assembler, à Paris, un concile pour aviser au moyen de délivrer la Terre-Sainte des mains des Turcs. Le besoin étoit pressant. Baudouin IV, roi de Jérusalem, venoit de mourir, et Baudouin V, son neveu, fils de Sibile, sœur du roi et de Gui de Lusignan, qui lui succédoit, étoit un enfant. Gui de Lusignan, son tuteur, avoit pris les rênes du gouvernement, et Raymond, comte de Tripoli, les lui disputoit. L'ambitieux Raymond, pour parvenir

Baudouin V, dernier roi de Jérusalem.

à son but, se fait Mahométan, et appelle à son secours Saladin, soudan d'Égypte. Ce prince marche aussitôt contre les Chrétiens, gagne la bataille de Tibériade, malgré les prodiges de Conrad, marquis de Montferrat, fait prisonnier Gui de Lusignan, une partie de sa famille, enlève la vraie croix, que l'évêque d'Acre portoit à la tête des troupes, et se rend maître de Jérusalem et de la Terre-Sainte. Cette nouvelle jeta la consternation dans toute la chrétienté; Urbain III en mourut de chagrin. On lui donna pour successeur le cardinal de Saint-Laurent, né à Bénévent, qui prit le nom de *Grégoire VIII*. Il convoqua aussitôt un concile à Paris pour le recouvrement de la Terre-Sainte; mais Dieu l'appela près de lui avant qu'il fût assemblé; et Clément III, de la famille Scolari, qui lui succéda, exécuta ce dessein. Il engagea, dans le concile de Rouen, tous les princes chrétiens à se rendre dans la Palestine, en leur promettant des indulgences plénières. Philippe-Auguste, roi de France, prince zélé pour la religion, le seconda de tout son pouvoir, et fit lever dans ses États, pour ce sujet, le dixième de tous les revenus; même ecclésiastiques: on nomma cet impôt *la dîme sa-*

Ere chrétienne.

1187.

1188.

ladine. L'empereur Frédéric-Barberousse armoit pour le même dessein, et, au printemps suivant, il vola sur la Palestine avec une armée de cent cinquante mille hommes.

Richard-Cœur-de-Lion, qui venoit de succéder à Henri II, son père, roi d'Angleterre, faisoit un appel à ses sujets pour aller au secours des Chrétiens, tandis que Tancrède, fils naturel de Guillaume II, roi de Naples et de Sicile, qui venoit de mourir, se mettoit en possession de ces États.

Frédéric tombe sur les Turcs, extermine, tue tout ce qui se présente, prend plusieurs villes, fait de grands progrès. Saladin accourt; Saladin est vaincu. Les Turcs fuient, l'intrépide empereur les poursuit. Comme un torrent impétueux, il entraîne, abîme tout ce qu'il rencontre. Dans sa course rapide, il retrouve Saladin : le furieux Allemand, avide du sang des infidèles, en égorge un grand nombre, et le fier Saladin prend la fuite. Le lendemain, le vainqueur cherche les Musulmans, il n'en trouve plus. Il laisse reposer son armée, qui se trouvoit dans la plus grande abondance, et la renommée, avec ses ailes rapides, fend les airs, proclame dans l'Europe en mouvement les hauts faits de Frédéric.

Bientôt aux actions de grâces succèdent le bruit des tambours, le son des trompettes : c'est Philippe-Auguste qui vole sur les traces de l'empereur. Il arrive en Orient, assiège Saint-Jean-d'Acre ; les Turcs se jettent sur lui ; les Turcs sont vaincus. Le héros de l'Allemagne apprend sa victoire et son arrivée, se remet en campagne. Il retrouve Saladin avec de nouvelles troupes, et leur fait mordre la poussière. Saladin fuit, repasse la rivière du Cidne ; Frédéric le poursuit, égorge ou jette dans le fleuve le reste de son armée. Frédéric entre dans l'eau ; il tombe et se noie.

Ere chrétienne.

1190.

Si l'empereur Frédéric-Barberousse eût eu plus de politique, s'il ne se fût pas brouillé avec les papes, il seroit devenu souverain absolu de l'Allemagne, de l'Italie, et peut-être du royaume des Deux-Siciles. Les cruautés de Henri VI, son fils, qui lui succéda, le firent regretter davantage.

Règne de HENRI VI, *empereur d'Allemagne.*

Philippe-Auguste faisoit des prodiges de valeur dans la Palestine depuis deux mois, lorsque Richard-Cœur-de-Lion y arriva. Il avoit pris en route le royaume de Chypre à Isaac, prince grec, qu'il fit prisonnier avec sa femme. Il échangea dans la suite ce royaume avec Gui de Lusignan pour le titre de roi de Jérusalem. Ce

Richard, roi d'Angleterre, prend l'île de Chypre.

royaume de Chypre resta pendant trois siècles dans cette famille sous dix-sept empereurs. Richard trouva Philippe-Auguste occupé au siége de Saint-Jean-d'Acre qu'il prit bientôt après. Cette place importante étoit pour les Chrétiens la clef de la Palestine ; elle leur procuroit des moyens sûrs de se rembarquer en cas d'échec.

Philippe-Auguste vola ensuite à de nouveaux exploits. Tout-à-coup le marquis de Montferrat, qui commandoit les troupes allemandes depuis la mort de l'empereur Frédéric-Barberousse, fut assassiné par des Arabes, gens du Vieux de la Montagne. Il avoit eu des difficultés avec Richard, roi d'Angleterre, et ce prince fut soupçonné d'avoir fait exécuter ce meurtre. Richard resta peu dans la Palestine ; il nomma généralissime de ses troupes Hugues III, duc de Bourgogne, prince intrépide et brave, qui mourut un mois après son départ. Eudes III, son fils, lui succéda, et fit rapporter à Cîteaux la dépouille mortelle de son père.

Richard, retournant dans ses Etats, échoua sur les côtes de l'Istrie, se déguisa, traversa ainsi l'Allemagne pour gagner les côtes et s'en retourner en Angleterre ; mais, pris, reconnu et livré à l'empereur Henri VI, il n'obtint, après quatorze mois, sa liberté qu'avec une forte rançon. L'empereur venoit de placer Conrad II sur le trône de Bohême. Thierri VIII, fils de Florent II, succédoit à Florent III, comte de Hollande, et l'année suivante, Baudouin VIII succéda à Philippe d'Alsace, comte de Flandre.

Ere chrétienne.

Conrad II, roi de Bohême.

1191.

Baudouin VIII, comte de Flandre.

Le pape Clément III cessa de vivre, et le cardinal de Bovis, qui lui succéda, prit le nom de *Célestin III.*

Une maladie contagieuse s'étoit mise dans l'armée de Philippe-Auguste; elle faisoit tomber et les ongles et les cheveux. Le roi en fut attaqué, et quitta ce pays dans la crainte d'éprouver un échec. On abandonna à Saladin toutes les places qu'on lui avoit prises, excepté Saint-Jean-d'Acre, et l'on fit avec lui une trêve de trois ans.

Le parti de Constance, impératrice d'Allemagne, princesse de Sicile, s'augmentoit dans ce royaume; Henri VI y passa avec le roi de Bohême; aidé par le Pape, l'empereur mit bientôt le siége devant Naples, où le roi de Bohême fut tué. Venceslas Ier, fils de Sobieslas, lui succéda; Albert, marquis de Lusace, lui disputa ses droits, l'attaqua, et Venceslas perdit la bataille et la liberté, tandis que Surcher III, fils de Charles VII, devenoit roi de Suède, et que le roi de Léon épousoit l'héritière de Cas-

1192.

Surcher III, roi de Suède.

tille. La ville de Naples est prise ; on crève les yeux à Tancrède; on le condamne à une prison perpétuelle. Guillaume II, *le Bon*, remonte sur son trône, et l'évêque de Prague est chargé d'administrer le royaume de Bohême pendant la prison du roi.

Lécho V devient prince de Pologne par la mort de Casimir II, son père.

Les Maures se réunissent pour faire la guerre aux Chrétiens d'Espagne. Le roi de Castille met tout en mouvement pour s'opposer à leurs entreprises, et la mort moissonne Sanche VI, roi de Navarre, qui lui promettoit du secours. Sanche VII, son fils, lui succéda ; mais c'étoit un jeune homme sur lequel on ne pouvoit compter encore. Thibaut V, comte de Champagne, épousa sa sœur, et eut de ce mariage un fils, Thibaut VI, qui devint roi de Navarre en 1234.

Le sultan Saladin tombe malade à Damas, et fait ôter le drapeau qui étoit devant sa porte. L'on y met le drap qui doit l'ensevelir, et il fait crier par celui qui le garde :

Voilà tout ce que Saladin, vainqueur de l'Orient, emporte de ses conquêtes.

Il meurt admiré des Chrétiens même, et Saphadin, son frère, lui succède. Aussitôt que le pape Célestin en eut la nouvelle, il fit assembler un concile à Paris, pour engager à une nouvelle croisade.

Ere chrétienne.

Les Vénitiens venoient d'acheter de Boniface, marquis de Montferrat, l'île de Crète, autrement Candie, depuis la construction de la forteresse de Khandack par les Arabes, qui s'emparèrent de cette île de la Méditerranée sous le règne de Balbus X, empereur de Constantinople.

L'île de Crète, située dans la Méditerranée, à l'ouest de l'archipel de la Grèce, au nord de l'île de Rhodes et au sud du cap Matapan, a quatre-vingt-quatorze lieues de long sur quinze dans sa plus grande largeur. Sa surface est hérissée de montagnes, dont les plus élevées sont le mont *Ida* et les monts *Blancs*.

Le mont *Ida* occupe, au centre de l'île, une espace de plus de vingt-deux lieues de long; il offre des forêts superbes, où dominent d'énormes cyprès, à côté des arbousiers et des andrachnées; des vallées et des prairies délicieuses, des animaux sauvages et paisibles, des sources abondantes qui vont au loin fertiliser les campagnes, et il se termine par quelques rochers sans cesse battus des vents et sans cesse couverts de neige et de glaces. Les sommités de

Ere chrétienne.

cette chaîne de montagnes dominent sur l'île entière, qui offre dans l'intérieur des terres et sur les rivages de la mer des terres fertiles, de riches prairies couvertes de nombreux troupeaux, beaucoup de vin, d'huile, de miel et des fruits de toutes espèces. Il paroît que des Phrygiens furent les premiers habitans de cette île; qu'ils habitèrent d'abord le mont Ida, et qu'on les nomma *Dactyles*, à cause de leur dextérité à manier les doigts. Leur premier roi fut Crète, qui donna le nom à l'île; Ammon, son gendre, le second; Mélissée, le troisième; ensuite Saturne, qui eut pour fils Jupiter, qui s'empara d'une partie des îles de la mer Égée, ce qui le rendit si célèbre, qu'il a passé pour le premier des dieux.

Les autres rois furent Cécrops, Cidon, Aptère, Lapis, Teutanus, Astérius, Minos Ier, Lycaste, son fils, et Minos second, qui donna des lois à l'île, et qui se conduisit avec tant de sagesse, qu'après sa mort les poëtes en firent le dieu des enfers.

Idoménée étoit roi de cette île du temps de la guerre de Troie; il avoit sous ses ordres les plus vaillans hommes de la Grèce. Les Romains ne s'en saisirent, sous Quintus Métellus, après la guerre de Macédoine, que par une victoire ensanglantée de toutes parts. Dans ce temps, Cnosse en étoit la capitale; ses ruines ont servi à bâtir Candie, élevée sur l'emplacement de l'ancienne Héraclée. On jouit dans les plaines de cette île d'un printemps continuel, d'un air pur, embaumé par les plantes balsamiques dont l'île est remplie, et par une grande quantité d'arbres odoriférans.

Ère chrétienne.

L'empereur Henri VI dépouilloit Guillaume du royaume de Sicile; il avoit eu moyen de lever une armée avec les cent cinquante mille marcs d'argent que Richard-Cœur-de-Lion lui avoit donnés pour sa rançon. Il se fit couronner roi des Deux-Siciles à Palerme. Non content d'avoir détrôné ce prince, le cruel empereur le fit conduire en Allemagne, où il eut les yeux crevés, et où il fut condamné à mourir en prison.

Henri VI s'empare de la Sicile.

1195.

Alexis-Comnène, non moins cruel, chassa de Constantinople l'empereur Isaac, son frère, lui fit crever les yeux, et s'empara de son trône.

Émeric succédoit à Béla III, son père, roi de Hongrie, et Baudouin IX à Baudouin VIII, son père, comte de Flandre.

Emeric, roi de Hongrie.

Baudouin, comte de Flandre.

Le miramolin des Maures, Albin-Joseph, empereur de Maroc, inondoit l'Espagne avec une armée de Maures et d'Éthiopiens. Le roi de Castille marcha contre lui, lui livra bataille près d'Alarcos, le 9 juillet, et la perdit. Le barbare Joseph ne repassa en Afrique l'année suivante qu'après avoir désolé la Castille.

1196. Uladislas IV, roi de Bohême, se dépouilla de sa couronne pour la donner à son frère Przemislas.

1197. L'empereur Henri VI, sollicité par le Pape à passer en Palestine, donna le royaume de Naples et de Sicile à Frédéric, son fils, sous la protection du Saint-Siége. L'impératrice Constance avoit Henri en horreur à cause de ses cruautés et des traitemens cruels qu'il avoit fait éprouver au roi de Naples. Elle l'empoisonna comme il se disposoit à partir pour la Terre-Sainte.

1198. Les habitans de Brême venoient de fonder une colonie dans la Livonie, et bâtissoient Riga : d'autres villes se joignirent à eux, et ces unions se nommoient *hanses*, *anses*, d'où est venue la ligue anséatique, qui s'empara du Sund et du commerce du nord de l'Europe. Elle est bien réduite aujourd'hui; elle n'est plus composée que des villes de Brême, de Hambourg et de Lubeck, qui n'ont plus les mêmes priviléges.

1199. A la fin de l'année, le pape Célestin III rendit l'esprit, et le cardinal d'Anagni, qui prit le nom d'*Innocent III*, fut élu le 8 janvier souverain-pontife.

Ere chrétienne.

Philippe, frère de l'empereur Henri VI, lui succéda, malgré les intrigues de ce pape; les États assemblés à Mulhausen, ville de Thuringe, le proclamèrent, et il fut couronné par l'évêque de Trente.

PHILIPPE, empereur d'Allemagne.

Adolphe, archevêque de Cologne, gagné par le Pape, fit nommer empereur Othon de Brunswick, un des fils de Henri-le-Lion, neveu de Richard, roi d'Angleterre, à cause de sa mère, et le couronna à Aix-la-Chapelle. Innocent reconnut Othon et excommunia Philippe. Ce prince fut forcé de faire beaucoup de sacrifices pour se faire un parti. Philippe-Auguste, qui venoit de répudier la reine Ingelberte, sa femme, et contre lequel le concile de Dijon fulminoit, soutint ce jeune empereur.

XIIIᵉ SIÈCLE.

<small>Ere chrétienne.</small> La ferveur des croisades dura encore tout ce siècle ; les mœurs commencèrent à s'améliorer ; on tint en France plusieurs conciles contre les Vaudois et les Albigeois ; on les poursuivit. On vit un saint sur le trône : c'étoit la France qui donnoit ce bel exemple au monde. Ce grand homme, plein de vertus, savoit allier la bravoure à la sagesse : il savoit être roi. Assis sur le gazon, il rendoit lui-même justice à ses sujets. Les rois le prenoient pour arbitre : qui ne reconnoîtroit saint Louis à ce tableau ?

On commençoit à aimer la science ; on la voyoit venir progressivement. Robert, de Sorbonne, village près de Sens, bâtit le collége des *pauvres maîtres de Sorbonne à Paris*.

Les princes qui s'illustrèrent le plus furent, sans contredit, ceux de France. Philippe-Auguste fut le héros du siècle ; il reprit la Normandie, détrôna le roi d'Angleterre, et se fit craindre et respecter de tous ses voisins. Alphonse IX, roi de Castille, étendit également ses États par la défaite des Maures. Les Grecs furent subjugués par les Vénitiens et les Français, et Baudouin, comte de Flandre, devint empereur de Constantinople ; mais il fut bien limité par les possessions du marquis de Montferrat et de l'empire d'Andrinople, qui se forma en même temps. On vit s'établir aussi, près de la mer Noire, l'empire de Trébizonde. Le célèbre Gengiskan se rendit maître de presque tout l'Orient; il conquit la Chine, les Indes, la Perse, et fit trembler Constantinople, tandis qu'un de ses fils s'empara de la Tartarie, de la Moscovie, etc. Mais le prince qui illustra le plus ce siècle fut, sans contredit, Louis IX, qui mérita d'être mis au rang des saints.

Les rois qui régnèrent en France, pendant ce siècle, furent Philippe-Auguste, Louis VIII, Louis IX, Philippe III, et Philippe IV, qui détruisit l'ordre des Templiers.

Ces princes eurent pour contemporains, en Allemagne, Philippe, Othon IV, Frédéric II, Conrad IV, Rodolphe, Adolphe, et Albert d'Autriche. Artus, Jean, Henri III, et Édouard Ier, régnèrent en Angleterre, tandis qu'Alphonse IX, Henri, Ferdinand III, Alphonse X, Sanche III, et Ferdinand IV, occupèrent successivement le trône de Castille.

Ère chrétienne.

Les rois de Navarre furent Sanche VII, Thibaut, Thibaut II, Henri, et Philippe-le-Bel, roi de France.

Pierre II, Jacques Ier, Pierre III, Alphonse III, et Jacques II, gouvernèrent l'Aragon. Sanche, Alphonse II, Sanche II, Alphonse III, et Denys, tinrent successivement les rênes du royaume de Portugal.

Les empereurs de Constantinople furent Alexis III, Isaac, Alexis, Baudouin, Henri, Pierre de Courtenai, Robert, Baudouin II, Philippe de Courtenai, Michel-Paléologue et Andronic II.

1200.

En commençant ce siècle, un prince chrétien se couvrit d'une infamie qui rejaillit sur ses descendans ; semblable à Raymond, comte de Tripoli, il appela les Musulmans contre les princes de la chrétienté : c'est Sanche VII, roi de Navarre.

Richard, roi d'Angleterre, vint assiéger Limoges, place très-forte alors de la France : une flèche tirée des murs de cette ville termina le cours de sa vie. Il laissa son royaume à son

Arthus, roi d'Angleterre. neveu Arthus, fils de Geoffroi, comte d'Anjou ;

1201.

Jean le fait périr ; il usurpe le trône d'Angleterre. mais Jean, son oncle, frère de Richard, le fait mourir, et monte sur le trône d'Angleterre. Cette usurpation lui attira l'animadversion des

Anglais, et ses débauches lui méritèrent celle de la France.

Isabelle d'Angoulême, femme d'une beauté rare, étoit fiancée à Hugues-le-Brun, comte de la Marche, de la famille des Lusignan, rois de Chypre. Jean, duc de Normandie, invité à ses noces, la fit enlever. Cette famille prend les armes; elle se plaint à Philippe-Auguste, suzerain de Jean; Philippe reçoit la plainte, et fait citer son vassal, roi, à la chambre des pairs de France. Le roi d'Angleterre ne comparut pas, et la guerre recommença pour ne finir que cinquante-six ans après.

Tout-à-coup, au milieu du calme le plus profond, l'on entend le bruit des tambours, le son des trompettes : c'est Philippe-Auguste qui entre dans la Normandie; il prend Lions, Arqueil, Mortemer, Gournai. Arthus, fils du roi Jean, gouverneur de la province, se jette à ses pieds, et le prie de ne pas le confondre avec son père. Philippe aussitôt le relève, l'arme chevalier, lui promet sa fille en mariage. Philippe ordonne; les Français sont en route; ils courent dans le Maine; ils prennent l'Anjou. Philippe paroît dans la Touraine; la Touraine se soumet. Il investit Arthus de toutes ces provinces, et lui promet le

Ere chrétienne.

Philippe-Auguste fait la guerre au roi Jean.

Poitou. Philippe revient à Paris, prend des mesures pour assurer ses conquêtes, et appelle des troupes pour les étendre. Tout-à-coup Arthus, à qui il a communiqué son intrépidité, sa bravoure, sans attendre son égide, entre dans le Poitou, et s'empare de Mirebeau, à six lieues au nord de Poitiers, où la reine Éléonore s'étoit réfugiée.

Le roi Jean accourt au secours; il se déguise; on lui livre Arthus, qui dormoit. Jean, qui avoit fait périr le roi Arthus, son neveu, assassine Arthus, son fils.

Aussitôt Philippe-Auguste somme Jean de comparoître à la chambre des pairs de France pour se purger de ce triple crime. Le délai passé, les pairs rendent leur jugement; Jean est condamné à perdre ses États. Le roi de France rentre ensuite dans la Normandie, et prend Conches, Nonancourt, Andélys, Radepont, Vaudreuil, le Pont-de-l'Arche, Montfort, places fortes. Château-Gaillard résiste; il en fait le siége. La famine la plus horrible s'y met; les assiégés renvoient les bouches inutiles; Philippe les accueille; les malheureux dévorent les subsistances les plus saines que le roi leur fait distribuer, et ils meurent. La place est aux abois; Roger de Lasci, gouverneur, ne voyant venir aucun secours, prend la résolution de faire une sortie. Philippe fond sur lui ; Roger est vaincu..... Les Français s'étoient saisis de la place pendant l'action.

Philippe pardonna à Roger et à la garnison à cause de leur bravoure. A cette nouvelle, le roi Jean, enfermé dans Caen avec sa nouvelle épouse, prend la fuite et se retire à Londres.

Philippe-Auguste continue sa route, et prend Falaise, Domfront. Ce torrent impétueux entraîne tout avec lui : bientôt Caen, Lisieux, Bayeux, Coutances, Avranches, Rouen, Arques, Verneuil se trouvent sans portes et sans murs.

Toute la Normandie, qui étoit aux descendans de Rollon depuis trois cent seize ans, est, malgré ses remparts, réunie à la couronne de France.

Pendant cette expédition, Philippe s'étoit occupé d'intérêts non moins majeurs. Alexis-Comnène, fils de l'empereur Isaac, détrôné par Alexis, son frère, supplioit Philippe-Auguste de le rétablir sur le trône de Constantinople, avec promesse de l'aider de ses troupes et de ses moyens à reprendre la Palestine aux Turcs. Les Latins y possédoient encore

Ere chrétienne.

1203.

Ere chrétienne.

Antioche, Tripoli, Tyr, Saint-Jean-d'Acre, places importantes pour la facilité de l'expédition. Les Vénitiens, sur la demande de Philippe, consentent à fournir les vaisseaux, les provisions nécessaires, à condition qu'on reprendra pour eux aux Turcs des villes à leur convenance, et Philippe, aussitôt, avoit donné une armée à Baudouin IX, comte de Flandre, de la famille de Courtenai, son parent, pour ce sujet.

Les Français et les Vénitiens, aidés d'autres troupes rassemblées par Alexis, fils de l'empereur Isaac, fondent sur Constantinople. Dandolo, doge de Venise, donne le premier l'exemple; il monte à l'assaut malgré les efforts des Grecs; les autres le suivent, et Baudouin attaque les portes. Les Grecs font une sortie vigoureuse; Dandolo, avec ses Vénitiens, seconde l'attaque de Baudouin; les Grecs sont vaincus, défaits; les alliés sont dans Constantinople, et mettent Alexis sur le trône. Ils tirent de son cachot Isaac, son père, qui fut surpris de se trouver encore sur son trône avec son fils. Alexis III s'étoit sauvé dans la Colchide.

Philippe-Auguste, qui venoit de châtier le roi Jean de son inconduite, avoit donné lui-même lieu à être censuré par un concile de Soissons, tenu en 1201. Il avoit congédié la reine, et s'étoit remarié avec Agnès de Méranie, qu'il aimoit ; mais ce prince avoit été assez grand pour sacrifier son amour à l'exemple qu'il devoit à ses sujets, et il avoit repris sa première femme : Agnès de Méranie en mourut de chagrin.

Valdemare II, fils de Valdemare, grand-duc de Jutland, roi de Danemarck, avoit succédé à Canut VI, roi de Danemarck et de Norwège, son frère.

L'empereur Isaac et son fils voulurent lever des impôts et des troupes pour satisfaire au traité avec Philippe-Auguste ; le peuple de Constantinople s'y oppose ; le traité demeure sans exécution. Baudouin IX et les Vénitiens menacent de rentrer à Constantinople ; le peuple se révolte, excité par Murzulphe ou Mirtile, grand-maître de la garde-robe. Cependant les Latins approchoient ; le perfide Mirtile engage Alexis à aller les trouver et à prendre patience. Le confiant monarque part ; Mirtile aussitôt fait part de cette démarche au peuple ; le peuple se révolte, et ne veut plus laisser rentrer Alexis. Le traître Mirtile se met à la tête des Varanges, sort de nuit de la ville, va trouver Alexis, lui offre son secours. Alexis rentre dans Constantinople; Mirtile le fait jeter dans une prison, et bientôt le fait périr. Isaac, qui étoit malade, apprend cette catastrophe et en meurt de chagrin. Mirtile est proclamé empereur, et engage aussitôt les chefs des Croisés à une conférence, sous prétexte d'aviser au moyen de leur payer le tribut convenu; mais ces chefs apprennent le crime de Murzulphe et lui déclarent la guerre. L'usurpateur les attaque; il est défait et forcé de se retirer à la hâte de Constantinople. Il demande la paix au doge de Venise; il promet cinq mille livres d'or, un corps de troupes, obéissance à l'église romaine; mais Théodore-Lascaris en prévient le peuple; il se révolte, se porte au palais; on se saisit de Murzulphe, on le jette par les fenêtres... Il étoit mort; le peuple le met en pièces. On proclame empereur Théodore-Lascaris. Les Croisés arrivent à Constantinople, montent à l'assaut; Lascaris fuit, le peuple l'imite; cette ville opulente, remplie de richesses, est livrée au pillage. On vouloit élire Dandolo empereur; les Vénitiens s'y opposèrent, craignant de déplaire à Philippe-Auguste. On balança ensuite entre le marquis de Montferrat et Baudouin IX. Un courrier venu de la part de Philippe fit décider en faveur du dernier ; mais cet empire fut réduit à peu de chose. Le marquis de Montferrat fut nommé roi de Thessalonique et de Candie, et vendit ensuite cette île aux Vénitiens.

Ere chrétienne.

Royaume de Thessalonique.

Le comte de Blois eut Nicée et la Bithynie ; mais Théodore-Lascaris la lui prit deux ans après, et se déclara empereur d'Andrinople.

Empire d'Andrinople.

Reignier de Trith eut la Thrace et Philippopolis. La Ville-Hardouin eut l'Achaïe.

Les Vénitiens obtinrent la Morée, la Phrygie, les côtes de l'Hellespont et les îles de l'Archipel.

Agrandissement des Vénitiens.

Michel-l'Ange-Comnène souleva les habitans de l'Épire, et s'en déclara roi. Il attaqua ensuite les Latins ; mais il en fut écrasé, et, à la suite de cette victoire, Othon de la Roche devint duc d'Athènes.

Duché d'Athènes.

Philippe-Auguste ne s'étoit pas borné à la conquête de la Normandie ; il avoit pris le Maine et l'Anjou. Il s'empara, au printemps suivant, de la Touraine et du Poitou.

Thomas, qui avoit succédé à Humbert III, son père, comte de Savoie, épousa Béatrix, fille du comte de Genève, dont il devoit hériter.

1205.

Agrandissement de la maison de Savoie.

André II devenoit roi de Hongrie par la mort d'Uladislas III, son neveu.

Ere chrétienne.
André II, roi de Hongrie.
1205.

Jean, roi de Bulgarie, refusa de payer à Baudouin le tribut accordé aux anciens empereurs. Baudouin marche contre lui, tombe dans une embuscade du Bulgare; il est défait et pris. Le cruel prince lui fit couper les bras et les jambes, et son corps fut jeté aux corbeaux. La calomnie de la femme du Bulgare, à la passion de laquelle résista Baudouin, fut cause de ce mauvais traitement.

1206.

Henri, comte de Flandre, se rend de suite à Constantinople, et s'empare du trône vacant par le malheur de son frère Il châtia les Bulgares et leur reprit vingt mille prisonniers.

Henri, empereur de Constantinople.

Jeanne devint comtesse de Flandre et épousa le roi de Portugal.

Jeanne, comtesse de Flandre.

Philippe, empereur d'Allemagne, attaque Othon, son compétiteur, près de Cologne; Othon est défait, mis en fuite; Philippe poursuit les fuyards, et fait Othon prisonnier.

Philippe, empereur d'Allemagne.

L'empire se soumet au vainqueur; le Pape lui demande la paix, le reconnoît empereur, et promet à Othon qu'il aura l'empire après Philippe; il réunit ces deux princes, et l'empereur Philippe donne son amitié et la liberté à Othon.

Peu après, Frédéric succède à Simon II, son frère, duc de Lorraine. *Ere chrétienne.*

Henri, empereur de Constantinople, perdit Agnès, sa femme, et se remaria, afin de donner la paix à son peuple, avec la fille de Joannice, roi des Bulgares. *1207. Frédéric, duc de Lorraine.*

L'empereur Philippe tombe malade, et l'ambitieux Othon résolut d'avancer l'époque de son règne par le crime le plus atroce. Il corrompt des médecins, va trouver Philippe d'un air empressé, feint d'être affligé de sa maladie, et fait venir les médecins, qui déclarent que l'empereur a besoin d'être saigné aux deux bras. Le malheureux prince laisse couler son sang avec la plus grande sécurité. Othon l'assassine ensuite, et s'empare du trône. *1208. Othon assassine l'empereur Philippe.*

L'empereur Othon IV se rendit à Rome l'année suivante, et le pape Innocent III le couronna. Qui auroit cru alors que ce pape n'étoit pas complice du meurtre de l'empereur Philippe? Le chef de la religion chrétienne devoit-il couronner un assassin? *Règne d'OTHON IV, empereur d'Allemagne.*

Quelques mois après, on engagea Béatrix, fille de Philippe, à l'épouser. Cette union réunit les maisons de Saxe et de Souabe. Les Allemands crurent qu'ils alloient être tranquilles: ils se trompèrent. Le Créateur, qui ne laisse *La fille de Philippe épouse l'assassin de son père.*

aucun crime impuni, alloit faire éprouver sa justice au féroce Othon.

Ere chrétienne.

Aben-Joseph, roi de Maroc.

L'Espagne étoit sur le point d'éprouver une grande secousse. Mahomet, successeur d'Aben-Joseph, son frère, étoit un prince ambitieux, entreprenant.

Vingtième dynastie chinoise.

Le génie de la guerre se transportoit d'un bout du monde à l'autre. Les Tartares-Mongous s'emparèrent de la Chine, y formèrent une vingtième dynastie, celle des *Yuen*.

Le nord de la France venoit d'éprouver une révolution, et le fanatisme appeloit les armes de Philippe-Auguste dans les provinces du midi. Pierre *Valdo*, bourgeois de Lyon, auteur des Vaudois; Olivier, chef des Albigeois, souffloient depuis long-temps le feu de la discorde dans ces belles et riches provinces.

Les Vaudois, les Albigeois.

Les Vaudois donnoient leurs biens aux pauvres pour faire des prosélytes. Ils combattoient l'invocation des saints, les images, la confession auriculaire, les indulgences, le purgatoire, l'extrême-onction. Les Albigeois étoient pis encore; semblables aux Manichéens, ils admettoient deux principes de toutes choses, un bon et un mauvais; ils rejetoient l'ancien Testament, les écrits des Pères, et disoient que le mariage étoit de l'invention des prêtres. Ils habitoient avec les femmes qui leur convenoient sans se marier. Si l'on n'y avoit porté remède, bientôt il n'y eût plus eu d'état civil dans ces contrées ; bientôt les peuples seroient tombés dans la plus insigne débauche. Semblables aux Fraticelli, secte abominable de l'Italie, ils disoient que les femmes devoient être communes. Un autre rêveur, Amauri de Chartres, disoit que si Adam et Ève étoient demeurés dans l'état d'innocence, ils n'auroient point engendré d'enfans, et qu'il n'y auroit point eu entre eux de différence de sexe. A ces sottises, il ajoutoit que la transsubstantiation étoit ridicule aussi-bien que l'invocation des saints, et l'on assembla un concile à Avignon pour aviser au moyen d'extirper ces hérésies.

Un autre concile s'assembla à Paris, l'année suivante, contre Amauri et ses sectateurs. Le Pape pria Philippe-Auguste d'employer la voie des armes contre les Albigeois et le comte de Toulouse, qui les protégeoit, et Philippe chargea de cette guerre Eudes III, duc de Bourgogne, qui venoit d'épouser Alix de Vergi. Il marcha, avec Simon, comte de Montfort, contre les Albigeois, qu'un second concile d'Avignon venoit d'excommunier.

La Suède étoit plongée dans la guerre civile ;

Ère chrétienne.

Éric, fils du roi Canut, vouloit détrôner Surger III. Celui-ci fut vaincu, et Éric se saisit du trône de Suède, sous le nom d'*Éric XI*.

Les Allemands du parti de Philippe avoient nommé empereur Philippe le jeune, son fils. Othon s'étoit empressé de se faire couronner : pour y parvenir, il avoit consenti aux appels en cour de Rome, renoncé au droit de main-morte, aux investitures, à la Marche-d'Ancône, au duché de Spolette et autres biens de la comtesse Mathilde, dont le Pape se mit en possession : cela n'étoit-il pas adroit de la part d'Innocent III ? Lorsqu'il fut couronné, il viola ses sermens, et s'empara de tout, même de Naples.

1211.

Innocent, trompé, excommunia Othon, et le déposa. On élit Frédéric II, fils de l'empereur Henri VI, et ces intrigues mirent l'Allemagne en feu : les uns prirent le parti d'Othon, les autres celui de Frédéric : Philippe-Auguste reconnut ce dernier.

Croisade contre les Maures d'Espagne.

Mahomet, roi de Maroc, fait entrer en Espagne une armée de trois cent mille hommes de pied et cent vingt mille cavaliers. Les princes chrétiens font sonner le tocsin ; par-tout l'on prend les armes ; le Pape provoque une croisade contre les infidèles ; les Français accourent, se rangent sous les étendards du roi de Castille.

Alphonse IX les rassemble à Tolède au mois de février, et le 21 juin suivant, l'armée des Croisés se met en route, franchit les montagnes, se porte sur Tortose, et traverse l'Aragon. Le 26 juillet, elle rencontra, près de cette ville, l'armée musulmane, commandée par le roi de Maroc. Elle fond sur les infidèles avec une intrépidité extraordinaire, et les renverse. Les Maures, effrayés de ce terrible choc, attaqués de toutes parts avec fureur, ne sont plus en bataille; ils cherchent à se rallier; les Chrétiens les exterminent. Un gros de cavalerie fond sur le poste occupé par Mahomet; ce prince prend la fuite. Les Maures veulent le suivre; ils sont écrasés, assommés, égorgés. Cette tuerie ne finit qu'avec le jour: deux cent mille Maures restèrent sur le champ de bataille, et les vainqueurs s'emparèrent de Tolosa, de Baeça, d'Ubéda. L'armée prenoit la route de Calatrava, lorsque le duc d'Autriche se réunit à elle avec deux cents chevaux. La campagne étoit finie pour cette année, et il retourna dans ses États. On rendit dans toute la chrétienté des actions de grâces au Seigneur pour cette victoire éclatante. Les Français rejoignirent l'armée de Philippe-Auguste, commandée par le duc de Bourgogne, où Simon, comte de Montfort, fai-

Ere chrétienne.

1212.

Bataille de Tortose.

soit des prodiges de valeur. Il s'étoit emparé de Montpellier, de Béziers, où il avoit fait un carnage affreux des Albigeois; il étoit maître de Narbonne.

Le comte de Toulouse avoit demandé du secours à Pierre II, roi d'Aragon, et ce prince, après l'hiver, passa les Pyrénées, tandis qu'Alphonse IX, roi de Castille, alla mettre le siége devant Alcaraz. Cette place forte, bâtie sur une colline très-roide, au-delà de la Sierra-Morena, fut prise le 22 mai suivant; elle étoit pour la Castille de la plus grande importance, parce qu'elle empêchoit les Maures d'y pénétrer.

Si cette année fut, comme la précédente, glorieuse aux Espagnols, ils eurent à souffrir par l'affreuse famine occasionée par une sécheresse extraordinaire. Le roi d'Aragon fut plus malheureux encore; il s'avança dans le comté de Toulouse pour s'opposer aux progrès de Eudes, en vint aux mains avec Montfort, et perdit la bataille et la vie.

Jacques II, son fils, lui succéda. Il l'avoit eu de Bérengère, héritière du royaume de Castille et sœur de Blanche, reine de France, mère de saint Louis.

Le roi de Léon s'empara d'Alcantara, boulevard des Maures, et donna cette place aux chevaliers de Calatrava, qui se chargèrent de la défendre.

<small>Ere chrétienne.</small>

Le frère du roi de Maroc, resté en Espagne, s'y rendit indépendant. Un de ses cousins l'imita, et se saisit de Cordoue et de Baeça. Un prince maure voulut avoir sa part, et se déclara roi de Séville. Le roi de Castille veut reprendre Baeça ; il tombe malade, acquiesce à une trève, et se rend à Burgos.

<small>1214.</small>

Philippe-Auguste, quoique en paix, entretenoit une armée à sa solde, et la disciplinoit, tandis que les rois, ses prédécesseurs, licencioient les troupes après une guerre terminée. Ce prince, ami des lettres et des grandes choses, dressoit les premiers statuts de l'Université de Paris, embellissoit cette ville, y élevoit une cathédrale, et faisoit construire le Louvre et les Halles.

<small>Philippe-Auguste entretient une armée pendant la paix.</small>

Othon IV, empereur d'Allemagne sans empire, courroucé contre Philippe-Auguste, qui soutenoit son rival, avoit écouté les supplications de Jean, roi d'Angleterre, et s'étoit ligué avec lui contre la France. Othon fit entrer dans sa ligue plusieurs princes d'Allemagne, et étoit parvenu, avec Jean, à rassembler une armée de cent cinquante mille hommes. Philippe-Au-

<small>L'empereur Othon l'attaque.</small>

guste n'en avoit que soixante mille à sa disposition ; mais la présence de Philippe valoit seule une pareille armée. Satisfait de la témérité de ses ennemis, il marche hardiment contre eux avec Eudes III, duc de Bourgogne, qu'il avoit rappelé du Midi, les rencontre entre Lille et Tournai, et fait ses dispositions. Le lendemain, 15 juillet, la bataille s'engage à Bouvines, vers midi, et dès le premier choc des Français, les rangs ennemis furent rompus. Philippe anime ses troupes, et l'armée de France égorge, abîme tout. Philippe fait prisonnier Ferrand, comte de Flandre, qui commandoit l'armée ennemie; Othon prend la fuite, et les Français font un carnage plus épouvantable encore des Allemands, dont ils n'auroient pas laissé un seul si la nuit n'étoit venue mettre fin au combat. Le roi fait enchaîner Ferrand, l'envoie sous bonne escorte à Paris, et, profitant de ses succès, il se saisit de l'Artois et d'une partie de la Flandre, qu'il réunit à la couronne de France. Othon se retire à Brunswick, où il vécut encore quatre ans en simple particulier. Philippe-Auguste n'accorda la paix à l'Allemagne qu'après que Frédéric II en fut reconnu empereur : c'étoit le second empereur que faisoit ce prince.

Le roi de Castille succomba, le 6 octobre suivant, dans Burgos, à sa maladie, et la reine, son épouse, y mourut quelques jours après. Henri succéda à son père sur le trône de Castille.

Ère chrétienne.

Règnes de FRÉDÉRIC II, empereur d'Allemagne, et de HENRI, roi de Castille.

La famille des Comnènes n'avoit pas perdu courage; Ange ou Alexis III, frère d'Isaac, s'étoit réfugié avec quelques vaisseaux vers la Colchide. Là, entre la mer et le mont Caucase, il avoit formé un petit État, qui devint dans la suite, sous Jean Comnène, un de ses descendans, l'empire de *Trébizonde*. Les Comnènes savoient que les Grecs ne pouvoient souffrir les Latins; ils ne cessèrent en effet de leur susciter des ennemis, jusqu'à ce qu'ils parvinrent à les chasser de Constantinople.

Les peuples qui avoient désolé l'Europe étoient sortis, comme les Turcs, de cet immense pays au-delà du Taurus et du Caucase, de l'ancienne Scythie, qui avoit pris le nom de *Tartarie*, du nom de *Tatar-Kan*, un des principaux chefs, qui demeuroient ordinairement près d'Halcas, non loin du lac Parkasi, dans une grande plaine enfermée par les monts Altaï. Le pays à l'est de la mer Caspienne et

Conquêtes de Gengis-Kan.

du Wolga le reconnoissoit pour le grand kan, et le nommoit *Tatar-Kan*; Gassar-Kan, son descendant, aïeul de Gengis-Kan, avoit formé, vers l'est de la Chine, une espèce de monarchie, et forcé les Mogols, ses voisins, à devenir ses vassaux. Son fils Pisouca affermit cette domination naissante, et Témugin, son fils, qui lui succéda en 1163, l'étendit dans la plus grande partie de la terre connue. Il y avoit un puissant État entre ses terres et la Chine : c'étoit celui du prêtre Jean, qui avoit renoncé à la vie vagabonde; il avoit bâti dans ses provinces des villes à la façon des Chinois. Témugin s'étoit emparé de ses États, fait reconnoître souverain de tous les kans tartares, et avoit pris le titre de *Gengis-Kan* ou grand kan (roi des rois.) Il policitationa ses peuples, leur donna des lois, les astreignit à des devoirs, les habitua à la discipline militaire, et ordonna la peine de mort contre ceux qui fuiroient dans un combat. Après s'être rendu maître de tout le pays entre le Wolga et la grande muraille de la Chine, il la franchit, et s'empara de Cambalu, capitale du Catai septentrional (1). Après avoir

---

(1) La Chine se nommoit alors le *Katai*. Cambalu est la même ville que Pé-Kin.

subjugué la moitié de la Chine, il soumit toute la Corée.

Ère chrétienne.

Nasser, calife de Bagdad, l'avoit appelé imprudemment à son secours contre les Turcs, qui s'étoient saisis de son autorité, et contre les Corasmins, qui avoient pris une partie de ses États. Gengis-Kan met tout en ordre dans la Chine, y laisse son fils Octaï, soumet, dans sa course rapide, les Indes, et y laisse son fils Zagathaï. Mohamed, sultan de l'ancien empire du Karisme, va à sa rencontre au-delà de la Transoxane, avec une armée de six cent mille hommes : il est défait, obligé de fuir de province en province. Le vainqueur s'avance par Boccara et Samarkande; il livre le Karisme au pillage, et couvre de ruines les bords de l'Oxus et du Jaxar. Les Tartares franchissent le Caucase, le Taurus, l'Immaüs, et son fils Tuli enlève le Corasan. Tous les peuples fuyoient devant eux, comme des bêtes féroces chassées de leurs repaires par des animaux plus terribles. Les Korasmins, poussés par eux, se précipitent sur la Syrie, l'enlèvent à Conradin, fils de Saphadin, et le forcent à fuir en Égypte avec Mélédin, son frère aîné. Gengis-Kan, quoique âgé de soixante ans, pousse ses conquêtes jusqu'à l'Euphrate, tandis que son fils Tuli s'empare de toute la Perse. De là, marchant le long du Wolga avec son fils Touchi, il subjugue les royaumes d'Astracan et de Casan, et ordonne à son fils de poursuivre ses conquêtes vers le Nord. Touchi suit le Wolga avec son armée victorieuse, se saisit de Moscow, de Kiow et de toute la Russie. Gengis-Kan soumet le Tangut, et revient dans la ville de *Karacum*, non loin du fleuve *Kerlow*.

Théodore Lascaris avoit été écrasé par les chevaliers chrétiens aux batailles de Pemannène et d'Adramite; il respira lorsqu'ils furent attaqués par les Bulgares, et se saisit d'Antioche. Il fit sa paix avec l'empereur Henri, qui, peu après, mourut empoisonné. Le royaume de Constantinople étoit électif; cependant Pierre de Courtenai, comte d'Auxerre, petit-fils de Louis VI, mari de Yolande, sœur de Baudouin IX, fut élu empereur. Son épouse et sa fille se rendirent dans cette ville, et Pierre, ayant promis aux Vénitiens de leur rendre Durazzo, attaqua, à cette fin, les Grecs avant de se rendre à Constantinople; mais il fut battu et fait prisonnier, tandis que Thibaut devenoit duc de Lorraine par la mort de Frédéric, son père.

Le douzième concile général étoit assemblé depuis un an à Latran pour la quatrième fois. Il étoit composé des patriarches de Constantinople, de Jérusalem, de soixante-onze archevêques, de quatre cent seize évêques, de plus de huit cents abbés. Le primat des Maronites, nouvellement réuni à l'église romaine, et saint Dominique, instituteur de l'ordre des frères prêcheurs, y assistoient, et le Pape Innocent III le présidoit. Il y confirma l'établissement des ordres mendians, condamna les erreurs des Albigeois, et résolut une croisade pour le recouvrement de Jérusalem : l'on y adjugea à Simon de Montfort les terres de Raymond, comte de Toulouse, qui avoit repris les armes.

Ere chrétienne.

Douzième concile général à Latran.

Tandis que l'Église s'occupoit de ces objets, Philippe-Auguste réunissoit le Poitou et le Languedoc à la couronne de France, et Frédéric II, son allié, se faisoit couronner empereur d'Allemagne à Aix-la-Chapelle.

Les Anglais offroient le trône d'Angleterre à Louis VIII, fils aîné de Philippe, qui l'y envoya, à son retour du Languedoc, avec une armée.

Louis débarque dans l'île de Tanet, contrée du comté de Kent, et aussitôt va cher-

Louis VIII, roi d'Angleterre.

cher dans Londres même le roi Jean. Tant d'audace fait trembler ce prince ; il fuit ; Louis entre dans Londres ; il est proclamé roi d'Angleterre.

C'est dans ces entrefaites que le pape Innocent III descendit au tombeau ; il fut remplacé par un chanoine de Saint-Jean-de-Latran, qui prit le nom d'*Honorius III*. Ce pape ne fut pas favorable au roi de France ; dès que Jean, roi d'Angleterre, fut mort, il chercha à donner son trône à son fils Henri. La haine des Anglais pour ce roi s'étoit éteinte avec lui, et ils avoient de l'inclination pour Henri III, son fils, enfant de dix ans. Le comte de Melun, soit par trahison, soit par inconséquence, publioit dans les sociétés que Louis regardoit les Anglais comme des traîtres, et qu'il ne vouloit plus en admettre dans les emplois publics : il n'en falloit pas tant pour faire détester ce prince. Le cardinal Galon couronna, dans Glocester, le jeune Henri, qui fit hommage de son royaume au Pape, et Honorius fit ce qu'il put pour le faire perdre à Louis. Ce prince manqua bientôt de vivres et d'argent ; il vint en demander à Philippe-Auguste, son père, et Philippe, pour se ménager le Pape, refusa. Louis repasse incontinent en Angleterre; mais déjà la cour de Rome avoit détruit son parti, et, pour comble d'infortune, son armée se porta à des excès dans le Lincoln; l'Angleterre se souleva et fit un massacre horrible des Français surpris au dépourvu. Il n'en seroit échappé aucun sans l'adresse de Blanche de Castille, femme de Louis; elle sut rassembler en un instant les débris de cette armée, et des vaisseaux pour le transport. Louis ne fut que dix-huit mois roi d'Angleterre. *Les Anglais massacrent l'armée française.*

1217. Bataille et prise d'Alcaçar de Sal. Le roi de Portugal, toujours occupé de l'expulsion des Maures, faisoit le siége d'Alcaçar de Sal, autrefois Salacia, colonie romaine : c'étoit une des meilleures places qui restoient aux infidèles. Soixante mille Maures accoururent pour la défendre; ils furent mis en pièces le 25 septembre, et la place se rendit le 18 octobre suivant.

Don Henri, roi de Castille, fut tué dans ces entrefaites par la chute d'une tuile, et Bérengère, fille d'Alphonse VIII, veuve du roi d'Aragon et femme du roi de Léon, s'empara du trône de Castille, au préjudice de Blanche, sa sœur, reine de France, et le transmit à Ferdinand, son fils, qu'elle avoit eu de Pierre II, roi d'Aragon. Il fut proclamé roi de Castille *Ferdinand III, roi de Castille.*

par les États assemblés à Valladolid, sous le nom de *Ferdinand III*.

Les seigneurs de Lara élevèrent des prétentions, mais ils furent bientôt défaits.

Jacques, roi d'Aragon, rétablit Montfort dans le comté de Toulouse.

Simon de Montfort rentroit dans son comté de Toulouse par le secours de Jacques II, roi d'Aragon, neveu de sa femme.

1218.

L'intrépide duc de Bourgogne, Eudes III, part pour la Palestine avec une armée de vingt-cinq mille hommes; il tombe malade en arrivant à Lyon, y meurt; son corps fut transporté à Cîteaux, et Hugues IV, son fils, lui succéda à l'âge de six ans, sous la tutelle d'Alix de Vergi, sa mère, tandis que Jean, fils du roi Surcher, venoit d'être élu roi de Suède.

Hugues IV, duc de Bourgogne.

1219.

Une nouvelle croisade fut formée en Espagne contre les Maures; mais la famine et la mortalité, qui désolèrent ces contrées, empêchèrent les Chrétiens de faire quelque chose d'important. Le roi de Castille, âgé de douze ans, se maria, l'année suivante, avec Béatrix, fille de l'empereur Philippe, et, peu après, don Jayme, roi d'Aragon, épousa l'infante Éléonore, sœur de la reine Bérengère de Castille.

1220.

Philippe, empereur d'Allemagne, venoit

de faire élire roi des Romains son fils Henri. Il se rendit ensuite à Rome, fit au Pape les mêmes promesses qu'Othon avoit faites à son prédécesseur, lui promit même la Sicile, et Honorius III le couronna. Il jouoit le Pape ; mais le pontife ne méritoit-il pas de l'être, d'après ses prétentions ridicules ? Il engagea deux de ses frères à se saisir de deux villes de la Pouille, et à soulever les autres, et il se brouilla avec l'empereur.

Mathieu II devenoit duc de Lorraine par la mort de Thibaut II, son frère. Pierre de Courtenai, empereur de Constantinople, toujours prisonnier des Grecs, mourut peu après. Philippe de Courtenai, comte de Namur, fut élu empereur, et céda cette couronne à son fils Robert. Théodore-Lascaris, empereur d'Andrinople, cessa aussi de vivre, et Jean-Ducas, ou Vatace, gendre de Lascaris, lui succéda. Ce fut à cette époque que Éric XII devint roi de Suède ; et, peu après, Florent IV succéda à Guillaume II, son père, comte de Hollande.

Philippe-Auguste, roi de France, meurt à Mantes le 25 juillet. Ce fut une désolation pour la France. Ce prince n'avoit que cinquante-huit ans, et pouvoit faire encore de grandes choses.

Ere chrétienne.

1221.

1222.
Robert, empereur de Constantinople.

Jean-Ducas, empereur d'Andrinople.

1223.

Ere chrétienne.

Il avoit conquis la Normandie, le Maine, l'Anjou, la Touraine, le Poitou, une partie du Berry et de la Picardie, provinces qu'il avoit réunies à la couronne de France. Si la mort ne l'eût surpris, il y auroit réuni le Languedoc.

Il laissa plusieurs enfans; Louis VIII, son fils, roi d'Angleterre, qu'il avoit eu de sa première femme, lui succéda. Isabelle de Hainaut, mère de Louis, descendoit en ligne directe d'Ermengarde, fille aînée de Charles, duc de Lorraine.

Règne de Louis VIII, roi de France.

1223.

Louis VIII, qui fut surnommé le *Lion pacifique*, avoit trente-six ans lorsqu'il succéda à son auguste père. Il fut sacré à Rheims le 10 août, avec Blanche de Castille, son épouse.

Les Anglais, d'après les conseils du pape Honorius, osèrent lui demander la restitution de la Normandie et des autres provinces confisquées sur le roi Jean, et surprendre la Rochelle sans déclaration de guerre. Louis y courut, reprit d'assaut cette place, et les Anglais se rembarquèrent avec précipitation, après avoir perdu la moitié de leur monde. Louis ne fit que le chemin, et fut bientôt de retour à Paris.

C'est dans cet intervalle que Guillaume III succéda à Florent IV, son père, comte de Hollande. Alphonse II, roi de Portugal, cessa de respirer à la fin de l'année, et Sanche II, son fils, monta sur son trône.

1224.
Sanche II, roi de Portugal.

Ferdinand, roi de Castille, se mit, quelques mois après, à la tête de ses troupes, franchit la Sierra-Morena, et se rendit maître de Quésada. La garnison fut passée au fil de l'épée, et les habitans, au nombre de sept mille, furent faits esclaves. Ferdinand, profitant de sa victoire, chassa les Maures devant lui comme des bêtes féroces, égorgea ce qui tomba sous sa main, prit plusieurs places, et tua près de vingt mille Maures en diverses rencontres.

Raymond, comte de Toulouse, se croyant fort de l'alliance du roi d'Aragon, soutenoit les Albigeois, et ne vouloit plus reconnoître le roi de France. Louis, malgré sa piété, savoit faire respecter sa couronne; il précipita ses pas vers le bas Languedoc, prit Avignon et d'au-

1225.

Ere chrétienne.

1226.

tres villes. Tout prenoit la fuite devant lui; mais il tombe malade, revient à Montpensier en Auvergne, et il meurt.

Il laissa neuf fils : Louis IX, l'aîné, âgé de onze ans six mois, qui lui succéda, sous la tutelle de la reine Blanche, sa mère.

Robert eut le comté d'Artois; et Charles, qui, dans la suite, devint roi de Naples, eut le comté d'Anjou.

Règne de LOUIS IX, SAINT-LOUIS, roi de France.

Mort de Gengis-Kan.

Le fameux Gengis-Kan, âgé de soixante-dix ans, faisoit des préparatifs pour soumettre le reste du Katai, lorsqu'une maladie mortelle arrêta ses projets de conquêtes. Jamais aucun homme n'a subjugué plus de peuples; il avoit conquis plus de dix-huit cents lieues de l'est à l'ouest, et plus de mille du nord au midi.

Il déclara grand kan des Tartares son troisième fils, Octaï, et sa postérité régna dans la Chine jusque vers le milieu du quatorzième siècle. Zagathaï régna dans l'Inde et le Thibet; ses enfans étendirent encore ses conquêtes. Touchi eut la Moscovie et la Pologne. Batou-Kan, son fils ou son neveu, qui lui succéda, rendit toute la Russie tributaire en 1239. Il dévasta la Pologne, incendia Cracovie, mit tout en cendres dans la Silésie, dans la Moravie, et entra en Hongrie avec cinq cent mille hommes. Ni la résistance, ni l'intrépidité des peuples ne purent arrêter ce torrent dévastateur, qui se répandit dans la Bosnie, dans la Servie, dans la Bulgarie, et retourna, en 1247, par les Palus-Méotides, dans les déserts de la Tartarie septentrionale, qu'il peupla d'esclaves et de troupeaux. Toute l'Allemagne trembloit; la France n'étoit pas exempte de cette crainte; car la peur exagéroit encore les choses.

Que l'on me pardonne si j'anticipe ici de vingt ans; les faits de circonstance nuiroient au fil de l'histoire en les plaçant à leurs dates : ils y retrouveront leur place.

La reine Blanche éprouvoit des difficultés pour la régence; elle eut recours au roi de Castille, son neveu; mais ce prince ne put lui être d'aucune utilité, parce que les Maures avoient retrouvé de nouvelles forces, et venoient de s'emparer de Garcez, malgré les efforts de la garnison. Il fut forcé de reprendre les armes, et emporta d'assaut Capilla.

La reine Blanche, par son courage et son habileté, sut se passer de son secours. Elle fit fonder à son fils l'université de Toulouse, afin de donner de meilleurs principes dans ce pays, dans le temps où l'abbé d'Anagni, cardinal, évêque d'Ostie, devint pape, sous le nom de *Grégoire IX*. Ce pontife, après son intronisation, donna des marques de son despotisme et de son ambition. L'empereur Frédéric avoit promis à son prédécesseur de porter des secours aux Chrétiens de l'Orient ; mais une maladie, qui le surprit après son embarcation, le força de revenir à Otrante, et Grégoire IX l'excommunia, sous prétexte que sa maladie n'étoit que feinte.

Lecho V, prince de Pologne, fut assassiné dans un bain, la même année, par les intrigues et les perfidies d'Uladislas-Lasconogi, fils du roi Miecislas, qui avoit été déposé ; et Boleslas V, *le Chaste*, fils de ce Lasconogi, lui succéda.

L'empereur Frédéric II se rembarque, et, profitant des affaires suscitées aux Turcs par les Corasmins, chassés de leur pays par les troupes de Gengis-Kan, il se rend maître de la

Palestine, et, malgré son excommunication, il se couronna lui-même roi de Jérusalem à l'église du Saint-Sépulcre, aucun prêtre n'osant se présenter pour le faire. Frédéric pouvoit étendre alors beaucoup ses conquêtes ; mais Grégoire IX se saisissoit des biens de la comtesse Mathilde, et, pour maintenir son usurpation, s'attachoit la France en donnant à Louis le comté de Toulouse, et la Sicile à Jean de Brienne, tuteur de Baudouin II, jeune prince, fils de Robert, qui venoit d'être élu empereur de Constantinople. Ce pontife donna également le titre de roi d'Acre et de Jérusalem à Jean de Brienne, qui marioit son pupille avec Marthe de Lusignan, sa fille, et força, par ses injustices, Frédéric à revenir en Europe, où il reprit bientôt la Sicile et son patrimoine. Le roi de Majorque contestoit à Louis IX le comté de Toulouse ; mais le roi d'Aragon, frère de celui de Castille, et neveu de Blanche, reine de France, prit l'île Majorque, et força ce roi à vendre à Louis les droits qu'il pouvoit avoir sur ce comté. Les rois de Castille et de Léon exterminoient les Maures, leur prenoient Cacérès et Mérida ; mais ce furent les derniers exploits du roi de Léon, qui, à sa mort, laissa à

Ère chrétienne.

1229.

Baudouin II, empereur de Constantinople.

Ere chrétienne.

Ferdinand son royaume, qu'il réunit à la Castille.

1230. Grégoire IX, qui ne pouvoit avoir du secours des princes du Nord, ni de la Pologne, ravagée par les Prussiens ou Borusses, que les chevaliers de l'ordre Teutonique ne purent soumettre qu'après cinquante-trois ans de guerre, fut forcé à faire la paix avec Frédéric II, empereur d'Allemagne.

1231. Jacques, roi d'Aragon, étoit toujours occupé de la conquête des îles Baléares, et Ferdinand, son frère, roi de Castille, de chasser les Maures de l'Espagne. Il leur enleva, l'année suivante, Truxilla, une des plus fortes places de l'Estramadure.

1232.

Les ducs de Savoie, par leur alliance, augmentoient adroitement leur puissance. Amédée III, qui succéda au duc Thomas, son père, épousa peu après Cécile, fille de Raymond, comte de Provence, sœur de Marguerite, reine de France, et devint le beau-frère de Louis IX.

1233.

L'intrépide roi d'Aragon venoit de soumettre l'île Minorque, et fut bientôt maître de celle d'Ivica.

1234.

Les Navarrois, qui avoient perdu don Sanche, leur roi, déférèrent leur couronne à son neveu maternel, Thibaut, comte de Champagne, son plus proche parent.

Grégoire IX assembloit un concile à Rome, afin d'obtenir des secours pour la Terre-Sainte, et Jean de Brienne faisoit respecter le trône de Constantinople aux Grecs et aux Bulgares, malgré les intrigues, les prodiges inouïs de Jean Ducas, empereur d'Andrinople. Ils se réunirent l'année suivante, et Jean de Brienne les mit en pièces.

Grégoire IX avoit établi des inquisiteurs dans le comté de Toulouse, et un concile s'assembla à Narbonne pour leur donner des réglemens.

La division régnoit de nouveau parmi les Maures d'Espagne, et les deux frères, Jacques, roi d'Aragon, et Ferdinand, roi de Castille, en profitèrent. Les *Almogaraves* (invalides maures), qui formoient la garnison de Cordoue, livrèrent, le 23 décembre, un faubourg de cette place à quelques Chrétiens, qui en prévinrent aussitôt leur chef, don Alvar de Castro. Il y court; le roi de Castille le suit, et, afin de donner le change aux Maures, le roi d'Aragon se porte sur Valence. L'armée des infidèles, croyant Cordoue prise, précipite ses pas vers Valence, et faisant tomber ses re-

Ere chrétienne.

1235.

Ere chrétienne.

1236.

vers sur son roi, le tue en route. Ferdinand, maître des faubourgs de Cordoue, formoit le siége de la ville. Cette place, au pied des monts sourcilleux de *la Sierra-Morena*, est dans une plaine très-agréable, habitée autrefois par les *Turdules*. Les sommités, les anfractuosités des montagnes la défendent au nord, et au midi, le Guadalquivir baigne les murs de cette ville, plus longue que large, qui se déploie le long du fleuve. Ses rues sont presque toutes tirées au cordeau ; les maisons sont bâties en pierres de taille et couvertes en tuiles, et sa cathédrale est magnifique. La garnison, les habitans, hommes, femmes et enfans, se défendoient avec la plus grande intrépidité ; mais dès qu'ils furent assurés que Abenhut, roi de Grenade, dont ils attendoient du secours, avoit été tué par ses troupes, ils prirent la résolution de capituler, afin de ne pas aigrir leurs ennemis. La capitulation fut signée le 29 juin, et la ville fut livrée le même jour à Ferdinand, qui fit transporter les cloches à Compostelle, sur les épaules des Maures. Dès qu'ils eurent évacué Cordoue, ce prince promit de grands priviléges aux Chrétiens qui s'y établiroient, et donna à don Alvar de Castro le commandement général de ces frontières.

Guillaume III venoit de succéder à Florent IV, son père, comte de Hollande, et Henri, fils de l'empereur d'Allemagne, s'étoit révolté contre son père. Frédéric le défit et l'enferma dans une prison de la Pouille.

Othon de Brunswick avoit renoncé à toutes prétentions sur les duchés de Saxe et de Bavière, et l'empereur, à cette considération, avoit érigé Brunswick et Lunebourg en duchés héréditaires, même pour les filles, et les avoit rendus fiefs immédiats de l'empire. Othon laissa deux fils : Albert, duc de Brunswick, et Jean, duc de Lunebourg ou d'Hanovre.

Frédéric II, croyant les troubles d'Allemagne apaisés, passa les Alpes pour aller soumettre l'Italie, et alla camper sous les murs de Vérone ; il s'en rendit maître, et bientôt prit Vicence ; mais une révolte soudaine du duc d'Autriche suspendit ses victoires, et le rappela en Allemagne. Le principal motif de la révolte de Frédéric, *le Belliqueux*, fils de Léopold VII, archiduc d'Autriche, étoit la captivité de Henri, roi des Romains, qui avoit épousé sa sœur. L'empereur, soutenu des Bohémiens et des Hongrois, entre dans l'Autriche : tout plie, tout se soumet. Vienne, révoltée de la con-

Ere chrétienne. duite de Frédéric, ouvre ses portes à l'empereur, et une diète le prive de ses États.

Jean.Ducas, empereur d'Andrinople, faisoit tous ses efforts pour reprendre Constantinople ; mais Baudouin II le força à la retraite avec le secours des Vénitiens, à qui il donna la lance, l'éponge et un morceau de la vraie croix, objets précieux que Louis IX acheta dans la suite, et qu'il porta à Paris.

1237. Les Russes ne jouissoient encore d'aucune considération en Europe ; ils étoient continuellement en guerre avec les Tartares de Batou-Kan, qui venoient de tuer George II, leur czar.

Le roi d'Aragon étoit toujours devant Valence. Cette ville de l'ancienne *Tarragonaise*, demeure des *Edétains*, est située dans une grande plaine fertile, excepté en blé. L'air y est pur ; le froid ne s'y fait jamais sentir, et les chaleurs de l'été y sont tempérées par les brises de mer ; les habitations y sont grandes et magnifiques ; le Guadalquivir, qui passe à gauche de la ville, baigne les murs du palais du roi, et entre, par de petits canaux, en divers endroits de la ville. Les environs sont charmans ; ils sont couverts d'arbres fruitiers, de mûriers, d'orangers, de citronniers, de limoniers, etc., dont l'arôme embaume les promenades. Les assiégés manquoient de tout ; ils n'avoient aucun espoir de secours ; ils capitulèrent. Le roi d'Aragon les chassa de ce royaume, et en donna les terres à ceux qui l'avoient aidé à en faire la conquête. Il se l'assuroit par ce moyen bien propre à avoir de bonnes troupes.

Ferdinand, roi de Castille, n'étoit pas oisif ; il ajoutoit à ses conquêtes la province de Séville. La capitale, à côté de laquelle le Guadalquivir roule rapidement ses eaux dans la mer, est dans une belle plaine, ombragée par des oliviers. Séville est grande et bien bâtie ; mais ses rues sont sales et étroites. L'on y voit de belles places, de beaux édifices construits par les Maures, et une belle cathédrale ; l'on y compte cent mille habitans. Les dehors de la ville sont charmans ; le long du Guadalquivir, que l'on voit de Séville se précipiter dans la mer, ce sont des promenades magnifiques, plantées d'arbres. Le roi de Castille en forma le siége, qui fut très-long.

Frédéric II, empereur d'Allemagne, venoit de faire élire, dans la diète de Spire, son second fils Conrad, qu'il avoit eu d'Yolande. Il passe les Alpes, résolu de soumettre la Lombardie, et trouve les Milanais rangés en bataille avec leurs alliés dans les champs de Corte-

Nuova. Il prend aussitôt ses dispositions, fond sur les rebelles, qui, abandonnant drapeaux, armes, artillerie, prennent la fuite. Cette victoire répand par-tout la terreur; les villes se soumettent; Milan demande pardon. L'empereur attaque Brescia; il échoue. Grégoire IX paroît les armes à la main, et prétend que la Sardaigne, que Frédéric venoit de donner à Entius, son fils naturel, est un fief du saint-siége. Il propose de marier sa nièce avec Entius; Frédéric méprise cette alliance, et Grégoire ne met plus de bornes à sa colère. Il offre l'empire au fils de Louis IX; le saint roi déclare que le Pape n'a pas le droit de déposer l'empereur. « *Il agit*, ajoute-t-il, » *par haine, il ne craint pas de faire couler le* » *sang, pourvu que sa vengeance se satisfasse;* » *je serois bien désolé d'y prendre part.* »

Grégoire intrigua en Allemagne avec aussi peu de succès; il étoit méprisé par-tout. Il veut tenter la voie d'un concile; Frédéric ferme les passages, et Grégoire meurt de rage.

L'Italie étoit remplie de troubles; les factions des Guelphes et des Gibelins s'y renouveloient. Baudouin II, empereur de Constantinople, vint, dans cette conjoncture, demander du secours à Louis IX, et lui fit cadeau de la couronne de Jésus-Christ, que l'on garde dans le trésor de Notre-Dame, à Paris. C'est dans le même temps, en 1238, que Hugues IV, duc de Bourgogne, épousa Béatrix de Champagne, fille de Thibaut VI, comte de Champagne et de Brie, roi de Navarre, et de Marie de Bourbon.

Ere chrétienne.

Ferdinand III, roi d'Espagne, étoit devenu maître du royaume de Murcie, dont il avoit promis la moitié des revenus au roi maure Hudiel pendant sa vie. Après cet arrangement avantageux, Ferdinand confia son armée à don Alphonse, son frère naturel, qui s'empara d'Arjona, de Carthagène, de Lorca et de Mula, et força Athamar, roi de Grenade, à payer à Ferdinand III un tribut annuel de cinquante mille ducats.

Geoffroi Castillione, cardinal, évêque de Sainte-Sabine, Milanais, fut élu pape le 22 septembre, et prit le nom de *Célestin IV*. C'étoit un homme vertueux; mais il ne fit que paroître. Dix-huit jours après son intronisation, il fut appelé à jouir des récompenses éternelles, tandis que Éric VI succédoit à Valdemar II, son père, roi de Danemarck et de Norwège.

Eric VI, roi de Danemarck.

Les Anglais déclarèrent la guerre au roi de

France, et s'emparèrent inopinément de la Rochelle et de Bordeaux. Louis IX, après avoir fait raser les fortifications de Fontenai, dans le Poitou, marcha contre eux, et les mit en pièces dans les batailles de Saintes et de Taillebourg.

Baudouin II, empereur de Constantinople, sollicitoit du secours par-tout; il ne pouvoit en obtenir. Les princes de la chrétienté avoient affaire chez eux, et Jean Ducas, empereur d'Andrinople, profitant de la circonstance, reprit tout aux Latins, excepté Constantinople. Tuli, fils de Gengis-Kan occupoit les Corasmins; ceux-ci se jetoient sur les Turcs, tandis que Batou-Kan, son frère, désoloit le nord de l'Europe.

L'abbé de Fiesque, des comtes de Lavagne, cardinal de Saint-Laurent, fut élu pape le 14 juin, et prit le nom d'*Innocent IV*. Il voulut suivre les principes de Grégoire IX, et l'empereur Frédéric II se saisit des terres de l'Église. Innocent se retira en France, excommunia Frédéric II, et envoya des cordeliers porter des lettres séditieuses à Rome; mais ils furent arrêtés, et Frédéric les fit pendre. Un curé de Paris, qui, comme les autres, étoit chargé de lire en chaire l'excommunication contre Frédéric, dit: *J'ai ordre de publier l'ex-*

communication contre *Frédéric*, empereur d'*Allemagne*; j'en ignore la cause. *Je sais seulement qu'il y a entre lui et le Pape une haine irréconciliable. Je sais que l'un des deux a tort; mais ne sachant lequel, j'excommunie celui qui a fait injure à l'autre.* Tandis que ces troubles agitoient une partie de la chrétienté, les Corasmins s'emparèrent de la Palestine et de Jérusalem, et y massacrèrent une quantité de Chrétiens. Dès que Louis IX apprit cette nouvelle, il prit la résolution de marcher contre eux, et d'aller délivrer les Chrétiens qu'ils opprimoient.

Ce fut cette année que Marguerite de Flandre, femme de Guillaume de Bourbon, devint comtesse de Flandre par la mort de Jeanne, reine de Portugal et comtesse de Flandre.

Le pape Innocent IV lançoit toujours des anathêmes contre l'empereur Frédéric II. Louis IX (saint Louis), vivement touché de ce scandale; Louis IX, qui auroit voulu engager l'empereur à l'accompagner en Palestine, alla trouver ce pontife à l'abbaye de Cluni, près de Mâcon en Bourgogne, afin de lui faire prendre des résolutions plus pacifiques; mais il ne put rien gagner sur cet orgueilleux pape, qui troubloit l'Europe par sa haine. Il assembla, au contraire, un concile à Lyon, qu'il présida,

Ere chrétienne.

1244.

1245.

pour déclarer Frédéric excommunié, déchu de l'empire, et les Allemands déliés du serment de fidélité qu'ils lui avoient prêté. Il y donna la pourpre aux cardinaux, pour témoigner qu'ils devoient toujours être prêts à verser leur sang pour la défense de la foi. L'on y résolut aussi d'envoyer une armée dans la Palestine, sous la conduite de saint Louis; qui, cette année, maria son frère, le duc d'Anjou, avec l'héritière de Provence. Le Pape intrigua ensuite en Allemagne pour faire déposer l'empereur, et sa faction élut roi des Romains Henri, landgrave de Hesse et de Thuringe.

Saint Louis s'occupoit de faire bâtir *Aigues-Mortes* sur la Méditerranée, et d'y construire un port destiné à l'embarquement pour la Terre-Sainte. La ville est restée; mais le port est comblé, la mer s'étant retirée de cet endroit. L'on y voit encore la tour de Constance, que ce saint roi fit élever pour éclairer les vaisseaux.

Les rois de Castille et d'Aragon se brouillèrent au sujet du royaume de Murcie; mais le différend se termina par le mariage de l'infant Alphonse de Castille avec Yolande, fille de don Jacques, roi d'Aragon.

Un concile de Béziers, dans le Languedoc, s'occupoit de la manière de procéder avec les

Albigeois; il y fut résolu que Louis IX les soumettroit avant d'aller à la Terre-Sainte. Le saint roi, pour obéir au concile, se rendit dans le comté de Toulouse, et le soumit par la persuasion. Louis IX s'embarqua aussitôt, laissant l'administration de son royaume à la reine Blanche, sa mère, si capable de tenir le timon des affaires.

L'empereur Frédéric faisoit toutes les démarches possibles afin d'obtenir la paix. Il avoit de nouveau prié saint Louis de ménager sa réconciliation avec le pontife, avec promesse d'aller finir ses jours à la Terre-Sainte, pourvu que l'on couronnât empereur son fils Conrad. Innocent IV avoit été intraitable; il avoit poussé la noirceur jusqu'à écrire au soudan d'Égypte, pour l'exhorter à rompre son alliance avec Frédéric. N'étoit-il pas bien scandaleux de voir un pontife aussi contraire au christianisme? Le soudan lui répondit: « qu'il connoissoit mieux Jésus-
» Christ que lui; qu'il l'honoroit davantage;
» que son alliance avec l'empereur ne lui per-
» mettoit pas de faire aucun traité avec les
» Chrétiens sans son consentement; qu'il ve-
» noit de lui communiquer ses propositions,
» et que sa réponse guideroit sa conduite. » Conrad, fils de l'empereur, se battoit continuelle-

ment avec Henri de Hesse. Ce dernier fut vaincu, et mourut peu après de sa blessure. Ce fut une source de troubles pour l'Allemagne jusqu'en 1264. Le Pape remua ciel et terre pour faire élire empereur Guillaume, frère de Florent, duc de Hollande; il y parvint, et l'Allemagne fut replongée dans l'anarchie. Les villes se réunirent pour leur sûreté contre les entreprises des seigneurs, qui, à la faveur de ces troubles, cherchoient à augmenter leur puissance au préjudice de l'empereur. On pilloit, on s'égorgeoit. Les prêtres refusoient, d'après les ordres du Pape, de célébrer l'office divin; il fallut que l'empereur Frédéric les y forçât. Le Pape publia une croisade contre Frédéric, et mit toute l'Allemagne en feu.

Jean Ducas, dont on admiroit la justice et l'économie, se saisit, dans ce temps, de Thessalonique; en confia le gouvernement à Andronic Paléologue, et s'empara de l'île de Rhodes. Tandis que Baudouin II passoit sa vie à mendier des secours qu'il n'obtenoit pas, l'empereur d'Andrinople triomphoit, devenoit puissant. Il ne craignoit plus les Latins, et les Turcs étoient accablés par les Tartares du fils de Gengis-Kan. Ils détruisoient les possessions du sultan d'Icone, dévastèrent la Cappadoce, renversèrent les murs de Césarée. Le sultan se soumit, s'engagea à un tribut, et les Mogols se retirèrent. Le saint, l'intrépide Ferdinand III mettoit le comble à sa gloire, en enlevant Séville. Il en fit sortir trois cent mille Maures, qui se réfugièrent dans le royaume de Grenade, le seul qui leur restât en Espagne.

Les Souabes se révoltèrent contre les scènes scandaleuses du clergé ; la ville de Ratisbonne tuoit tous ceux qu'elle savoit être pour le Pape ; Innocent IV étoit regardé comme l'anté-Christ. Il osa séduire par argent Pierre des Vignes, chancelier de Frédéric, qui engagea le médecin de l'empereur à l'empoisonner. Frédéric découvrit l'attentat au moment de l'exécution, et fit boire la coupe fatale à deux assassins, qui périrent à l'instant. Frédéric livra le médecin aux bourreaux, fit crever les yeux au chancelier, et l'envoya aux Pisans, qu'il avoit trahis. Desvignes sut se soustraire aux tourmens qui lui étoient préparés, en se cassant la tête contre une colonne à laquelle il étoit attaché.

Saint Louis, tout occupé de la religion, du bonheur de ses peuples et des Chrétiens, débarqua, le 15 septembre, dans l'île de Chypre, où régnoit Henri de Lusignan, et y passa l'hiver. C'est de là qu'il s'embarqua pour Damiette,

1249.

l'ancienne Péluse, où il fit des prodiges de valeur. Il emporta, avec sa petite armée, cette ville importante, sur la Méditerranée, malgré le grand nombre de troupes de *Melec-Sala*, soudan d'Égypte, neveu de Mélédin. Effrayé de la valeur, de l'intrépidité du saint roi, il appela à son secours des peuples du Caucase : ce sont les Mamelucks, qui massacrèrent son fils Almoadan, après la retraite de Louis, et qui se rendirent maîtres de l'Égypte.

L'empereur Frédéric II tomba malade à Florenzuola, dans la Pouille, mourut presque subitement, et le bruit courut que Mainfroi, son fils naturel, l'avoit empoisonné à l'instigation du Pape. Il laissa, par son testament, à Conrad, l'Allemagne, le duché de Souabe, le royaume des Deux-Siciles et celui de Jérusalem; à Henri, son autre fils, qu'il avoit eu d'Isabelle d'Angleterre, le royaume d'Arles; mais Charles, comte d'Anjou, frère de saint Louis, s'en saisit. Mainfroi eut la principauté de Tarente et d'autres fiefs en Sicile; et Frédéric, son petit-fils, né de son fils Henri et de Marguerite d'Autriche, le duché de ce nom.

Innocent IV respecta peu ce testament, et employa tous moyens pour anéantir sa race.

Il excita à la révolte les Souabes, les Siciliens, fit prêcher une croisade contre Conrad. Malgré ses grands mouvemens, ses scandaleuses intrigues, Conrad fut reconnu empereur, et prit le nom de *Conrad IV*.

> Ere chrétienne.

Éric VI, roi de Danemarck et de Norwège, venoit d'être tué par Abel, son frère, qui se saisit de ses États. André II, roi de Hongrie, étoit allé rejoindre saint Louis à Damiette; bientôt le saint roi remporta, dans les plaines du Caire, une grande victoire sur Mélec-Sala, dont l'armée fut abîmée. Louis IX suit sa victoire, s'avance sur le Caire, grande ville près du Nil, bâtie en 971, par le calife Moez, fatimite, qui la nomma *al-Caïra* (victorieuse). Le soudan Mélec-Sala met tout en mouvement dans l'Égypte; à la tête des Mamelucks et de ses autres troupes, il fond sur Louis, et engage le combat le plus sanglant, le plus opiniâtre qu'il est possible de voir. Les rois, les princes chrétiens faisoient passer dans l'âme du soldat leur valeur, leur courage héroïque, en combattant, s'exposant plus que lui. Les deux partis combattoient pour leur vie, leur liberté. Enfin, les troupes de Mélec-Sala ne purent tenir à une audace, à une intrépidité si extraordinaires; les corps

> Abel, roi de Danemarck.

morts de leurs camarades, qui les empêchoient de se défendre, les effrayèrent, leur firent chercher le salut dans la fuite, et le soudan faillit à être tué. Robert, frère de Louis, y perdit la vie ; André II, roi de Hongrie, fut accablé et tué par les Mamelucks. La mort du brave Robert fut le signal des malheurs de la France : Mélec-Sala, aux abois, à la veille de perdre ses États, eut recours à la trahison. Le 5 avril, Louis, impatient de n'être pas déjà à Jérusalem, s'avance sur le Caire pour en faire le siége ; il est défait, fait prisonnier des infidèles avec ses deux autres frères, Alphonse et Charles, dans la plaine de la Massoure, près du Caire. Il donna pour la rançon de ses sujets 500,000 liv. de ce temps-là. Comme Mélec-Sala lui demandoit la sienne, il répondit : *Un roi de France ne se rachète pas à prix d'argent.* Il lui livra Damiette pour sa rançon. Louis et son armée allèrent à Saint-Jean-d'Acre, où il fit de nouveaux prodiges contre les Turcs.

Béla IV, fils d'André II, étoit monté sur le trône de Hongrie, et Valdemare, duc de Gothie, venoit d'être élu roi de Suède.

L'empereur Conrad reprenoit en Italie la plupart des villes qui s'étoient révoltées contre son père. Mainfroi l'appelle dans la Pouille, dont il ne peut plus être maître ; il soumet tout, excepté Naples dont il fait le siége.

Cristofle, frère des rois Éric et Abel, montoit sur le trône de Hongrie, et Guillaume, comte de Hollande, que la faction d'Innocent IV avoit fait empereur, donnoit la ville de Turin à Thomas, comte de Savoie, en faveur de son mariage avec une nièce du Pape.

Le brave, le sage Ferdinand III, roi de Castille, venoit d'être appelé à jouir des récompenses éternelles. Ce prince étoit doué de toutes les qualités du corps, de l'âme et de l'esprit. Alphonse X, son fils, gendre du roi d'Aragon, lui succéda. Ces deux princes ne tardèrent pas à se brouiller : Alphonse, n'ayant pas d'enfant, vouloit répudier l'infante d'Aragon.

Les Français étonnoient les Turcs par leurs prodiges. Si le pape Innocent IV eût cessé de persécuter la race de Frédéric II, l'empereur Conrad, suivant ses intentions, seroit allé rejoindre Louis : c'étoit fait des Musulmans, de Mélec-Sala. Louis IX, maître de la Terre-Sainte, seroit revenu vers Constantinople y assurer la domination des Latins ; la religion

Ere chrétienne.

1252.

Cristofle, roi de Hongrie.

Le comte de Savoie obtient Turin.

Alphonse X, roi de Castille.

Ere chrétienne.

chrétienne devenoit dominante en Orient. La haine du chef de l'Église s'opposa à ces glorieux desseins. Il suffit de citer le trait suivant pour prouver l'héroïsme des troupes de Louis IX.

Trait de bravoure des Français.

Le sire de Joinville, historien de saint Louis, marche avec cinq cents Croisés contre Bélinas ou Césarée de Philippe, ville située à mi-côte dans le mont Liban. Trois enceintes de murailles très-fortes et un fort, bâti au-dessus du roc, la défendoient. Lorsque les Français furent arrivés devant cette ville, dans la belle plaine où les sources du Jor et du Dan rassemblent leurs eaux, qui forment le Jourdain, fleuve si célèbre dans l'Écriture-Sainte, ils se partagèrent les attaques. A leur approche l'ennemi se retire dans le fort; les Croisés y montent; les Turcs font pleuvoir une grêle de traits sur eux. Les Français feignent de fuir; l'ennemi les poursuit dans la plaine; ils se retournent, fondent sur cette multitude, l'exterminent, pillent, brûlent Bélinas, et reviennent retrouver leur roi à Sidon, où ce vertueux prince apprit la mort de la reine Blanche, sa mère. Elle succomba à ses chagrins à Melun, le 26 novembre, âgée de soixante-cinq ans. Louis prit alors la résolution de retourner en France.

L'empereur Conrad prend Naples après dix ans de siége, la fait piller et démanteler par le soldat. Il fit pendre les dix principaux citoyens, et condamna les autres à des amendes exhorbitantes. Innocent IV, enragé de ses succès, offrit la Sicile aux princes de France et d'Angleterre : personne n'accepta.

Thibaut Ier, roi de Navarre, mourut à la fin de l'année, et Thibaut II, son fils, âgé de dix-sept ans, lui succéda.

Yolande, reine de Castille, se trouva grosse ; Alphonse X se décida à la garder, et la paix se fit entre lui et le roi d'Aragon. Christine de Danemarck, qu'il avoit demandée, arriva dans ces entrefaites ; mais l'infant don Philippe quitta l'état ecclésiastique, et l'épousa à Tolède.

L'empereur Conrad, malgré les intrigues du Pape, avançoit ses affaires, lorsque tout-à-coup il fut enlevé au milieu de ses succès, et l'on soupçonna Mainfroi de l'avoir empoisonné. Il laissoit un fils en bas âge, Conradin ; Mainfroi s'en déclara tuteur, et prit les rênes du royaume de Naples.

Le feu de la guerre civile s'accrut en Allemagne pour l'élection d'un empereur.

Louis IX s'étoit embarqué à Saint-Jean-

Ere chrétienne.

1253.

1254.

Thibaut II, roi de Navarre.

Ère
chrétienne.

d'Acre, et revenoit en France. Une violente tempête se déclare ; il court les plus grands dangers près de l'île de Chypre ; mais le ciel, protecteur de la France, sauve son roi, qui arriva avec la reine Marguerite, le 10 juillet, aux îles d'Hières, en Provence. Il passa par Aix, Nismes, Alais, le Puy, Brioude, Issoire, Clermont, Saint-Porcien, Saint-Benoît-sur-Loire, d'où il se rendit à Vincennes. Partout les peuples, contens de voir leur brave et vertueux roi, couroient sur son passage ; partout il reçut le droit de gîte. Avant d'entrer à Paris, il alla rendre grâce à Dieu à Saint-Denis, et pleurer ensuite sur les restes inanimés de sa mère, qui avoit fondé le monastère de Maubuisson, de l'ordre de Cîteaux, et demandé d'y être inhumée. Elle y fut portée avec grande pompe, sur les épaules des principaux seigneurs de la cour, assise dans une chaise d'or, le visage découvert, revêtue des ornemens royaux par-dessus l'habit religieux de l'ordre de Cîteaux. Louis fit bâtir aussitôt, à Paris, les Quinze-Vingts, pour trois cents gentilshommes à qui les barbares avoient crevé les yeux dans la Palestine, fonda la Sorbonne, fit élever la Sainte-Chapelle, près du Palais-de-justice, révoqua les impôts introduits par la nécessité des affaires, s'occupa de la nourriture des pauvres, à protéger les foibles, à orner les églises, et de la réformation des mœurs. C'est dans cette fin qu'il visita son royaume. Tandis qu'il se préparoit à ce voyage, la parque retira du monde Innocent IV. Il fut remplacé, le 21 décembre, par le cardinal de Signi, évêque d'Ostie, qui prit le nom d'*Alexandre IV*. C'étoit un vertueux pontife, qui n'avoit rien plus à cœur que l'union parmi les fidèles.

Ere chrétienne.
—

Alexandre IV, pape.

Louis IX maria Louis, son fils aîné, avec Bérengère, fille d'Alphonse, héritière présomptive de la Castille, tandis que Vatace ou Jean Ducas, empereur d'Andrinople, alloit rejoindre ses aïeux. Théodore Lascaris II, son fils, lui succéda, et Ottocare devenoit roi de Bohême, par la mort de Wenceslas II, son père.

1255.

Théodore Lascaris II, empereur d'Andrinople.

L'armée du jeune Conradin, fils de l'empereur Conrad, poursuivoit sans relâche Guillaume III, comte de Hollande, qui fut complètement battu: il prit la fuite; les Frisons l'atteignirent dans un marais et le tuèrent. Le pape Alexandre IV défendit d'élire Conradin, et les Allemands vendirent le titre d'empereur à Richard d'Angleterre, comte de Cornouaille.

1256.

Ere chrétienne.

Boniface, fils et successeur d'Amédée III, comte de Savoie, avoit été fait prisonnier par ceux de Montferrat ; il mourut dans sa prison, ne laissant point d'enfans. Pierre, son oncle paternel, lui succéda. L'Italie étoit divisée en deux factions : celle des Guelphes, qui tenoit le parti des Papes; celle des Gibelins, attachée au parti

1257. de l'empereur. Mainfroi avoit peine à se soutenir. Une grande partie de l'Allemagne ne reconnoissoit pas pour empereur Richard d'Angleterre, et l'Italie n'en vouloit point. Saint

1258. Louis, pendant ces troubles, établissoit ses enfans. Il maria son fils, Philippe, avec Isabelle, fille du roi d'Aragon, et, l'année sui-

1259. vante, il fit renoncer Henri III, roi d'Angleterre, pour lui et ses successeurs, au duché de Normandie ; mais il eut la foiblesse de lui donner en échange l'Agénois, le Périgord, le Limousin et le Querci, sous condition de l'hommage à la couronne de France, et ce traité amena bien des querelles entre les deux royaumes.

Yolande, reine de Castille, venoit de mourir; elle laissoit un fils, Ferdinand, qui fut surnommé *Lacerda*, à cause d'une touffe de poils qu'il avoit sur l'épaule. Don Alphonse, fils aîné du roi d'Aragon, mourut quelques jours après, et

Thibaut II, roi de Navarre, épousa Isabelle de France, fille de Louis IX, qui institua l'abbaye de Longchamp, près de Paris.

Théodore Lascaris II, empereur d'Andrinople, meurt, et laisse Jean Lascaris III, son fils, jeune enfant, sous la tutelle de Michel Paléologue, qui fut nommé régent et grand-duc. Il s'associa bientôt à l'empire, se saisit de la Thessalie, et se rendit maître de *Galata*, faubourg de Constantinople. Les Tartares le rappelèrent en Asie, et il laissa la conduite du siége à Stratégopul, qu'il éleva à la dignité de César.

Valdemare, roi de Suède, faisoit alors bâtir Stockolm sur sept ou huit rochers du lac Meler. Ses rues larges, droites, ornées de belles maisons et de grand nombre d'édifices, parmi lesquels on remarque le magnifique palais des États-généraux, un port capable de contenir quatre cents vaisseaux de ligne et plus de cinq cents de moindre grandeur, un quai d'un mille de longueur pour l'embarquement et le débarquement des vaisseaux, prouvent mieux le génie vaste de ce prince que tout ce que j'en pourrois dire.

Éric VII venoit de succéder à Cristofle, son frère, sur le trône de Danemarck et de Nor-

Ere chrétienne.

1260.

wège, depuis quelques mois, et Étienne V devenoit roi de Hongrie, par la mort de Béla IV, son père.

Pendant que Michel-Paléologue s'occupoit de réprimer ses ennemis, le César Stratégopul vit revenir un paysan de Constantinople, qui lui découvrit le souterrain qui conduisoit dans la ville. L'audacieux César fait ses dispositions, et, la nuit étant survenue, il ordonne à ses lieutenans d'attaquer la ville, entre dans le souterrain avec quelques gens intrépides; ses troupes attaquent les murailles. Les Latins, étonnés de cette attaque imprévue, sont saisis d'effroi; la terreur redouble aux cris de *vivent les empereurs Michel et Jean!* à la vue d'ennemis qui étoient dans la ville. Les Grecs se rallient autour du César, tombent sur les Latins; l'empereur Baudouin s'embarque et fuit lâchement, après avoir fait mettre le feu à la ville, et les Latins, abandonnés, trahis, reviennent dans leur pays. Bientôt Michel-Paléologue fait son entrée dans la ville, suivant à pied un char de triomphe, où étoit l'image de la sainte Vierge, peinte par saint Luc. Cet hypocrite tua bientôt ses pupilles, Jean et Théodore Ducas.

Alexandre IV mourut peu après, et fut remplacé, dans le mois d'août, par le patriarche de Jérusalem, qui prit le nom d'*Urbain IV*: c'étoit le fils d'un ouvrier français, de Troyes en Champagne; mais son bel esprit, son érudition, son vaste génie le mettoient bien au-dessus des autres hommes: c'est lui qui institua la Fête-Dieu.

Richard d'Angleterre, qui avoit épuisé ses trésors en Allemagne, retourne à Londres. Mainfroi prend le titre de roi de Naples et de Sicile. Afin de se faire un appui, il marie sa fille Constance à Pierre, fils du roi d'Aragon, à condition qu'il lui succédera sur le trône de Naples et de Sicile, dans le cas où il mourroit sans enfant mâle.

Rodolphe, comte de Hapsbourg, se saisit peu après de l'Autriche, sous l'agrément de l'empereur Richard.

La monarchie des Mérins s'élevoit en Afrique, sur la ruine des Almoades. Jucar Mérin prit la qualité de roi de Fez, et fonda une nouvelle monarchie en Afrique.

Le roi de Maroc envoya du secours au roi de Grénade; mais les rois de Castille et d'Aragon, réunis, le rendirent inutile.

Urbain IV assemble un concile à Viterbe, au sujet de l'usurpation de Mainfroi, propose d'offrir le royaume de Naples et de Sicile à

Ere chrétienne.

1262.

1263.

Charles, duc d'Anjou, comte de Provence, frère de saint Louis; le concile le lui accorde, et Charles y consentit. Les Allemands, offusqués de ce que l'on avoit pris ces résolutions sans les consulter, offrirent leur empire au roi de Castille. Alphonse X accepta, leur donna beaucoup d'argent; mais, retenu par les troubles de l'Aragon, il ne put se rendre en Allemagne.

Charles d'Anjou reçoit l'investiture des royaumes de Naples et de Sicile d'Urbain IV, et se prépare à s'en mettre en possession, malgré les conseils de Louis IX, son frère, qui se rendit cette année à Amiens, lieu qu'il avoit assigné au roi d'Angleterre et à ses sujets pour, d'après leur désir, vider le différend mû entre eux. Henri s'y trouva, et Louis IX jugea en sa faveur, en présence des barons anglais. Cette circonstance amena la formation de la chambre des communes en Angleterre; circonstance dont un prince moins vertueux que Louis IX auroit profité pour reprendre la Guienne, le Querci, le Limousin et le Périgord.

Enfin, les troubles s'apaisèrent en Allemagne; on donna la Thuringe au margrave de Misnie, et Henri, duc de Brabant, eut la Hesse; il est la souche de la maison de Hesse d'aujourd'hui.

Au commencement de l'année suivante, le pape Urbain IV passa subitement à la vie éternelle, et Clément IV, né à Saint-Gilles, près de Narbonne, fut élu, au mois de février, pour lui succéder. Il avoit été marié dans sa jeunesse; mais il n'avoit que des filles à son veuvage. Il leur fit à chacune une modique pension pour leur stricte nécessaire, et défendit à ses parens de venir à Rome. Il confirma au duc d'Anjou le don que son prédécesseur lui avoit fait du royaume de Naples.

Ère chrétienne.

1265.

Les Génois et les Vénitiens s'entre-tuoient; le duc d'Anjou faisoit des préparatifs pour s'emparer du royaume de Naples, et Mainfroi pour se défendre. Le sultan d'Égypte levoit le siége de Ptolémaïde; le roi de Castille ravageoit le royaume de Grenade, et le roi d'Aragon celui de Murcie; les Maures demandèrent grâce et payèrent tribut.

Charles d'Anjou passe en Italie, et rencontre Mainfroi à Bénévent. Un combat s'engage; Mainfroi perd la bataille et la vie. Conradin, quoique jeune, entreprend de recouvrer son patrimoine; Clément IV l'excommunie. Secondé du jeune Frédéric d'Autriche, son cousin, Conradin obtint de grands succès; mais il succomba à la trahison. Ils furent livrés à

1266.

Ere chrétienne.

1268.

Charles, qui leur fit faire leur procès et les laissa périr sur un échafaud.

Louis IX fut accablé, désolé de cette conduite; il prédit à son frère les malheurs qu'elle lui attireroit. Le saint roi, afin de soustraire ses États aux entreprises des papes, établit la pragmatique sanction : elle ordonne que les prélats et patrons des bénéfices jouiront de leurs droits sans que le pontife de Rome puisse y donner aucune atteinte par ses réserves ou mandats; que les églises cathédrales et abbatiales feront librement leurs choix, qui sortiront leur plein et entier effet; qu'il n'y aura plus de simonie dans les bénéfices, et que Rome ne pourra y imposer aucun denier sans la permission expresse du roi de France.

Cette année, Philippe, évêque de Lyon, épousa Alix, comtesse de Bourgogne, et devint comte de Savoie, par la mort de Pierre, son frère.

Les Tartares pénétrèrent dans la Syrie, sollicitèrent les Chrétiens à se joindre à eux contre les Sarrasins, et saint Louis fit ses dispositions pour y retourner.

1269.

Hugues de Lusignan, roi de Chypre, fut couronné roi de Jérusalem, tandis que saint Louis laissoit la régence de son royaume à Mathieu de Vendôme, abbé de Saint-Denis, et à Simon, comte de Nesle. Il se décida, afin de se frayer plus facilement le chemin de la Terre-Sainte et s'en assurer la conquête, à marcher contre Tunis. Il s'embarque avec Philippe, son fils, prend Carthage, qui n'est plus qu'un amas de ruines; Thibaut II, roi de Navarre, vint le joindre, et ils formèrent le siége de Tunis. La peste attaqua les Croisés, et saint Louis en mourut le 25 août, à l'âge de cinquante-six ans. Philippe fut proclamé roi de France par l'armée, sous le nom de *Philippe III.* La mort de Louis IX plongea la France dans un grand deuil. La tristesse y régna long-temps. Chacun répétoit les actions du saint roi, en le regrettant; les pères les transmettoient à leurs enfans. *Il avoit coutume,* dit Joinville, *d'aller se promener, après la messe, au bois de Vincennes. Il s'asseyoit au pied d'un chêne, entouré des seigneurs de sa cour, et donnoit audience à ceux qui vouloient lui parler, sans qu'aucun garde les empêchât d'approcher. Quelquefois il se rendoit au jardin de Paris; et là, simplement vêtu de camelot, il faisoit étendre un tapis, où il s'asseyoit avec ses conseillers, et rendoit la justice.* Il dit un jour à une dame de qualité: *J'aurai soin de votre affaire si, de votre côté, vous voulez*

Ère chrétienne.

1270.

Ère chrétienne.

avoir soin de votre salut. On dit que vous avez été belle : ce temps n'est plus, vous le savez. La beauté du corps passe comme la fleur des champs ; l'on a beau faire, on ne la rappelle point : il faut songer à la beauté de l'âme, qui ne finira point.

Du temps de Louis IX, le marc ou le poids de huit onces, établi en 1080, n'existoit déjà plus, on se servoit, pour compter, de la livre romaine ou de douze onces. On commença à enregistrer exactement les arrêts des rois et les actes du parlement. Le roi avoit des Écossais dans sa garde, d'après le traité fait avec Alexandre III, roi d'Écosse.

Saint Louis laissa huit enfans : quatre fils et autant de filles :

Philippe, surnommé *le Hardi*, qui lui succéda.

Jean Tristan et Pierre moururent sans enfans.

Robert, comte de Clermont en Beauvoisis, épousa Béatrix, fille et héritière d'Agnès de Bourbon et de Jean III, fils de Hugues, duc de Bourgogne. Elle étoit héritière d'Archambaut, seigneur de Bourbon. *C'est de ce mariage qu'est issue la branche de Bourbon, actuellement régnante depuis Henri-le-Grand.*

Règne de PHILIPPE III, roi de France.

Charles d'Anjou, roi de Sicile, arriva, peu après la mort de Louis IX, devant Tunis, attira les Maures dans la plaine, leur livra bataille, et en fit un carnage épouvantable. Le roi de Tunis demanda la paix, qui lui fut accordée, sous la condition d'un tribut qu'il s'obligea de payer, et du droit de relâcher dans ses États. Philippe III quitta l'Afrique au mois de novembre, et arriva de Tunis à Trapani dans trois jours. Thibaut II, roi de Navarre, y mourut, et Henri, son frère, lui succéda.

L'armée de France, restée à la rade de Trapani, essuya une tempête horrible : Philippe perdit plus de quatre mille hommes. Il rapportoit en France les dépouilles mortelles de saint Louis; il y ajouta bientôt celles de sa femme, Isabelle d'Aragon, qui mourut à Cosenza, dans la Calabre, d'une chute de cheval. Philippe III, navré de chagrin, prit aussitôt le chemin de la France par l'Italie.

Ere
chrétienne.

1271.

A son arrivée à Paris, il déposa ces précieux restes à St.-Denis, après avoir fait faire de magnifiques funérailles. Ce monarque se fit couronner à Rheims dans le mois d'août suivant. Ce fut dans cette conjoncture que mourut Alphonse de France, frère de saint Louis ; la comtesse de Toulouse, son épouse, ne lui survécut que trois jours. Ils possédoient le comté de Toulouse, le Rouergue, la partie de l'Albigeois à la droite du Tarn, Albi, Lille, Gaillac, Rabasteins, etc., l'Agénois, le Querci, le comtat d'Avignon, le Poitou, l'Auvergne, l'Aunis et une partie de la Saintonge.

Alphonse avoit fondé les villes de Calmont, de Villefranche, Salles, Fosserey, Gimont, Cordes, Villefranche à deux lieues d'Albi, sur la route de Millaud, Verceil dans le Rouergue, la Bastide-de-Ste.-Foi dans l'Agénois. Il favorisa la construction du fameux pont Saint-Esprit, entrepris par une compagnie. Philippe III réunit ses États à la couronne de France, suivant le traité fait par Louis VIII avec Raymond, comte de Toulouse.

Richard d'Angleterre, empereur d'Allemagne, meurt. Il ne restoit plus que le roi de Castille, Alphonse X, qui ne pouvoit venir en Allemagne. Ce fut dans cette anarchie que quantité de villes germaniques se déclarèrent libres, et que les bourgeois établirent les maîtrises et les milices.

Clément IV cessa de vivre; on élut le cardinal de Visconti, né à Plaisance, pour le remplacer. Il faisoit la guerre aux Sarrasins dans la Syrie; il prit le nom de *Grégoire X*. Dès qu'il fut de retour à Rome, il suspendit pendant cinq ans les hostilités entre les Génois et les Vénitiens.

Henri III, roi d'Angleterre, descend au tombeau, et Édouard IV, son fils, lui succède.

Hugues IV, duc de Bourgogne, n'existoit plus; il avoit laissé son duché à Robert II, son fils, qu'il avoit eu d'Yolande de Dreux, sa première femme. Les deux autres fils de Hugues avoient épousé les filles, seules héritières d'Archambaud, dernier sire de Bourbon. Charles d'Anjou, frère de saint Louis, roi de Naples, épousa en secondes noces Marguerite, fille de Eudes, comte de Nevers, nièce de Robert II, duc de Bourgogne, et une sœur de ce duc épousa Hugues de Lusignan, comte de la Marche et d'Angoulême. Robert II avoit épousé Agnès de France, sœur de saint Louis et du duc d'Anjou, roi de Naples et de Sicile.

Ere chrétienne.

1272. Édouard IV, roi d'Angleterre.

Alliances de la maison de France avec celle de Bourgogne.

Ere chrétienne.

1273.

Les électeurs et les autres seigneurs de l'Allemagne, qui s'étoient enrichis des dépouilles du trône, se décidèrent à nommer un empereur peu puissant. Ils jetèrent les yeux sur Rodolphe, comte de Habsbourg, descendant de Gontran-le-Riche, comte d'Alsace et de Brisgaw, sous le règne d'Othon-le-Grand. Ses domaines étoient répandus dans l'Alsace et dans la Bourgogne, dont l'Helvétie faisoit partie encore. Il avoit servi dans les armées d'Odoacre, roi de Bohême. Les Allemands firent part de leur projet au roi de Castille, qui y consentit, et ils élurent Rodolphe vers la fin de l'année.

Uladislas IV venoit de succéder à Étienne V, roi de Hongrie, son père.

Jeanne, héritière de Navarre.

Henri, roi de Navarre, venoit de mourir, et ne laissoit qu'une fille, Jeanne, héritière de ses États.

1274.

Rodolphe se fit couronner, le 5 janvier suivant, à Aix-la-Chapelle, et ne voulut pas aller se faire couronner à Rome, afin d'éviter les frais; mais il se soumit en tout au pape Grégoire X, qui, à cette époque, présidoit en

Concile général à Lyon.

France le quatrième concile de Lyon, où l'on supprima tous les ordres religieux établis depuis Innocent III, excepté les Carmes et les

Augustins. L'on y décida qu'après la mort du Pape, les cardinaux seroient enfermés dans une même chambre jusqu'à la nomination d'un nouveau pontife ; d'où est venu le nom de *conclave*.

Le mot *filioque* fut ajouté au symbole de la foi qui avoit été dressé au concile de Constantinople, ainsi, *filioque procedit*. Les secours à porter à la Terre-Sainte, la réunion de l'église grecque à celle de Rome, occupèrent également ce concile général. L'empereur Michel-Paléologue, le roi des Tartares, qui se fit baptiser, les patriarches de Constantinople, d'Andrinople, quinze cardinaux, cinq cents évêques, soixante abbés, mille docteurs assistèrent à ce célèbre concile.

Ottocar II, roi de Bohême, s'étoit emparé de la Stirie, de la Carniole, de la Carinthie et de l'Autriche, qui avoit été cédée à Rodolphe. Cet empereur vendit l'indépendance à plusieurs villes de l'Italie pour de grandes sommes d'argent ; il forma une armée, et porta la guerre contre Ottocar, qui ne vouloit pas le reconnoître, et se saisit bientôt de l'Autriche.

1275.
1276.

L'Espagne étoit retombée dans les troubles. L'infant de Castille, don Ferdinand, fils d'Alphonse X, étoit mort le 10 août de l'an 1275. Don Sanche, son frère, prétendoit à la couronne, de préférence à Alphonse et Ferdinand, ses neveux, fils de l'infant don Ferdinand et de Blanche. Les États-généraux de Ségovie avoient décidé en sa faveur.

Le roi de Maroc s'étoit ligué avec le roi de Grenade, avoit fait passer des troupes en Espagne, et les Maures de Valence s'étoient révoltés.

Le roi d'Aragon marche contre eux avec Nunno-de-Lara, son général, sans attendre des secours de Castille; il est défait à Luxen; son armée est mise en pièces; Nunno-de-Lara est tué.

Jacques II, roi d'Aragon, mourut peu après, et Pierre III, son fils, lui succéda. Il avoit épousé la fille de Mainfroi, usurpateur des royaumes de Naples et de Sicile.

Isabelle de France, reine douairière de Navarre, s'étoit retirée en France depuis un an avec la princesse Jeanne, sa fille, pour réclamer la protection de Philippe III, contre les prétentions qu'on élevoit contre ses droits et ceux de Jeanne. Le roi de France y fit passer une armée, qui mit le feu à Pampelune, et se rendit maître de la Navarre.

Le pape Grégoire X étoit mort au commencement de l'année, dans le comtat Venaissin, à Avignon, que lui avoit cédé Philippe III. L'archevêque de Lyon, de l'ordre des frères prêcheurs, l'avoit remplacé au mois de février, et avoit pris le nom d'*Innocent V*. Il étoit mort dans le mois de juin. Le cardinal Ottobone-Fiesque des comtes de Lavagne, lui avoit succédé dans le mois de juillet, sous le nom d'*Adrien V*. Il étoit mort un mois après.

On venoit d'élire, le 13 septembre, le cardinal Jean-Pierre, évêque de Frescati, qui prit le nom de *Jean XIX*.

Magne, frère de l'illustre Valdemar, roi de Suède, venoit de le détrôner. Il avoit pris le nom de *Magne II*. Il régna, mais toujours en guerre avec le parti de Valdemar.

<small>Magne II, usurpateur de Suède.</small>

Gui de Dampierre venoit d'hériter du comté de Flandre par la mort de Guillaume de Bourbon.

La reine Yolande de Castille se retire en Aragon avec ses petits-fils et la princesse Blanche.

<small>1277.</small>

La mort en vouloit aux papes ; elle moissonna encore dans le mois de juillet Jean XIX. Le cardinal des Ursins fut porté dans la chaire apostolique dans le mois de novembre, et prit le nom de *Nicolas III*.

Ottocar II, roi de Bohême, avoit repris les armes contre l'empereur Rodolphe. Ce prince entra dans la Bohême, s'en rendit maître. Ottocar, vaincu, défait, voulut encore éprouver le sort des armes ; il livra bataille à Rodolphe, et la perdit avec la vie. L'empereur Rodolphe rendit la Bohême à Wenceslas III, son fils, à condition qu'après sa mort elle reviendroit à l'Autriche, qu'il donna à Albert, son fils.

La princesse Blanche, sortie de la Castille à cause des intrigues de Sanche, fils d'Alphonse X, venoit d'arriver en France, y laissant ses deux enfans, fils de Ferdinand de la Cerda, et Philippe III réclama quelques mois après, de Sanche III, usurpateur du royaume de Castille, la liberté des deux infans de Castille, ses neveux.

Lecho VI, *le Noir*, devenoit prince de Pologne, par la mort de Boleslas V, son père, et Denis venoit de succéder à Alphonse III, son père, roi de Portugal.

Jean, seigneur de l'île de Procida, que Charles d'Anjou, roi de Naples, avoit dépouillé de ses biens, entreprit de mettre le roi d'Aragon en possession du royaume des Deux-Siciles : cependant les rois de France et d'Aragon eurent une entrevue à Toulouse; mais le roi d'Aragon trompa Philippe III.

Quelques mois après, le pape Nicolas III cessa d'exister, et le trésorier de l'église de Saint-Martin-de-Tours fut nommé pour lui succéder : il prit le nom de *Martin IV*.

Jean Comnène, empereur de Trébizonde, épousa la princesse Eudocia-Paléologina. Le cruel Michel mourut peu après, et Andronic II, son fils, lui succéda. Il se fit couronner avec ses deux frères, *Michel* et *Constantin*.

Procida vint à bout de ses desseins; il organisa son massacre pour le jour de Pâque; le premier coup des vêpres fut le signal. Les Français eurent quelques soupçons de la trame qu'il ourdissoit. On leur ordonna de fouiller le peuple, dans la crainte qu'il ne cachât des armes sous ses vêtemens. Un soldat français tâta la robe d'une demoiselle sur ce prétexte, et la sédition éclata. Plus de huit mille Français furent égorgés, et l'on n'épargna ni âge ni sexe. On fendit le ventre des femmes enceintes pour déchirer leurs enfans. Pierre III, roi d'Aragon, favorisé par l'horrible Procida,

Ere chrétienne.

1280.

1281.

1282.

Vêpres siciliennes.

Ere chrétienne.

attendoit les évènemens sur la côte d'Afrique. Il arriva ; les Siciliens le reconnurent pour roi, malgré les anathêmes de Martin IV, et la Sicile fut séparée dès-lors du royaume de Naples.

Magne II, roi de Suède, venoit de mourir. Birger, son fils, fut élu roi par les Suédois.

La principauté de Galle réunie à la couronne anglaise.

Édouard Ier, roi d'Angleterre, faisoit la conquête de la principauté de Galle, sur un prince indépendant, et donna en apanage cette principauté à son fils aîné.

1283.

Martin IV excommunia don Sanche, et ceux qui le reconnoissoient roi de Castille. Il avoit presque entièrement détrôné son père Alphonse X.

Jean Bailleul d'Harcourt et Robert Bruce prétendoient l'un et l'autre au royaume d'Écosse. Jacques Stuart gouverna ce royaume pendant la guerre qu'ils se firent.

Les Prussiens se soumirent enfin, après cinquante-trois ans de guerre, aux chevaliers Teutoniques ; ils embrassèrent le christianisme. Les chevaliers Teutoniques tournèrent ensuite leurs armes contre la Pologne, pour lui enlever le reste de la Prusse. Cette guerre dura cent quatre-vingt-deux ans.

Le roi de France maria Philippe-le-Bel, son

fils aîné, avec Jeanne, reine de Navarre et du comté de Champagne, qui les lui apporta en dot.

Ere chrétienne.

1284.

Environ six mois après, Alphonse X, roi de Castille, succomba à une maladie occasionée par les chagrins que lui donnoit Sanche, son fils. Il nomma, par son testament, Alphonse, son petit-fils, son successeur, et, dans le cas de mort, Ferdinand, son frère, tous deux fils de Ferdinand-de-Lacerda et de Blanche de France. Il désignoit Philippe-le-Bel de France pour leur succéder dans le cas où ils mourroient sans héritier direct. Don Sanche III prit la qualité de roi et les ornemens royaux, malgré ce testament et les anathêmes du Pape. Les grands lui prêtèrent serment de fidélité, et reconnurent Isabelle, sa fille, pour héritière présomptive du royaume de Castille. La France eut alors à soutenir la guerre contre toute l'Espagne. Elle fit une grande perte par la mort de Charles d'Anjou : Charles-le-Boiteux, qui lui succéda, n'avoit ni l'intrépidité ni l'expérience de son frère.

1285.

Martin IV venoit de mourir; le conclave lui avoit donné pour successeur, le 2 avril, un Romain, qui prit le nom d'*Honorius IV*.

Benoît-Zacharie, Génois, commandant la flotte de Castille, avoit défait celle de France auprès de Malte ; il battit, à son retour, celle de Charles-le-Boiteux, roi de Naples, qui se rendoit en Sicile, tandis que le roi de France s'emparoit du Roussillon. Il prit ensuite Genova, où le bâtard de Roussillon étoit renfermé, et lui laissa la liberté. Ce prince reconnoissant conduisit Philippe III, dont il admiroit la bravoure, la générosité, jusque dans le Lampourdan. Philippe emporta Ampurias, Figuière, et mit le siége devant Girone. Cette ville est bâtie sur la pente d'un coteau, et le Ther coule autour de ses remparts. Le roi d'Aragon accourut au secours de cette place importante avec une armée bien supérieure à celle de France ; mais Philippe ne calcule pas le nombre de ses ennemis ; il les voit, fond sur eux, les défait, malgré leur bravoure, et le roi d'Aragon est dangereusement blessé au visage.

Philippe-le-Hardi, qui ne pouvoit être vaincu par ses ennemis, le fut par la peste qui attaqua son armée. Il tomba lui-même malade ; laissa une bonne garnison dans Girone, revint à Perpignan, et y mourut le 6 octobre, âgé de quarante-cinq ans. Il laissoit Philippe IV, *le Bel,* qui lui succéda ; Louis, comte d'Évreux ;

Charles, comte de Valois, père de Philippe VI, Charles, duc d'Alençon.

Ere chrétienne.

Philippe III, *le Hardi*, qui réunit à la couronne de France tout le Languedoc, en vertu du traité fait par saint Louis, étoit un prince intrépide, généreux, juste, très-pieux, loyal, mais trop confiant. Le roi d'Aragon ne lui survécut que d'un mois; Alphonse III, son fils, lui succéda au royaume d'Aragon, et Jacques Ier, son fils puîné, eut la Sicile.

Alphonse III, roi d'Aragon.

Amédée IV, comte de Savoie, duc de Chablais, fils de Thomas, venoit d'épouser Sibile, fille d'Ulric, dame de la Bresse et comtesse de Bugey.

Règne de PHILIPPE IV, roi de France.

Philippe IV, roi de Navarre, n'avoit que dix-sept ans lorsqu'il monta sur le trône de France. Il se fit sacrer à Rheims, avec la reine Jeanne, le 16 janvier.

1286.

L'empereur Rodolphe continuoit à vendre la souveraineté des villes d'Italie; Philippe IV, au contraire, acheta de l'Angleterre le Querci et l'Agénois, pour une rente annuelle de 3000 fr., et les réunit à la couronne de France. Il fit élever, la même année, à Paris, un palais, où l'on rend aujourd'hui la justice, et la reine Jeanne fonda le collége de Navarre.

Le 16 juin, la flotte française essuya un cruel échec ; elle fut défaite à la hauteur de Naples par la flotte de Castille commandée par l'amiral Doria, qui prit quarante-deux bâtimens, et fit beaucoup de prisonniers.

1287. Au mois de janvier suivant, le pape Honorius IV alla jouir de la béatitude éternelle, et les cardinaux lui donnèrent pour successeur, le 22 février, Nicolas IV, qui s'occupa de donner

1288. la paix à la France et à la Castille. Il envoya à ce sujet à Lyon le cardinal Jean de Cholet, ancien chanoine de Beauvais, en qualité de légat ; les deux rois y envoyèrent leurs plénipotentiaires, et la paix fut bientôt faite.

Don Sanche, roi de Castille, céda à Alphonse de la Cerda, son neveu, le royaume de Murcie, à titre de fief relevant de sa couronne, avec réversion à Ferdinand, son frère, dans le cas où il mourroit sans enfant, et promit de fournir trente mille chevaux au roi de France, pour l'aider à retirer les deux infans des mains du roi d'Aragon, et les conduire en France. Dès que le roi d'Aragon eut connoissance de ce traité, il fut si irrité contre don Sanche, qu'il mit, au mois de septembre, les deux fils de la Cerda en liberté, et proclama don Alphonse, l'aîné, roi de Castille et de Léon. La guerre alors se déclara entre la Castille et l'Aragon.

Ere chrétienne.

Les Chrétiens achevoient de tout perdre en Orient. Alsir, soudan d'Égypte, leur enleva la ville de Tripoli, dont le gouvernement s'étendoit depuis la Méditerranée jusqu'aux bords du Jourdain. Aujourd'hui ces beaux lieux, arrosés par l'Oronte, qui vient d'Antioche, sont déserts. C'est entre cette rivière et l'Euphrate, dans le milieu, que l'on trouve les ruines de la fameuse Palmyre, rendue si célèbre par la reine Zénobie. Ces lieux charmans et délicieux sont également abandonnés. Palmyre, aujourd'hui Tadmor, n'est plus qu'un village. Les princes chrétiens, occupés d'intérêts particuliers chez eux, ne pouvoient repasser dans la Palestine. La Pologne étoit dans une agitation cruelle, causée par les élections de leurs princes, et les intrigues qui en étoient les suites. Le roi d'Aragon se battoit avec don Sanche, usurpateur de la Castille, qui venoit d'être

1289.

défait près de Bajaron. Les habitans de Badajoz reconnoissoient pour roi Alphonse de la Cerda, et don Sanche s'occupoit de les soumettre. Il passa peu après à Bayonne pour y conférer avec Philippe-le-Bel, au sujet des princes de la Cerda, et il fut convenu que la France ne les protégeroit pas, mais que don Sanche se ligueroit contre le roi d'Aragon. La Hongrie étoit dans une agitation aussi grande qu'en Pologne. Charles Martel, neveu d'Uladislas III, s'étoit fait couronner roi de Hongrie; son fils, qui s'étoit fait un puissant parti, l'avoit fait périr, et s'étoit saisi de la couronne. Le parti d'André s'étoit déclaré contre le parricide et l'empêchoit de régner, et Birger, roi de Suède, avoit été déposé par les grands-officiers de l'État, dont un régent tenoit le timon des affaires.

1291. Rodolphe, empereur d'Allemagne, mourut peu après à Germesheim, dans le bas Palatinat, méprisé de l'empire par sa foiblesse et son avarice. Il avoit conféré la dignité électorale à Wenceslas, roi de Bohême, son gendre, avec l'office de grand-échanson. Sa mort causa de nouveaux troubles.

Alphonse III, roi d'Aragon, étoit mort de la peste, le 18 juin, à Barcelonne; Jacques II, son frère, lui avoit succédé. La France et la Castille ignoroient encore quelle seroit sa conduite. Don Ferdinand de la Cerda, infant de Castille, venoit de se marier avec Constance, fille de Denys, roi de Portugal.

Ère chrétienne.

Jacques II, roi d'Aragon, fit la paix avec don Sanche; et, afin de faire croire à sa sincérité, il se fiança avec Isabelle, infante de Castille, qui n'avoit encore que neuf ans; mais il pouvoit encore se dédire.

Rien ne s'opposoit aux entreprises du soudan d'Égypte; les Chrétiens de la Palestine, abandonnés, n'étoient pas assez puissans pour lui résister. Il s'étoit saisi de Saint-Jean-d'Acre, autrefois Ptolémaïde, et en démolit les fortifications. L'on n'y voit plus que le palais du grand-maître de l'ordre de Saint-Jean-de-Jérusalem, qui ne doit sa conservation qu'à l'épaisseur étonnante de ses murs. La célèbre Nazareth, qui n'en est séparée que par la plaine fertile de Zabulon, n'est plus qu'un misérable hameau, à trois lieues de Saint-Jean-d'Acre: cependant les pères de la Terre-Sainte y ont un couvent grand et spacieux, et ont fait rebâtir depuis l'église de la Vierge. Ils élevèrent même, dans la partie occidentale de la ville, une église sur les fondemens de l'an-

Ere chrétienne.

cienne synagogue où Jésus-Christ fit voir aux Juifs l'accomplissement des prophéties en sa personne.

Le sultan se rendit maître de Jérusalem, et l'évêché fut transféré à Clameci, village du diocèse d'Auxerre; mais ce ne fut plus qu'un vain titre. Il prit ensuite *Sidon*, aujourd'hui Seyde, vis-à-vis de la partie méridionale de l'île de Chypre; et enfin l'ancienne Tyr, si célèbre dans l'antiquité. Elle étoit la plus forte place de la Syrie; elle n'avoit qu'une porte du côté de la terre; deux murailles très-solides la défendoient vers la mer; trois autres, beaucoup plus fortes, entourées de fossés larges et profonds, la rendoient imprenable du côté du continent. Elle étoit flanquée de tours et de bastions redoutables de tous côtés. Aujourd'hui on distingue à peine sa circonférence; tout est détruit; ce n'est plus qu'un amas de ruines, habitées par des pêcheurs, les *Mutuâles*, qui payent un tribut au Grand-Seigneur: on la nomme *Sur*, *Sour*. C'est ainsi que les divisions des Chrétiens ont laissé tomber ces saints lieux, ces lieux charmans et délicieux, dans les mains des Turcs, qui ne savent pas en profiter. Le despotisme du sultan est si grand que personne n'a de terres dans ses États que comme usufruitier ou tributaire. Le roi de Castille pensa que le meilleur moyen d'empêcher les Maures d'Afrique de venir porter des secours à ceux d'Espagne, étoit de porter la guerre chez eux ; il chargea de cette expédition Benoît Zacharie, amirante de Castille, qui défit la flotte de Maroc au mois de janvier et assiégea Tarifa : il prit cette ville au mois de septembre, et en fit gouverneur don Alphonse Pérez de Gusman, dont descend l'illustre famille des ducs de *Médina-Sidonia*.

Les Allemands élurent, six mois après la mort de Rodolphe, Adolphe, comte de Nassau, roi des Romains, qui fut couronné à Aix-la-Chapelle, malgré les prétentions d'Albert d'Autriche. Ce prince arma contre Adolphe, et ne voulut pas le reconnoître.

Edouard, roi d'Angleterre, maître de l'Écosse, se rendoit puissant ; il se ligua avec l'empereur Adolphe, en le payant, et le comte de Bar, lieutenant-général de l'empire, attaqua la France du côté de la Champagne ; mais Philippe IV le fit bientôt prisonnier.

Il y avoit deux ans et plus de trois mois que le siége apostolique étoit vacant : les cardinaux élurent, le 5 juillet, Pierre de Moron, ermite, fondateur de l'ordre des Célestins, qui

Ere chrétienne.

1292.

Adolphe, empereur d'Allemagne.

1293.

1294.

Ere chrétienne.

retourna dans sa retraite le quatrième mois de son élévation. Ils élurent ensuite, au mois de décembre, Boniface VIII, qui commença son pontificat par un attentat exécrable. Il fit enfermer le vertueux pape Célestin V au château de Sulmone, dans la Campanie, et l'y fit périr ensuite, dans la crainte qu'on ne l'obligeât à reprendre la tiare. Le roi de France venoit d'acheter d'Othon de Bourgogne, comte palatin, la Franche-Comté ; Boniface s'en plaignit ; mais cette province, malgré lui, resta à la France, ainsi que le comté de Provence. Ce pape orgueilleux déclara ensuite que les rois n'avoient aucune autorité sur le clergé ni sur ses biens ; mais que le Pape avoit droit sur le temporel des princes. De pareils discours suffisoient pour faire voir aux princes qu'ils alloient avoir affaire avec un brouillon, un perturbateur de l'ordre social.

1295. L'empereur Adolphe vendit le duché de Milan à Mathieu Visconti pour une somme considérable, qu'il destinoit à l'achat de la Thuringe. Les héritiers soutinrent leurs droits, et s'opposèrent à cette négociation. La guerre s'alluma, et ne contribua pas peu à la ruine d'Adolphe.

Don Sanche, roi de Castille, mourut à Tolède, le 25 avril; Ferdinand IV, son fils, lui succéda; mais une grande partie du royaume refusa de reconnoître la régente. D'autres prirent le parti de don Juan de Zara, qui prétendoit à la couronne. Soutenu par le roi de Portugal, il fut couronné roi de Léon, de Galice et de Séville. Alphonse de la Cerda avoit le plus de droits; il ne les abandonna pas; il fut couronné roi de Castille à Sahagun. Tandis que le feu de la guerre civile agitoit ainsi l'Espagne, Édouard IV, roi d'Angleterre, confirmoit la chambre des communes, afin de se ménager des subsides.

Ère chrétienne.

Confirmation de la chambre des communes en Angleterre.

Alexis-Comnène succédoit à Jean, son père, empereur de Trébizonde, pays hérissé de montagnes, entre l'Arménie et la mer Noire. La ville de Trébizonde, capitale de cet empire, est située sur cette mer, à deux cent vingt-cinq lieues à l'est de Constantinople; sa population est d'environ cent mille habitans.

1296.

L'empereur de Constantinople éprouva peu après un désagrément, qui contribua beaucoup à la ruine de son empire. Othman, prince des Turcs, habitoit l'Olympe; le perfide Grec qui commandoit dans la Bithynie invita au festin d'une noce les principaux of-

Ere chrétienne.

ficiers turcs, afin de les égorger. Othman découvrit le piége, cacha cent guerriers dans un bois, et se rendit à la noce avec quarante jeunes soldats déguisés en femmes. Au milieu de la fête, il donne le signal, et les Grecs furent massacrés; la mariée fut enlevée, et Othoman ou Othman s'empara de la Bithynie : c'est de lui que sont descendus les empereurs Osmanlis. Il établit le siége de sa domination à Pruse, et se fortifia dans l'Asie mineure. La mariée devint femme d'Orcan, son fils, et donna le jour au fameux sultan Amurath.

Les troubles qui agitoient si vivement la Pologne parurent s'apaiser. Uladislas III fut élu par les États prince de Pologne, tandis que Boniface VIII cherchoit à mettre le feu en France et en Allemagne. Il osa assembler

1297. un concile à Lyon contre les princes qui soumettoient le clergé aux impositions levées dans leurs États, et Philippe III, dès ce moment, chercha à se prémunir contre ses entreprises. Il fit négocier près des électeurs de l'empire d'Allemagne pour les engager à déposer leur

1298. foible empereur, et à élire Albert d'Autriche.

ALBERT D'AUTRICHE, empereur d'Allemagne.

La diète de Francfort se laissa séduire par ses insinuations, et les deux princes armèrent l'un contre l'autre. La bataille de Spire, où Adolphe fut défait et tué par son compétiteur, assura les droits d'Albert d'Autriche. Il fut de nouveau élu et couronné à Aix-la-Chapelle; mais il fut forcé de confirmer l'électeur de Mayence dans l'office d'archi-chancelier de l'empire, et d'exempter l'archevêque de Cologne de toute juridiction royale. Ainsi la nomination des empereurs d'Allemagne fut confirmée dans les mains des sept grands officiers de l'empire.

Boniface, courroucé également contre Philippe IV, avoit déterminé les Flamands à se révolter; mais Philippe entre dans la Flandre, fait mordre la terre à seize mille Flamands à la bataille de Furnes, et s'en saisit, aussi-bien que de Cassel. Le roi d'Angleterre et Boniface furent pétrifiés; ce dernier commença à rabattre de sa fierté, et avoua que le roi pouvoit lever des subsides sur le clergé. Afin de rentrer dans les bonnes grâces de Philippe, il canonisa saint Louis, après les enquêtes faites des miracles produits par son intercession.

Albert d'Autriche ne fut pas plutôt élu qu'il chercha à réprimer la fierté et les prétentions injustes de Boniface VIII. Ce fut pour cet effet qu'il eut une entrevue, à Vaucouleurs,

Ere chrétienne.

1299.

dans le duché de Bar, avec Philippe IV. Ils se promirent une alliance mutuelle ; l'empereur consentit à ce que la France étendît ses limites jusqu'au Rhin, et céda au roi tous les droits qu'il pouvoit avoir sur le royaume d'Arles. Philippe, à cette considération, renonça à ses droits sur la Lorraine et l'Alsace, et leur union fut cimentée par le mariage de la sœur de Philippe avec Rodolphe, fils aîné de l'empereur Albert.

Boniface et Édouard furent furieux de cette alliance ; ils excitèrent les Flamands à une nouvelle révolte ; mais Philippe, comme un lion furieux, rentre en Flandre, prend Douai, Béthune, presque toute cette contrée, se saisit de Gui de Dampierre, et le fait enfermer avec ses enfans.

FIN DU TOME SECOND.

TABLE

Des Matières contenues dans le second volume.

Les Alains, les Francs pénètrent dans la Gaule.................... Page 4
Les Bourguignons s'établissent également dans la Gaule, et la Grande-Bretagne se sépare de Rome................. 5
Règne de Théodose II, empereur d'Orient........................... Ibid.
Les Vandales, les Suèves et les Alains entrent en Espagne................. 6
Les Goths se mettent en possession de la Narbonnaise et de l'Espagne, sous Vallia Ier........................ 8
Règne de Pharamond, roi des Francs... 9
État de la Perse et de la Chine 10
Deuxième concile général 11
Règne de Valentinien III en Occident... 12
Les Vandales se saisissent de la Mauritanie. 13
Règne de Clodion, roi des Francs....... Ibid.
Les Huns ravagent la Gaule........... 15

TABLE DES MATIÈRES.

Les peuples de la Grande-Bretagne appellent les Anglais à leur secours.....Page 16
Les Huns passent en Orient............ 17
Règne de Mérovée, roi des Francs...... 19
Règne de Marcien en Orient........... 21
Attila, roi des Huns, entre en Italie.... Ibid.
Il ravage la Gaule, et Mérovée y est reconnu roi............................ 22
Bataille de Châlons contre les Huns..... 23
Attila se marie avec la princesse Honoria, et meurt........................... 24
Les Francs s'agrandissent dans la Gaule.. 25
Les Vandales entrent dans Rome....... 27
Règne de Léon en Orient, et de Majorien en Occident........................ 28
Règne de Childéric, roi des Francs...... Ibid.
Les Visigoths chassent les Romains de l'Espagne............................. 52
Conquêtes d'Évaric, roi des Visigoths... Ibid.
Règne de Zénon en Orient............ 33
Les Hérules se saisissent de l'Italie...... 34
Règne de Clovis Ier en France, et d'Alaric en Espagne........................ 36
Bataille de Soissons par Clovis......... 37
Les Ostrogoths s'établissent en Italie, et en chassent les Hérules............. 38
Règne d'Anastase en Orient........... 39

TABLE DES MATIÈRES.

Bataille de Vouillé gagnée par Clovis..Page	49
Mœurs des Francs	51
Mort de Clovis	55
Les enfans de Clovis divisent la France..	Ibid.
Childebert, roi de Paris	56
Royaume d'Écosse	Ibid.
Royaume d'Irlande	57
Règne de Justin en Orient	59
Les fils de Clovis se mettent en possession de la Bourgogne	60
Règne de Justinien, empereur d'Orient	63
Childebert tue le roi des Visigoths, et se saisit de la Savoie	64
Bélisaire en Afrique, en Sicile et en Sardaigne	65
Meurtre de la célèbre Amalasunte, reine d'Italie	Ibid.
Suite des conquêtes de Bélisaire	67
État de la Perse	71
Les Français en Italie	72
Bélisaire vainqueur des Vandales	73
Cinquième concile général	Ibid.
Règne de Clotaire Ier, roi de France	74
Règne de Chérébert, roi de France	76
Règne de Justin II, empereur d'Orient, et de Chilpéric, roi de France	77
Désordres de Chilpéric	80

Règne de Tibère en Orient..............Page 83
Suite des crimes de la reine Frédégonde.. Ibid.
Règne de Maurice en Orient............. 84
La peste désole la France.............. Ibid.
Clotaire II, roi de France, et bataille de
    Droissi par Frédégonde 86
Elle fait empoisonner Gontrand, roi d'Or-
    léans............................. 88
Guerre civile dans la Perse............. Ibid.
Mahomet épouse Chadigé................ 89
Origine des titres..................... 90
Règne de Phocas, empereur d'Orient.... 94
Mahomet commence ses impostures 95
Règne de Héraclius en Orient........... 97
Clotaire II s'empare de l'Austrasie, et fait
    périr cruellement la reine Brunehaut... Ibid.
État de la Perse et de la Chine.......... 98
Commencement de l'ère mahométane..... 100
Mahomet commence à conquérir......... 101
Règne de Dagobert, roi de France....... 102
État de la Perse...................... Ibid.
L'Ectèse de Héraclius................. 103
Conquêtes de Dagobert................ 104
État de la Perse..................... 106
La religion chrétienne fait des progrès dans
    la Chine.......................... 107
Règne de Clovis II, roi de France....... 108

TABLE DES MATIÈRES.

Règne de Constans II en Orient......Page 110
Les Arabes maîtres de la Perse 111
Règne de Clothaire III, roi de France.... 115
Règne de Constantin-le-Barbu en Orient.. 117
Introduction de la musique dans l'Église.. 118
Règne de Childéric II, roi de France..... Ibid.
Règne de Thierri, roi de France........ 120
Pépin, duc d'Austrasie............... Ibid.
Sixième concile général.............. 121
Règne de Justinien II en Orient........ 123
Bataille de Tertri gagnée par Pépin..... 124
Règne de Clovis III, roi de France..... 125
Règne de Childebert II, roi de France... 127
Règne de Dagobert II, roi de France... 131
Règne de Roderic en Espagne.......... 132
Règne de Bardanès en Orient.......... 133
Les Arabes ou Maures pénètrent en Espagne 134
Bataille de Choisy.................. 138
Règne de Chilpéric II, roi de France.... Ibid.
Règne d'Anastase II en Orient......... 139
Bataille d'Emblève par Charles Martel... 140
Règne de Théodose III en Orient...... 141
Règne de Léon l'Isaurique en Orient.... 142
Victoires de Charles Martel........... 144
Règne de Thierri II, roi de France..... 146
Suite des conquêtes de Charles Martel... 147

Il fait alliance avec le roi des Asturies. Pag. 152
Règne de Constantin-Copronyme en Orient. 155
Règne de Childéric III, roi de France .. 156
Concile de Lestines .... Ibid.
Pépin soumet la Gascogne 157
Pépin, roi de France.................. 161
Il se rend maître de l'Italie............. 163
Suite des conquêtes de Pépin........... 167
Concile de Gentilly 168
Troubles en Espagne................... 169
Suite des conquêtes de Pépin........... Ibid.
Règne de Charlemagne................. 171
Concile de Nicée 177
Charlemagne envoie des ambassadeurs au
  calife de Bagdad.................... 178
Ses conquêtes en Espagne, en Allemagne. 182
Il préside le concile de Francfort, et repasse
  en Espagne........................ 185
Il bâtit Aix-la-Chapelle 189
Il est maître des îles Baléares 190
Il est proclamé empereur d'Occident..... 194
Il établit Bernard comte de Barcelone... 195
Monarchie anglaise.................... Ibid.
Nicéphore, empereur d'Orient.......... 196
Michel et Léon, empereurs d'Orient..... 200
Règne de Louis-le-Débonnaire, empe-
  reur d'Occident.................... 203

Michel II, empereur d'Orient......Page 205
L'empereur Louis se soumet à une péni-
 tence publique.................... 206
Les Gascons se saisissent de la Navarre... 208
Règne de Lothaire, empereur d'Occident.. 211
Règne de Charles-le-Chauve, roi de
 France........................... 212
Règne de Louis II, empereur d'Occident. 216
Les papes veulent s'arroger la puissance
 temporelle........................ 218
Règne de Charles II, empereur d'Occident
 et roi de France.................. 222
Règnes de Louis II et de Louis III en
 France........................... 223
Charles III, empereur, et Carloman, rois
 de France........................ 225
Les Normands mettent le siége devant Paris. 227
Léon VII, empereur de Constantinople.. 228
Eudes, roi de France................. 230
Bataille de Montfaucon contre les Nor-
 mands........................... 231
Charles IV, roi de France............ 233
Arnoul, empereur d'Allemagne........Ibid.
Alexandre, empereur d'Orient......... 241
Constantin VII, empereur d'Orient, et
 Conrad Ier, empereur d'Occident..... 243
État de la Chine..................... 244

Révolte en Castille..................Page 245
Henri, empereur d'Allemagne.......... Ibid.
Raoul se saisit de la couronne de France.. 246
État de l'Angleterre et de l'Espagne..... 247
Exploits du pape Jean X.............. 248
La Castille érigée en comté............ 249
Érection du marquisat de Brandebourg... 250
Ramire II, roi d'Espagne............. Ibid.
Règne de Louis IV, roi de France...... 253
Othon, empereur d'Allemagne......... Ibid.
Bataille de Simenças contre les Maures
  d'Espagne 255
État de l'Angleterre 257
Exploits de Hugues-le-Grand 258
Eldred, roi d'Angleterre............. 259
État de la Chine.................... 260
Règne de Lothaire, roi de France...... 261
Romain, empereur d'Orient........... 264
État de l'Allemagne et de la Chine...... 265
Nicéphore-Phocas, empereur d'Orient... 266
L'empereur Othon fait faire le procès au
  pape.......................... 267
Ses exploits........................ Ibid.
Ramire III, roi d'Espagne............ 269
Othon II, empereur d'Allemagne; ses
  guerres avec la France............. 272
État de l'Angleterre et de l'Espagne..... 274

TABLE DES MATIÈRES.

Othon III, empereur d'Allemagne..Page 277
Louis V, roi de France................ 279
Règne de Hugues Capet.............. 280
Le grand-duc de Moscovie se fait chrétien. 282
Règne de Robert, roi de France....... 286
Organisation de l'Allemagne........... Ibid.
Établissement de la maison de Savoie.... 287
Les Russes et les Prussiens deviennent chré-
  tiens............................ 288
La Bohême est érigée en royaume....... Ibid.
La Hongrie est érigée en royaume....... 292
L'empereur Othon viole le tombeau de
  Charlemagne..................... Ibid.
Henri II, empereur d'Allemagne....... 293
Le pape excommunie Robert, roi de
  France.......................... Ibid.
Conquêtes de l'empereur Henri......... 294
Division entre les Maures d'Espagne..... 295
Les Danois se saisissent de l'Angleterre.. 297
Règne de Conrad II, empereur d'Allemagne. 299
Réunion de la Castille au royaume de Na-
  varre............................ 302
Les Normands s'établissent dans la Pouille,
  et les Turcs dans la Perse........... Ibid.
Règne de Henri Ier, roi de France...... 305
Origine du duché de Bourgogne........ Ibid.
Michel, empereur d'Orient............ 306

TABLE DES MATIÈRES.

Réunion des royaumes des Asturies et de Léon à celui de Castille .... Page 307
Mort de saint Etienne, roi de Hongrie ... Ibid.
Henri III, empereur d'Allemagne 310
Le roi de France épouse une princesse de Russie .... Ibid.
Canut II, roi d'Angleterre 311
Michel-Calafate, empereur d'Orient .... Ibid.
Constantin-Monomaque, empereur d'Orient 312
État du Danemarck, de l'Angleterre et de l'Irlande 313
Bataille de Javarin gagnée par l'empereur Henri III 314
Gérard d'Alsace, duc de Lorraine 316
Saint Bruno ou Léon IX .... Ibid.
Concile de Rome 317
Usages de l'Église primitive 318
Situation des Maures d'Afrique 321
Michel-le-Guerrier, empereur d'Orient, et conquêtes des Turcs 322
Henri IV, empereur d'Allemagne 323
Constantin-Ducas, empereur d'Orient ... 326
L'élection des papes est attribuée aux cardinaux .... Ibid.
Règne de Philippe Ier, roi de France 328
Sanche IV, roi de Castille 330

Harold II et Guillaume, rois d'Angleterre	Page 331
Romain-Diogène, empereur d'Orient	334
Michel-Ducas, empereur d'Orient	336
Alphonse VI, roi de Castille, etc.	337
Alliance de la maison de Bourgogne avec celle de Castille	Ibid.
Entreprises de Grégoire VI	338
État de la maison de Savoie	339
Exploits du Cid	343
Bataille de Fladenheim	344
Guillaume, roi d'Angleterre	349
Révolutions des Maures d'Espagne	350
Bataille d'Alcoras	352
Un concile d'Autun excommunie Philippe Ier	Ibid.
Concile de Clermont en Auvergne, au sujet des croisades	353
Exploits du Cid en Espagne	354
Les Croisés passent en Orient	356
Godefroi de Bouillon, duc de Jérusalem	357
Règne de Henri, roi d'Angleterre	361
Philippe Ier, roi de France, réunit le Berry à la couronne de France	364
Fondation de l'ordre de Cîteaux	Ibid.
Règne de Henri V, empereur d'Allemagne	365
Règne de Louis VI, roi de France	370

État de l'Espagne.............. Page 372
Guerre de l'empereur Henri V au sujet
  des investitures..................... 373
Bataille de Brenneville entre la France et
  l'Angleterre........................ 378
Jean Comnène, empereur des Grecs..... 379
Institution de l'ordre des Templiers et de
  Malte........................... Ibid.
Lothaire, empereur d'Allemagne....... 381
Organisation germanique............. 382
État du roi de Maroc................ 383
Roger III, roi de Naples et de Sicile.... 384
Règne d'Étienne, roi d'Angleterre...... 387
Campagne d'Innocent III............. Ibid.
Règne de Louis VII, roi de France..... 390
Bataille de Cabeças de Ryès........... 392
Incendie de l'église de Vitry........... 394
Révolution du Japon................. Ibid.
Saint Bernard prêche la croisade....... 395
Les Almoades s'emparent de la Mauritanie. Ibid.
L'empereur Conrad passe en Orient...... 396
Sanche VI, roi de Navarre............ 398
Règne de l'empereur Frédéric-Barberousse. 399
Henri II, roi d'Angleterre............ 400
L'Autriche est érigée en duché indépendant. Ibid.
Alphonse IX, roi de Castille 401
Érection du Portugal en royaume....... 403

TABLE DES MATIÈRES.

Baudouin IV, roi de Jérusalem......Page 403
Onzième concile général............. 404
Alexis II, empereur de Constantinople... 405
Érection des ducés de Brunswick, de Lune-
    bourg, de Bavière et de Brandebourg. Ibid.
Règne de Philippe-Auguste............ 406
Bataille de Santaren en Espagne........ 407
Isaac Comnène, empereur de Constanti-
    nople............................ 408
Baudouin V, dernier roi de Jérusalem...Ibid.
Règne de Richard, roi d'Angleterre, et de
    Tancrède, roi de Naples et de Sicile... 410
Nouvelles croisades.................Ibid.
Règne de Henri VI, empereur d'Alle-
    magne............................ 411
État des croisades................... 412
Mort de Saladin, sultan de Damas...... 414
Description de l'île de Crète........... 415
État de la Sicile..................... 417
Origine de la ligue anséatique.......... 418
Guerre de Philippe-Auguste contre Jean,
    roi d'Angleterre................... 422
Royaumes de Thessalonique et d'Andri-
    nople............................ 429
Agrandissement de la maison de Savoie...Ibid.
Baudouin, empereur de Constantinople...Ibid.
Règne d'Othon IV, empereur d'Allemagne. 430

TABLE DES MATIÈRES.

Vingtième dynastie chinoise . . . . Page 432
Les Vaudois et les Albigeois . . . . Ibid.
Croisade contre les Maures d'Espagne 434
Jacques II, roi d'Aragon 436
Exploits de Philippe-Auguste 437
Règnes de l'empereur Frédéric II, et de Henri, roi de Castille 439
Conquêtes de Gengis-Kan . . . . Ibid.
Concile général à Latran 443
Henri III, roi d'Angleterre 444
Règne de Ferdinand III, roi de Castille . . 445
Règnes de Robert et de Jean Ducas, empereurs d'Andrinople et de Constantinople . 447
Règne de Louis VIII, roi de France 448
Règne de Sanche II, roi de Portugal 449
Règne de Louis IX, saint Louis 450
Règne de Baudouin II, empereur de Constantinople 453
Règne de Eric VI, roi de Danemarck . . . 461
Bataille de Saintes et de Taillebourg 462
Saint Louis s'embarque pour la Palestine 463
Réponse du soudan d'Égypte au pape Innocent IV . . . . Ibid.
Bataille de la Massoure 470
Le comte de Savoie obtient Turin 471
Règne d'Alphonse X, roi de Castille . . . . . Ibid.

Trait de bravoure des Français dans la Palestine..........................Page 472
Règne de Thibaut II, roi de Navarre ... 473
Mort de la reine Blanche, et retour de saint Louis en France.................... 474
Règne de Théodore Lascaris à Andrinople. 475
Mort de la reine Yolande, mère de la Cerda. 476
Les Grecs reprennent Constantinople..... 478
Charles d'Anjou, roi de Naples......... 480
Règne de Philippe III, roi de France.... 485
Règne d'Édouard IV, roi d'Angleterre... 487
Concile général de Lyon............... 488
Vêpres siciliennes.................... 493
La principauté de Galle réunie à la couronne anglaise..................... 494
Règne de Philippe IV, roi de France.... 497
État de la Palestine................... 501
Adolphe de Nassau, empereur d'Allemagne........................... 503
Entreprise du pape Boniface VIII...... 504
Confirmation de la chambre des communes en Angleterre..................... 505
Règne d'Albert, empereur d'Allemagne.. 506

FIN DE LA TABLE DU TOME DEUXIÈME.

ERRATA DU TOME SECOND.

Page 40, ligne 13, les habitans ; *lisez :* ils.
— 42, ligne 28, il fut élu pour ; *lisez :* lui succéda.
— 75, ligne 2, leur retraite que ; *lisez :* leur retraite plutôt que de.
— 152, ligne 16, borde ; *lisez :* horde.
— 158, ligne 12, *supprimez la virgule après le mot* fils.
— 225, ligne 7, Carloman ; *lisez :* Louis.

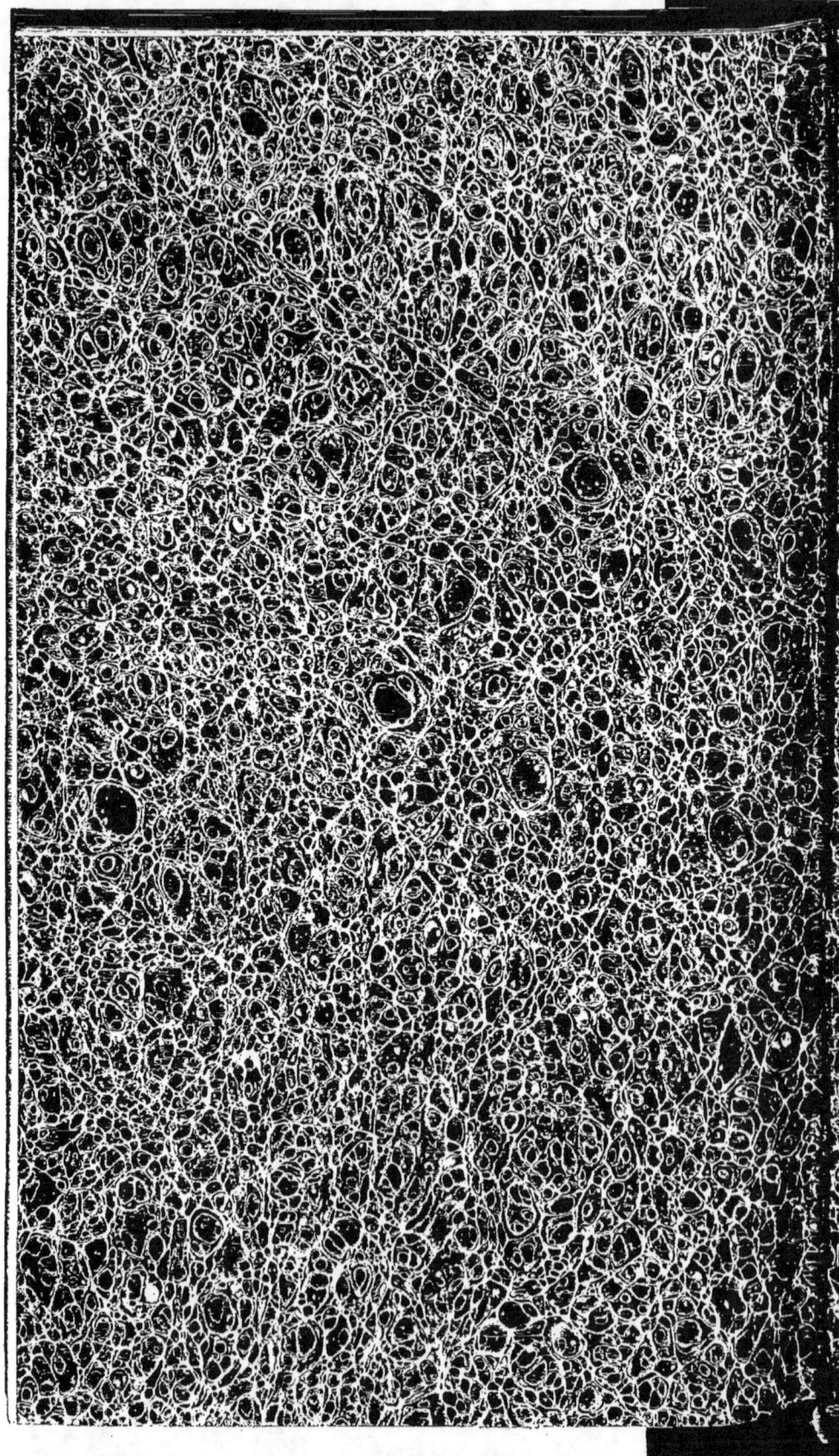

www.ingramcontent.com/pod-product-compliance
Lightning Source LLC
Chambersburg PA
CBHW071202240426
43669CB00038B/1561